福州海关年鉴

2022

《福州海关年鉴（2022）》编纂委员会——编著

中国海关出版社有限公司
·北京·

图书在版编目（CIP）数据

福州海关年鉴. 2022 /《福州海关年鉴（2022）》编纂委员会编著. —北京：中国海关出版社有限公司，2023.3

（中国海关史料丛书）

ISBN 978-7-5175-0679-9

Ⅰ.①福… Ⅱ.①福… Ⅲ.①海关—福州—2022—年鉴 Ⅳ.①F752.55-54

中国国家版本馆 CIP 数据核字（2023）第 050495 号

福州海关年鉴（2022）
FUZHOU HAIGUAN NIANJIAN（2022）

作　　者：《福州海关年鉴（2022）》编纂委员会	
责任编辑：孙　倩	
出版发行：中国海关出版社有限公司	
社　　址：北京市朝阳区东四环南路甲 1 号	邮政编码：100023
编 辑 部：01065194242-7534（电话）	
发 行 部：01065194221/4238/4246/5127（电话）	
社办书店：01065195616（电话）	
https://weidian.com/? userid =319526934（网址）	
印　　刷：北京盛通印刷股份有限公司	经　　销：新华书店
开　　本：889mm×1194mm　1/16	
印　　张：16.25	字　　数：304 千字
版　　次：2023 年 3 月第 1 版	
印　　次：2023 年 3 月第 1 次印刷	
书　　号：ISBN 978-7-5175-0679-9	
定　　价：170.00 元	

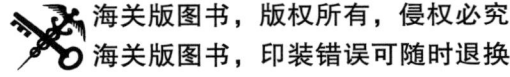

海关版图书，版权所有，侵权必究

海关版图书，印装错误可随时退换

《福州海关年鉴（2022）》编纂委员会

主 任 委 员　　石正进

副主任委员　　许　鑫　　林光龙　　林跃飞　　王进喜　　张政武
　　　　　　　郗俊江　　刘文敏　　王武生　　于正中

编纂委员会委员　王忠威　　林健夫　　吴维中　　孙燕玉　　陈　烝
　　　　　　　张晓燕　　阮　军　　吴银霞　　黄明娟　　陈上斌
　　　　　　　肖玲清　　危文华　　宋晓华　　张　婷　　全艳蕾
　　　　　　　李学沐　　林官忠　　任　华　　黄见超

《福州海关年鉴（2022）》编辑部

总　　　编　　于正中

副　总　编　　王忠威　黄明娟　李学沐

执 行 主 编　　万初升　周玮　李庆云

责 任 编 辑　　丁俊婷　金夕　李海霞　李永东

编辑部成员　　姜超凡　梁宁　吉百灵　池媛婷　郑荔
　　　　　　　廖庆华　吴锋　王蓓　陈多　周志鹏
　　　　　　　曲晓莎　何炜　黄毅祥　吕伟　郑晟
　　　　　　　翁斌　林恺　郑华　林一群　林金成
　　　　　　　马小珍　程威　罗丽　陈希　池秀旻
　　　　　　　宋治　王凡　程威　廖之泉　翟必华
　　　　　　　黄仁汉　黄雪榕　门冉　段佩君　花蕾
　　　　　　　李琳　姚凌　梁丽洪　邓毓财　吴鹏
　　　　　　　李庆云　刘炜涛　陈斌　陈晓　倪晓楠
　　　　　　　肖瑜　龚政旗　周惠　童文萍　林凌

李　烽	余　雪	李　树	陈　旺	赵昊宇
陈　虹	李晓珊	吴松伟	吴晓园	陈　骁
金　夕	陈能旭	胡晓琳	汪海涌	郑金燕
赖鸿铭	蔡晶寅	谢　琳	丁俊婷	傅志远
郑琪俊	李　惠	程梦林	何　伟	张鹏宇
李云杰	吴　胜	倪　力	闵宝乾	胡懿燊
贺　景	郑　璇	吴振兰	贺　景	林育珍
董延宾	陈光增	蔡　娟	唐寰宇	郑　璇
王　锋	蓝玉荣	李永东	郭舒乐	黄　靓

图　片　提　供　　陈　多等

编辑说明

一、本年鉴所刊载事项为2021年福州海关重点工作情况，为叙事完整需要，个别内容适当上溯或下延。

二、本年鉴编目大纲以海关总署推荐的编目大纲为基础，结合福州海关工作实际适当增减调整。

三、本年鉴采用的海关专业术语、名词名称，以《中华人民共和国海关法》等法律法规为准。

四、本年鉴用到的缩略语，如需解释，一般在缩略语之后采取括弧注释的形式。

五、除有特别注明外，货币金额单位为人民币。

六、因党建工作福州海关机关党委已有专门记述，福州海关机关各部门党建工作情况略去，福州海关所属各隶属海关及事业单位党建工作情况记述从略。

前　言

2021年3月，习近平总书记再次亲临福建考察，对福建发展提出"四个更大"重要要求，福州海关在保障国门安全、优化营商环境、支持探索海峡两岸融合发展新路等方面，责任更加重大。

在海关总署党委的正确领导下，福州海关深入贯彻落实习近平总书记重要指示批示精神，以庆祝党的百年华诞为主线，弘扬伟大建党精神，凝心聚力、真抓实干，强化监管优化服务，统筹推进口岸疫情防控和促进外贸稳增长，各项工作取得新进展，实现福州海关"十四五"良好开局。5月，按照海关总署党委"紧扣高质量发展推进海关全业务领域一体化"部署，联合厦门海关印发改革工作方案，推进福厦两关全业务领域一体化改革。9月，为认真落实"六稳""六保"各项举措，推出优化口岸营商环境措施3.0版（18条）进一步促进跨境贸易便利化，社会反响热烈。12月，推出支持福州强省会战略12条措施，大力支持地方经济发展。

面对新冠肺炎疫情的冲击、新兴市场经济恢复疲软等国内外经济环境，2021年福建省外贸继续展现强大韧性，进出口总值达18,449.6亿元，同比增长30.9%，高出全国平均增速9.5个百分点，实现快速增长。2021年，福州海关征收两税（关税和进出口环节税）入库238亿元，首次突破200亿元大关。

福州海关坚持稳字当头、稳中求进，统筹发展与安全，强化监管优化服务，全面履行好各项职责，续写"国门卫士"新辉煌。

目　录

海关专题图片 …………………… 1

第一篇　特　载

福州海关概况 …………………… 3
福州海关"十四五"海关发展规划编制 …… 6

第二篇　专　记

庆祝建党100周年与党史学习教育 …… 13
福州海关学习贯彻十九届六中全会精神
　………………………………… 21
福州海关统筹口岸疫情防控和促进外贸
　稳增长工作 …………………… 25
优化口岸营商环境促进跨境贸易便利化
　………………………………… 31
《区域全面经济伙伴关系协定》
　（RCEP）实施 ………………… 35
福州海关"国门利剑2021"联合专项
　行动 …………………………… 38

福州海关开展国门生物安全与食品安全
　行动 …………………………… 42
福州海关定点帮扶及推动乡村振兴工作
　………………………………… 46

第三篇　政治建设

党建工作 ………………………… 51
　概况 …………………………… 51
　思想理论武装 ………………… 51
　思想政治宣传 ………………… 51
　文明单位建设 ………………… 52
　基层组织建设 ………………… 53
　党风廉政工作 ………………… 54
　群团工作 ……………………… 55
巡视巡察 ………………………… 59
　概况 …………………………… 59
　巡视工作 ……………………… 59
　巡察工作 ……………………… 59
纪检监察 ………………………… 62
　概况 …………………………… 62
　监督检查 ……………………… 62

执纪 …………………………… 63
　　问责 …………………………… 64
　　以案促改 ……………………… 64
干部管理 ………………………… 65
　　概况 …………………………… 65
　　机构编制管理 ………………… 65
　　干部人事管理 ………………… 66
　　人才队伍建设 ………………… 66
　　干部考核和队伍激励保障 …… 67
　　分级分类培训 ………………… 67
　　教育培训制度建设 …………… 68
　　教育资源建设 ………………… 68
离退休干部工作 ………………… 69
　　概况 …………………………… 69
　　离退休干部党的建设工作 …… 69
　　主题活动 ……………………… 70
　　老同志服务工作 ……………… 70
　　老同志管理工作 ……………… 71
　　关心下一代工作 ……………… 71

第四篇　业务建设

口岸开放与运行管理 …………… 75
　　概况 …………………………… 75
　　口岸开放与发展 ……………… 75
　　助力"一带一路"建设 ……… 75
　　推进中国—印度尼西亚"两国
　　　双园"建设 ………………… 76
　　推进国际贸易"单一窗口"建设 …… 76

法治建设 ………………………… 77
　　概况 …………………………… 77
　　参与总署立法及后评估 ……… 77
　　制度体系建设 ………………… 77
　　行政复议应诉案件处置 ……… 78
　　公职律师等培养使用 ………… 78
　　"证照分离"改革 …………… 78
　　法治宣传教育 ………………… 78
业务改革与发展 ………………… 80
　　概况 …………………………… 80
　　业务改革"五项创新" ……… 80
　　业务改革"问题清零"机制 … 80
　　贸易管制与技术规范 ………… 81
　　知识产权海关保护 …………… 81
自贸区和特殊监管区域管理 …… 83
　　概况 …………………………… 83
　　自贸试验区制度创新 ………… 83
　　特殊监管区域管理 …………… 84
风险管理 ………………………… 85
　　概况 …………………………… 85
　　风险预警 ……………………… 85
　　风险分析处置 ………………… 86
　　大数据应用 …………………… 86
　　口岸安全风险联合防控 ……… 87
关税征管 ………………………… 88
　　概况 …………………………… 88
　　税则税政 ……………………… 88
　　估价管理 ……………………… 89
　　税收征管 ……………………… 89
　　税收风险防控 ………………… 90
　　原产地管理 …………………… 90

卫生检疫 …………………………… 92
　概况 ……………………………… 92
　检疫管理 ………………………… 92
　生物安全 ………………………… 92
　疾病监测 ………………………… 93
　病媒监测 ………………………… 93
　卫生监督 ………………………… 93
　卫生检疫业务培训与应急值守 …… 93
动植物检疫 ………………………… 94
　概况 ……………………………… 94
　进出境动物检疫 ………………… 94
　进出境植物检疫 ………………… 95
　外来入侵物种口岸防控 ………… 96
　服务农产品进出口 ……………… 96
　业务能力建设 …………………… 97
　国门生物安全宣传 ……………… 97
食品检验检疫 ……………………… 98
　概况 ……………………………… 98
　健全进出口食品安全工作领导
　　小组 …………………………… 98
　进出口食品安全宣传 …………… 98
　食品安全监管能力提升 ………… 99
　进出口食品化妆品安全监督
　　抽检和风险监测 ……………… 99
　食品安全风险预警 ……………… 99
　参与总署完善进口食品境外
　　生产企业注册管理规定配套
　　制度与系统上线工作 ………… 99
　重点敏感食品不合格监管 ……… 100
　出口食品境外通报应对 ………… 100
　进口动物源性食品检疫审批 …… 100
　日本输华食品放射性物质检测 …… 100
　扩大肉类进口专班工作 ………… 100
商品检验 …………………………… 101
　概况 ……………………………… 101
　建立二级安全风险监测点 ……… 101
　开展检验鉴定机构监管 ………… 101
　开展目录外商品抽检 …………… 101
　进出口商品重量鉴定监督管理 …… 101
　严格政府间协议检验工作 ……… 102
　打击进出口假冒伪劣商品 ……… 102
　进口矿产品环保监管 …………… 102
　落实总署铁矿固体废物排查要求
　　………………………………… 102
　打击"洋垃圾"入境违法行为 …… 102
　进出口危险品及其包装检验监管 … 102
口岸监管 …………………………… 104
　概况 ……………………………… 104
　运输工具监管 …………………… 104
　货物监管 ………………………… 104
　邮快件及跨境电商监管 ………… 105
　行李物品监管 …………………… 106
　场所场地监管 …………………… 106
　智能审图 ………………………… 107
　扫黄打非 ………………………… 107
　海关口岸监管环节反恐 ………… 107
　平潭对台小额商品交易市场监管
　　………………………………… 108
统计分析及政策研究 ……………… 109
　概况 ……………………………… 109
　统计调查 ………………………… 109
　贸易统计 ………………………… 110

业务统计 ………………………… 110
　　统计数据管理 …………………… 111
　　统计服务 ………………………… 111
　　政策研究 ………………………… 112
　　监测预警 ………………………… 112
企业管理和稽查 ……………………… 114
　　概况 ……………………………… 114
　　资质管理 ………………………… 114
　　信用管理 ………………………… 115
　　保税监管 ………………………… 115
　　企业集团加工贸易监管改革 …… 115
　　国际矿石保税场所建设专班 …… 116
　　稽查核查 ………………………… 116
　　稽查业务改革 …………………… 116
　　稽核查作业"网上电子审核" …… 116
　　属地查检 ………………………… 117
查缉走私 ……………………………… 118
　　概况 ……………………………… 118
　　打击涉税走私 …………………… 118
　　打击非涉税走私 ………………… 119
　　水上缉私 ………………………… 119
　　智慧缉私 ………………………… 119
　　国际地区执法合作 ……………… 120
　　刑事法治建设 …………………… 120
　　行政处罚 ………………………… 120
　　综合治理 ………………………… 121
国际及港澳台合作 …………………… 122
　　概况 ……………………………… 122
　　"三智"国际合作工作 …………… 122
　　外事管理 ………………………… 122
　　对台工作 ………………………… 123
　　技术贸易措施交涉应对 ………… 123

第五篇　政务及后勤保障

政务管理 ……………………………… 127
　　概况 ……………………………… 127
　　应急值守 ………………………… 127
　　政务信息 ………………………… 127
　　公文处理 ………………………… 127
　　督查督办 ………………………… 128
　　建议提案办理 …………………… 128
　　保密管理 ………………………… 128
　　档案管理 ………………………… 128
　　政务公开 ………………………… 129
　　信访工作 ………………………… 129
　　新闻宣传 ………………………… 129
财务管理 ……………………………… 130
　　概况 ……………………………… 130
　　税费财务管理 …………………… 130
　　预算管理 ………………………… 130
　　行政事业单位财务管理 ………… 131
　　企业财务管理 …………………… 131
　　涉案财物管理 …………………… 131
　　基建管理 ………………………… 132
　　资产装备管理 …………………… 132
科技发展 ……………………………… 133
　　概况 ……………………………… 133
　　信息化建设 ……………………… 133
　　信息化运维 ……………………… 134

实验室管理 …………………… 135	纪检监察 …………………… 152
科研管理 ……………………… 136	关税征管 …………………… 153
督察内审 ………………………… 138	口岸监管 …………………… 153
概况 …………………………… 138	业务改革与发展 …………… 153
督察监督 ……………………… 138	查缉走私 …………………… 154
内部审计 ……………………… 138	卫生检疫 …………………… 154
内控建设 ……………………… 139	政务管理 …………………… 154
执法评估 ……………………… 139	财务管理 …………………… 155
福州海关学会工作 ……………… 141	科技发展 …………………… 155
建党百年专题征文活动 …… 141	重大项目 …………………… 155
主题类、综合类征文工作 … 141	马尾海关 ………………………… 156
福州海关学会换届工作 …… 141	概况 …………………………… 156
海关志书编纂工作 ………… 142	党建工作 …………………… 156
	疫情防控 …………………… 157

第六篇　各隶属海关

	打击走私 …………………… 157
	安全生产 …………………… 157
	口岸截获 …………………… 158
	风险防控 …………………… 158
榕城海关 ………………………… 145	保稳提质 …………………… 158
概况 …………………………… 145	跨境电商 …………………… 159
政治建设 ……………………… 145	科技创新 …………………… 159
口岸监管 ……………………… 146	专项整治 …………………… 159
查缉走私 ……………………… 147	全面从严治党 ……………… 159
疫情防控 ……………………… 147	宁德海关 ………………………… 161
改革创新 ……………………… 148	概况 …………………………… 161
服务发展 ……………………… 149	政治建设 …………………… 161
队伍建设 ……………………… 150	全面从严治党 ……………… 161
党风廉政 ……………………… 150	队伍管理 …………………… 162
福州长乐机场海关 ……………… 152	优化口岸营商环境 ………… 162
概况 …………………………… 152	疫情防控 …………………… 163
党建工作 ……………………… 152	检验检疫 …………………… 163

安全监管 …………………………… 163
　　业务改革与发展 …………………… 164
　　查缉走私 …………………………… 164
　　政务及后勤保障 …………………… 164
三明海关 ………………………………… 165
　　概况 ………………………………… 165
　　党的建设 …………………………… 165
　　队伍管理 …………………………… 166
　　税收征管 …………………………… 166
　　动植物检疫 ………………………… 166
　　商品检验 …………………………… 166
　　查缉走私 …………………………… 167
　　业务改革与发展 …………………… 167
　　企业管理和稽查 …………………… 167
　　政务管理 …………………………… 168
　　后勤保障 …………………………… 168
　　综合技术服务中心工作 …………… 168
莆田海关 ………………………………… 169
　　概况 ………………………………… 169
　　党建工作 …………………………… 169
　　纪检监察 …………………………… 169
　　队伍管理 …………………………… 170
　　综合治税 …………………………… 170
　　卫生检疫 …………………………… 170
　　动植物检疫 ………………………… 170
　　食品检验检疫 ……………………… 171
　　商品检验 …………………………… 171
　　口岸监管 …………………………… 171
　　企业管理和稽查 …………………… 172
　　查缉走私 …………………………… 172
　　政务管理 …………………………… 172

　　财务管理 …………………………… 172
　　科技发展 …………………………… 173
南平海关 ………………………………… 174
　　概况 ………………………………… 174
　　党建工作 …………………………… 174
　　队伍管理 …………………………… 175
　　法治建设 …………………………… 175
　　优化服务 …………………………… 175
　　企业管理 …………………………… 176
　　安全监管 …………………………… 176
　　进境种牛隔离检疫 ………………… 176
　　关税征管 …………………………… 177
　　查缉走私 …………………………… 177
　　政务管理 …………………………… 177
　　后勤保障 …………………………… 177
平潭海关 ………………………………… 178
　　概况 ………………………………… 178
　　政治建设 …………………………… 178
　　巡视巡察 …………………………… 179
　　疫情防控 …………………………… 179
　　动植物检疫 ………………………… 180
　　口岸监管 …………………………… 180
　　查缉走私 …………………………… 180
　　业务改革与发展 …………………… 180
　　政策研究、自贸试验区制度创新 … 181
　　政务及后勤保障 …………………… 181
武夷山海关 ……………………………… 183
　　概况 ………………………………… 183
　　基层党建工作 ……………………… 183
　　党风廉政建设 ……………………… 184
　　队伍管理 …………………………… 184

疫情防控 …………………… 184
中欧班列监管 ……………… 184
打击走私 …………………… 185
综合治税 …………………… 185
维护国门安全 ……………… 185
优化营商环境 ……………… 186
关地协作 …………………… 186
安全生产 …………………… 186
财务基建 …………………… 186
法治建设 …………………… 187
关史陈列室建设 …………… 187

第七篇　事业单位

后管中心 ……………………… 191
　　概况 ……………………… 191
　　疫情防控 ………………… 191
　　服务保障 ………………… 192
　　规范管理 ………………… 192
　　资产管理 ………………… 193
　　安全生产 ………………… 193
　　基建修缮 ………………… 193
　　改革发展 ………………… 193
信息中心 ……………………… 195
　　概况 ……………………… 195
　　科技信息化管理 ………… 195
　　信息化项目建设 ………… 195
　　信息化运维保障 ………… 196
　　信息化安全管理 ………… 196

技术中心 ……………………… 198
　　概况 ……………………… 198
　　守护国门保安全 ………… 198
　　统筹推进疫情防控促进外贸
　　　稳增长 ………………… 198
　　强化检测能力提升 ……… 199
保健中心 ……………………… 200
　　概况 ……………………… 200
　　疫情防控 ………………… 200
　　业务开展 ………………… 201
数据分中心 …………………… 203
　　概况 ……………………… 203
　　做实电子口岸业务 ……… 203
　　优化口岸营商环境 ……… 204
　　保障跨境电商大促 ……… 204

附　录

2021年福州海关大事记 ……………… 209
2021年福州海关重要文件规定摘选 … 213
建党百年荣获全国、省级"两优一先"
　　名录 …………………………… 230
福州海关首次荣获"光荣在党50年"
　　纪念章名单 …………………… 231

"中国海关史料丛书"编委会

"中国海关史料丛书"编委会 ………… 233

海关专题图片

疫情防控

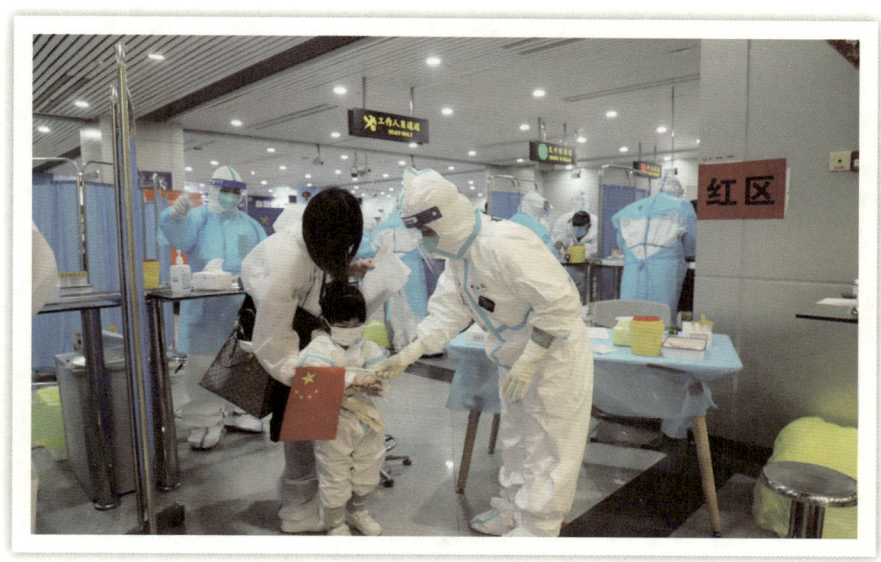

◀ 2021年3月31日,福州长乐机场海关对巴布亚新几内亚入境航班开展监管

2021年8月14日,▶
宁德海关对"格瑞斯旺"轮进行登临检疫

业务建设

▲ 2021年2月5日，福州海关牵头福建省发改委等部门对平潭海峡二桥二线通道项目开展联合验收

▲ 2021年2月15日，莆田海关关员在秀屿港对进口大豆实施表层检疫

▲2021年9月7日,南平海关赴福建金石氟业公司开展氢氟酸抽样检验工作

▲2021年7月22日,武夷山海关对中欧班列货物实施查验

打击走私

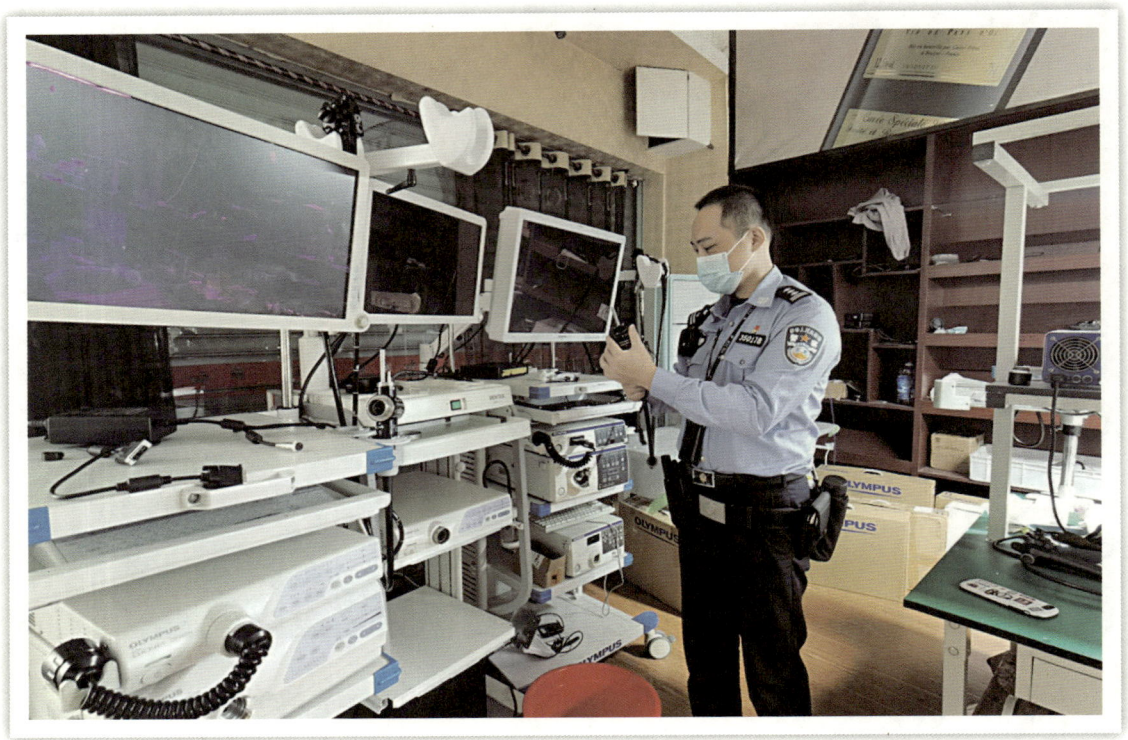

▲2021年7月9日，福州海关缉私局开展打击旧医疗设备查缉收网行动

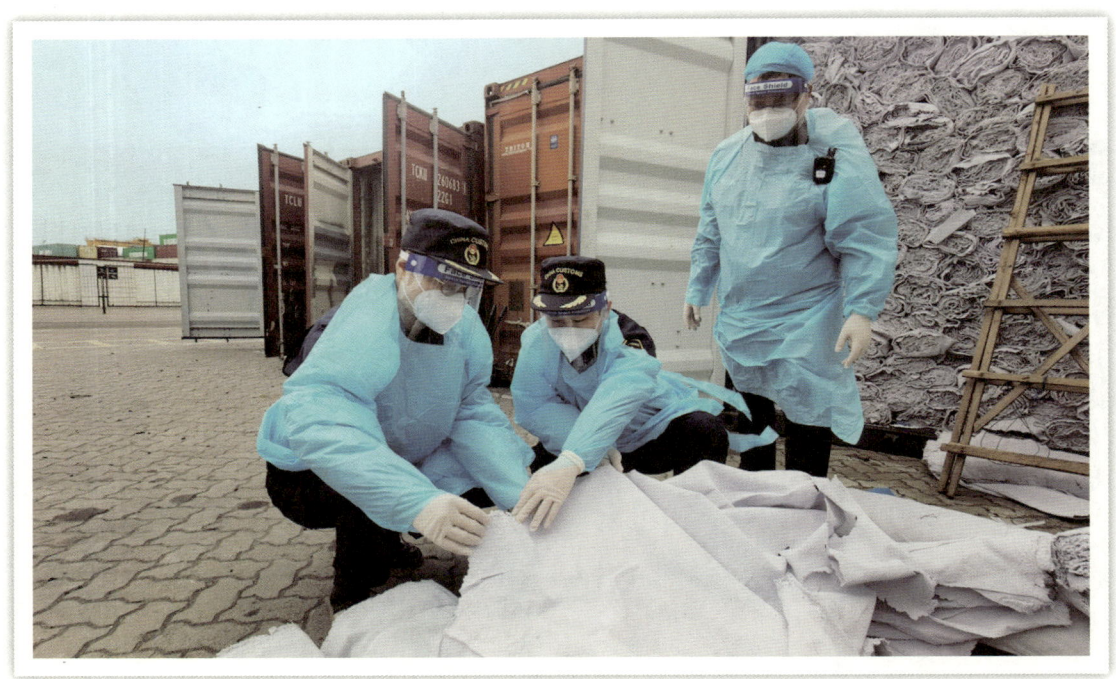

▲2021年12月17日，马尾海关查获进口固体废物再生EVA片

队伍建设

▶ 2021年6月10日,福州海关组织"学党史、办实事、献热血、践初心"爱心献血活动

2021年6月4日,榕城海关举办庆祝建党100周年"百年华章 以声献礼"主题活动 ▶

◀ 2021年4月27日,三明海关组织开展集中队列训练

第一篇

特载

福州海关概况

福州，地处东海之滨，是中国东南沿海对外开放的重要口岸之一，"开海兴闽"历史悠久。1949年8月福州解放后，闽海关主权回到人民手中。1950年2月，闽海关更名为中华人民共和国福州海关。

一、机构职能沿革与工作概况

中华人民共和国成立后，福州海关在海关总署领导下，根据继承和改造的原则，有步骤对旧海关制度进行根本性改革，集中力量加强对进出口货物和国际运输工具的监管，建立以许可证为依据的监管制度，打击走私，加强税收管理，把海关工作重点转移到保护和促进国民经济的恢复和发展。

1953—1980年，福州海关在行政隶属关系上几经更迭。1980年1月，随着海关管理体制改革，福州海关直属海关总署，由地方政府监督指导。同年，恢复征收进出口关税和编制海关统计。1984年4月，国务院批准福州等14个沿海城市为沿海开放城市。同年6月，福州海关升格为正厅局级机构。1985年，国务院批准在马尾设立福州经济技术开发区。福州关区的一些县市又陆续被划为沿海经济开放区，形成沿海开放城市、沿海经济开放区和经济技术开发区3个层次的开放格局。

为适应改革开放后的新形势，福州海关积极开展业务改革，切实贯彻"促进为主"的工作方针，努力为地方改革开放和经济发展创建良好外贸进出口环境，开创海关业务的崭新局面。运输工具监管进入海陆空多元化阶段，迅速发展以加工装配、补偿贸易和进料加工等方式为主的新型贸易。福建沿海在特定历史条件下逐步形成的对台小额贸易，在20世纪80年代中后期至90年代初期呈现繁荣状态。1998年作为试点单位开始通关作业改革，在提升通关速度的同时，关区进出口货物量和货物总值大幅提高，征税额连年迈上新台阶。1999年6月，福州海关走私犯罪侦查分局成立，打私手段和力度进一步增强。2006年10月，海关总署与福建省政府在福州签署《署省合作备忘录》，目前已签署4轮，福州海关靠前助推福建省"两个先行区"（科学发展的先行区、两岸人民交流合作的先行区）建设。2008年12月，"金海缘"号散货船从福州马尾青州港直航台北港，成为海峡两岸直航后祖国大陆抵达台湾本岛的第一船。在此期间，国家领导人多次莅临福州海关视察。2014年11月1日，习近平总书记亲临平潭，实地考察平潭二线卡口等海关监管现场，专门听取福州海关关于海关创新监管、助推平潭开放开发的情况汇报。

2018年4月，根据党和国家机构改革部署，福建出入境检验检疫局的管理职责和队伍划入福州海关。福州海关坚持思想不乱、工作不断、队伍不散、干劲不减推进机构改革。4月20日，统一以福州海关名义对外开展工作。2019年1月，行政干部1,498人全部到位，8月、12月，事业单位班子和人员分别全部到位，副厅级榕城海关、7个办事处、8个事业单位相继挂牌运作。通过精简机构设置、优化职责配置、规范编制职数，福州海关业务全面融合，队伍不断壮大，事业发展进入崭新阶段。落实总体国家安全观，5月荣获全国"扫黄打非"先进集体，11月获联合国环境署颁发的"亚洲环境执法奖"。坚持服务大局，6月推出12条支持平潭新一轮开放开发措施，助推福建实现对台混矿中转出口，助力平潭至高雄客货航线、琅岐至马祖客运航线开通。

2020年新冠肺炎疫情发生以来，福州海关坚决筑牢口岸疫情防线，严防境外疫情输入。在全国海关率先对无症状人员、外籍人员等人群开展医学排查和采样检测工作，落实出入境人员"三查三排一转运""四个必严"检疫措施。1月28日，国务院联防联控机制第十二督导组赴福州长乐机场检查疫情防控工作并给予肯定。2月之后，先后5次出台支持企业复工复产、促进综合保税区发展、优化进出口货物检查、便利物流业和跨境寄递行业发展等52条措施，统筹推出贯彻落实海关总署稳外贸稳外资措施细化清单98项。6月起，从严监管进口冷链商品，核酸检测和检出阳性数量居全国海关前列。坚持"人、物、环境同防""一机一案""一船一策"精准检疫，2021年11月检出关区首例奥密克戎核酸阳性入境人员。

二、关区特点

（一）海关历史悠久，文化底蕴丰厚。

福州是我国最早设立海关的口岸之一，1684年设立了闽、粤、江、浙四海关，至今已有300多年历史。1950年2月更名为福州海关。1984年6月9日，国务院批准福州海关从处级海关升格为厅局级海关。

（二）业务门类齐全，执法风险多元。

关区沿海和山区并存，共有福州港、莆田港、宁德港、平潭港等海港4个，福州长乐国际机场和武夷山机场等空港2个，设有福州综合保税区、福州江阴港综合保税区、福州保税区等海关特殊监管区域3个，三明、武夷山等陆地港2个，海陆空邮各类海关监管业务一应俱全，执法风险也相应多元。

（三）经济外向度高，海关责任重大。

福建省享有"多区叠加"的独特优势，是国家优惠政策最多、最集中的省份之一。福建海岸线长、对外开放点多，开放型经济占据半壁江山，地方政府对海关争取优惠政策、推动改革创新、保障国门安全、优化营商环境等存在诸多诉求，海关推动福建省新时代改革开放再出发的责任重、压力大。

（四）地处对台前沿，地位作用特殊。

福建地处东南沿海与台湾海峡的重要节点，位于对台工作的最前沿。2021年3月，习近平总书记来福建考察时，要求福建"在探索海峡两岸融合发展新路上迈出更大步伐"。福州海关在推动两岸关系和平发展、实现祖国和平统一大业中责任重大、使命光荣。

（五）华侨数量众多，工作高度敏感。

福建是中国著名的侨乡，华侨遍布全球，数量仅次广东，在有力促进福建经济社会发展的同时，也存在人员出入境频繁的特点，疫情防控工作压力大。

三、现有辖区及机构设置

福州海关关区覆盖福州市、莆田市、三明市、南平市、宁德市5地市和平潭综合实验区，关区总面积6.5万平方千米，海岸线总长2278千米。主要负责征税、监管、缉私、检验检疫、统计等进出境监督管理工作。

福州海关内设正处级机构15个，另设立正处级其他工作机构3个（机关党委、监察室、离退办）；下设隶属海关单位10个（9个隶属海关和风控分局），其中榕城海关为副厅级单位；所属事业单位5个；派驻纪检组8个。

四、2021年主要业务情况

2021年，监管进出口货物11,718.8万吨、运输工具1.5万辆（艘/架/节），监管进出境行邮物品154.7万件、邮政快件888.7万件、非邮政快件58.6万票。税收入库238亿元，首次突破200亿元。

2021年，福州关区企业进出口5,394.3亿元，同比增长33.9%，占同期全省外贸的29.2%。其中，出口3,465.3亿元，增长31.7%；进口1,929亿元，增长38%。进出口、出口、进口比2019年同期分别增长43.7%、30.8%、74.5%。

福州海关"十四五"海关发展规划编制

一、总体要求

坚持以习近平新时代中国特色社会主义思想为指导，深入贯彻党的十九大和十九届二中、三中、四中、五中全会精神，全面落实《中共中央关于制定国民经济和社会发展第十四个五年规划和二〇三五年远景目标的建议》和《中华人民共和国国民经济和社会发展第十四个五年规划和2035年远景目标纲要》要求，以社会主义现代化海关建设为引领，遵循坚持党的全面领导、坚持以人民为中心、坚持新发展理念、坚持深化改革开放、坚持系统观念等五项原则，一以贯之推进"五关"建设，扎实落实《"十四五"海关发展规划》，细化措施，明确职责，压紧责任，开展常态化、制度化的学习宣传，激发广大关警员的主动性、积极性、创造性，切实增强贯彻落实的主动性和责任感，形成合力、有序推进，确保《"十四五"海关发展规划》落地实施。

二、目标任务

通过扎实有序、全面深入贯彻落实《"十四五"海关发展规划》，紧紧结合贯彻落实《福建省国民经济和社会发展第十四个五年规划和二〇三五年远景目标纲要》及涉及我关的重点任务分工，锚定海关总署确定2035年海关发展远景目标，持续深化"五关"建设，不断丰富"五关"建设新内涵，努力实现五个"大幅提升"，全面提升福州海关制度创新和治理能力建设水平，全面发挥福州海关的职能作用，全面实现福州海关跨越发展，为全面推进社会主义现代化海关建设贡献力量。

政治建关全面强化，政治建设水平大幅提升。政治信仰更加坚定，政治领导坚强有力，政治判断力、政治领悟力、政治执行力显著提高，政治生态风清气正，维护国家安全和发展利益更加坚决有力，服务国家重大发展战略更加积极有为，永葆政治机关鲜明本色，坚定走好"两个维护"第一方阵，让党中央放心、让人民群众满意的模范机关建设成效显著。

改革强关纵深推进，治理整体效能大幅提升。改革创新更加系统集成、协同高效，更宽领域、更高水平的机构改革"化学反应"全面实现，推进通关一体化改革，国门安全防线更加牢固，口岸营商环境更加优化，监管体制机制更加完善。

依法把关全面加强，法治建设水平大幅提升。制度体系更加科学完备，法治实施体系更加全面高效，行政权力监督制约机制更加严密有效，法治实施保障更加协同有力，法治海关建设取得重大进展。

科技兴关动力强劲，创新应用能力大幅提升。创新驱动导向作用更加明显，科技研发和应用工作机制更加健全，业务科技一体化有力推进，大数据、人工智能等新技术应用更加广泛深入，检验检测能力明显提升，口岸监管装备应用成果丰硕，智慧海关全面建成。

从严治关成效显著，干部队伍素质大幅提升。全面加强党的建设，清廉海关建设成效明显，上下贯通、执行有力的组织体系更加科学，与准军事化海关纪律部队要求相匹配的海关文化体系基本形成，德才兼备的高素质专业化人才不断涌现，各级领导班子不断优化强化，队伍积极性、主动性和创造性充分激发，忠诚干净担当的高素质专业化干部队伍面貌焕然一新。

三、主要措施

加强领导，压紧压实责任。成立福州海关落实《"十四五"海关发展规划》工作领导小组：关长、党委书记为组长；其他党委委员为副组长；总关各职能部门、风险防控分局主要负责人为成员。领导小组负责组织部署、统筹推动关区宣传贯彻落实《"十四五"海关发展规划》工作，研究解决宣传贯彻落实工作中出现的重大问题等。下设领导小组办公室，挂靠统计分析处，协助做好细化落实和实施方案，协助领导小组对关区落实情况开展监督、检查和协调推进。

大力宣传，营造浓厚氛围。认真贯彻落实《海关总署关于印发〈"十四五"海关发展规划〉宣传贯彻工作方案的通知》，制定、实施好《福州海关宣传贯彻〈"十四五"海关发展规划〉工作方案》，督促各单位、各部门加大宣传贯彻力度，积极宣传，深入解读，切实在关区营造、形成有利于规划实施的浓厚氛围。

统筹协调，做细做实方案。牢固树立系统思维和全局观念，切实增强"一盘棋"思想，推动内外协同，以规划统领全面深化改革、有效履行职责等各方面工作。制订贯彻落实方案、宣传贯彻工作方案，做好任务措施的责任分解，压紧压实职责责任，要求各单位、各部门将牵头落实的任务进一步细化、分解到年度工作中，确保规划有序推进、如期完成。

严格序时，持续推进落实。第一阶段，2021年6—8月，学习宣传贯彻阶段。在全关区开展学习宣传，营造浓厚氛围，认真制定贯彻实施方案和细化任务分解，压紧责任。第二阶段，2021年9—12月，推进落实阶段。各单位、各部门各负其责，抓好实施；相关部门根据海关总署专项规划，制订我关专项贯彻落实方案；各单位、各部门结合贯彻《"十四五"海关发展规划》，提前谋划2022年工作计划。第三阶段，2022—2025年，中期提升阶段。全关上下围绕确定的目标任务，强化监管优化服务，全面提升我关制度创新和治理能力水平建设，努力推进建设社会主义现代化海关。第四阶段，2025年年底，总结评估阶段。对我关推进落实《"十四五"海关发展规划》进行总结评估，对"十五五"海关发展规划提出建议。

注重实效，强化考核监督。领导小组办公室要会同考核办，将各单位、各部门贯彻落实《"十四五"海关发展规划》情况纳入年度客观指标进行考核。办公室、统计处、督审处、监察室、巡察办等相关职能部门要将落实《"十四五"海关发展规划》纳入职责范围的监督工作、纳入年度监督工作计划，持续加强对各单位、各部门贯彻落实的监督、督察、巡察和检查。对监督发现的问题及时上报领导小组办公室，确保以强有力的政治监督保障《"十四五"海关发展规划》顺利实施。

四、专项规划

《福州海关"十四五"法治建设规划》。到2025年，福州海关制度体系更加科学完备，法治实施体系更加全面高效，法治监督制约更加严密有效，普法宣传教育更加多维精准，法治实施保障更加协同有力，法治海关建设取得阶段性重大进展。

《"十四五"福州海关科技发展规划》。到2025年，全面建成智慧海关，全关科技水平跻身系统前列，在部分领域形成"福关特色"。科技创新体系更具活力，国门安全基础和共性技术研究在解决制约口岸快检、快放关键技术难题方面取得重要突破。科技资源配置更加优化，实验室布局、科技装备、基础设施环境等更加集约高效，一批高层次科技人才脱颖而出。技术能力进一步增强，以大数据、云计算、人工智能、物联网、区块链等为代表的先进技术得到有效应用，信息化基础资源集约化、运维管控智能化、科技服务优质化初步实现，积极推动关区"智慧海关、智能边境、智享联通"建设取得成效。

《福州海关关于加强"十四五"期间海关动植物检疫工作的实施方案》。参与动植物检疫法律法规和技术标准体系建设，完善法律法规和制度，优化技术标准，技术性贸易措施研究与应用。加强动植物疫情、外来入侵物种口岸监测和预警，加强信息搜集与研判，加强口岸监测与智能化建设，加强风险预警与处置。加强动植物检疫风险评估和风险管理，科学开展风险评估，实施风险分级分类管理。加强动植物检疫检查和监管，严格实施动植物检疫检查，严密实施全链条动植物检疫监管，健全应急处置机制。探索制度创新促进农产品优进优出，持续强化技术支撑，全面提升检测能力水平，开展检疫理论与创新技术研究。强化人才队伍建设。积极实践多元共治理念，协同部门共治，落实联防联控，倡导社会共治，促进群防群控，参与国际合作，推进全球治理。

《福州海关关于"十四五"时期加强和完善知识产权保护工作的实施方案》。持续完善知识产权海关保护工作体系，适应新发展阶段要求。提升知识产权海关保护整体效能，服务构建新发展格局。加强协同保护，推动开放型经济高质量发展。

第二篇 专记

庆祝建党100周年与党史学习教育

一、庆祝建党100周年

（一）深入学习领会"七一"讲话精神。

印发《中共福州海关委员会关于认真学习贯彻习近平总书记在庆祝中国共产党成立100周年大会上重要讲话的通知》，要求关区各单位各部门把学习贯彻"七一"重要讲话精神作为一项重大政治任务，深入领会"七一"重要讲话的重大意义。开展集中研讨。关区各单位、各部门以党委理论学习中心组学习会、"三会一课"等形式深入组织专题学习和研讨，原原本本读原文，认认真真悟原理，吃透精神实质，把握核心要义。召开专题组织生活会。按照党史学习教育总体安排，关区基层党组织重点围绕学习贯彻"七一"重要讲话精神，开好专题组织生活会。处级以上党员领导干部以普通党员身份，参加所在党支部的专题组织生活会，谈认识、找差距、明方向，并上好党史学习教育专题党课。设定必修课程。在福州海关政务网、"福关e家"微信公众号开设"学习'七一'重要讲话精神"专栏；把学习"七一"重要讲话精神纳入干部教育培训的必修课程，开设处级领导干部"学习论坛"。

（二）举办系列庆祝活动。

创新开展"五个一百"特色活动。征集关区百名书记祝语、百年雄关风貌、百项荣誉、党建活动百图、百位党员故事，用图片重温关史记忆，用文字抒发对党祝福。在"福关e家"微信公众号等媒体平台同步推出展示。

2021年6月30日，福州海关举办"红心向党 关徽闪耀"庆祝中国共产党成立100周年活动暨表彰大会。活动由6个部分组成。一是讲党课。福州海关党委书记、关长以《赓续红色精神血脉，激发海关奋进力量》为题，讲授专题党课。二是庆祝活动。观看《我为祖国守国门》《中国人民警察警歌》《建党百年 铭记党恩》MV，3位党员代表讲故事。三是表彰活动。集体颁发"光荣在党50年"纪念章，为各级"两优一先"获奖代表颁奖，4位获奖代表发表感言。四是新党员入党宣誓。2021年第一批入党的14名预备党员代表入党宣誓，全场党员重温入党誓词。五是合唱团演唱获奖曲目《在灿烂的阳光下》。六是全场合唱《没有共产党就没有新中国》。

二、党史学习教育

福州海关紧紧抓住党史学习教育契机，深入贯彻落实习近平总书记对海关工作、对福建工作的重要指示批示精神，探索习近平新时代中国特色社会主义思想在福建实践"四好"新路径，谱写全面建设社会主义现代化国家福建篇章，展示新担当新作为。

（一）加强统筹谋划守正出新。

1. 高站位谋篇布局。

将中央部署和总署党委、福建省委要求融为一体，突出海关行业特点，制订通知、方案41份。

一是做到"三结合"。与习近平总书记在福建工作时的重要理念和重大实践相结合，开展"十个一"行动，打造新风正气福建"名片"；与习近平总书记对海关工作、福建工作的重要指示批示精神相结合，落实"第一议题"制度；与习近平总书记在福建考察时的重要讲话精神相结合，推出15条贯彻措施、40项细化任务。

二是突出"四个好"。用好关区红色资源，讲好闽海关历史故事，学好身边先进典型（两优一先），绘好福建发展蓝图。

2. 高目标引领推进。

一是见行动、见实效。第一时间制发党史学习教育工作方案，成立领导小组、工作小组、巡回指导组，细化32项具体要求，推进落实。推出18项举措，学习贯彻习近平总书记"七一"重要讲话精神。部署开展"十个一"活动，贯彻党的十九届六中全会精神，全力推进"建设强关 打造样本"。做好"八篇"文章，贯彻福建省第十一次党代会精神，助力福建高质量发展超越。

二是出经验、出样本。探索建立"对账销号""问题清零""四全""年度考评"等办实事长效机制。党建引领有样本，《福州海关锁定"五高五新"深入推进模范机关建设》等2个案例获全省机关体制机制创新二等奖；监管服务有样本，4项"我为群众办实事"案例入选总署"百佳项目"；创新发展有样本，4项自贸创新举措获评"全国首创"，中国—印度尼西亚"两国双园"带来百亿产值，中欧班列助力扩大开放。

三是规定动作做到位，自选动作接地气。1,607人按时完成四本指定教材学习，组织集中学习1,500余次，开展现场体验式教学470余次。召开组织生活会201场，1,947名党员（含预备党员）全员参加，组织生活会检视问题610项。策划"我想对党说""红歌快闪""经典传诵""巾帼心向党·亲子朗诵"等自选动作，录制微视频46部。隆重举办庆祝建党百年系列纪念活动,推出百名书记祝语、百年雄关风貌、百项荣誉、党建活动百图、百位党员故事等特色活动。

3. 高质量组织实施。

一是巡回指导+主题督查。巡回指导有力度。组织开展6轮全覆盖巡回指导,制发8期巡回指导工作指引,做到每月有提示、每月知重点;巡回指导片区内部形成联学共建关系,开展"每月一主办、每月一主题、每月一特色"共建活动。主题督查有准度。紧盯"我为群众办实事"实践活动进度和成效,每月开展1次主题督查;瞄准"七一"和党的十九届六中全会等重要节点,对学习宣传贯彻情况开展主题督查。

二是工作专班+专题会议。成立党史学习教育工作专班,先后召开专题会议15次,高质量做好福州海关党史学习教育专网运营、周报编发、案例征集等沟通联系和组织推动工作。成立党史学习教育台账专班,发挥台账"强管理、促落实、补短板、强弱项、出经验"的作用,建成一套《福州海关党史学习教育台账》,共16册、逾百万字。

三是工作指引+课题指导。四份指引助落实,出台年度基层党建工作指引、党史学习教育工作指引,每月制发基层党组织月度重点工作提示、月度党建宣传工作提示,指导各级基层党组织明确目标、压实责任。两项课题促提升,坚持"问题导向、目标导向、结果导向",扎实开展课题攻关,《坚持党建引领,加强事业单位组织体系建设》署级项目试点工作取得良好成效;落实全国海关党建工作专题培训工作部署,完成《坚持运用系统观念 探索推进海关基层党组织建设高质量发展》课题研究,促进基层党组织建设高质量发展、整体性提升。

(二)强化党委示范新益求新。

1. 学习研讨作示范。

"学早学全"。党委带头在7月1日前,完成四本指定教材学习。第一时间组织学习"七一"重要讲话精神和党的十九届六中全会精神,按计划完成党史学习教育专题读书班,2021年度共组织开展18次党委理论学习中心组学习。

"学深学透"。党委班子围绕"中国特色社会主义为什么'好'"和"学习贯彻习近平总书记来福建考察重要讲话精神"等主题,将学习心得研讨与研究贯彻举措相结合,开展7轮研讨。举办"六好"红色讲坛,党委委员深学细悟、领学宣讲、"同台竞技",将党史学习教育与地方史、海关史相结合,讲好海关故事、学好福建经验,厚植爱党之情、凝聚奋进之力,唱响党史学习教育主旋律,凝聚建设新福建的海关力量,是党委理论学习中心组学习的一次有益尝试。

"学真学实"。与建设银行福建省分行党委开展联学共建活动,双方立足各自职能、聚焦服务实体经济,积极探索"关银协作"新领域、新模式,共同助力福建高质量发展超越。组织党委理论学习中心组

"走学",赴闽海关税务司官邸旧址开展现场教学,深学研讨交流、研究部署闽海关历史文化挖掘宣传工作,发挥爱国主义教育作用,以史为鉴、观照未来。

2. 调查研究作示范。

调查研究谋发展。"一把手"挂帅担任课题组组长,高质量完成福建省委书记尹力交办的福建省口岸发展和产业发展两个研究课题。党委带头推进福建省"再学习 再调研 再落实"活动,班子成员共撰写8篇调研文章,完成的茶产业专题调研报告获尹力书记批示,促成省商务厅推出8条服务茶产业发展举措和6,000多万元茶产业扶持专款。

调查研究促落实。"现场监管与外勤执法权力寻租"专项整治开展以来,党委班子成员先后召开6次专题会、党委会部署推进、严抓整改,在月度形势分析及工作督查例会9次强调,听取工作情况汇报9次,在相关呈报件上审签批示61次,赴基层督导30人次,把全面从严治党落实到"最后一公里"。

3. 上课撰文作示范。

关党委带头讲授专题党课。福州海关8名党委委员,均在7月9日前完成党史学习教育专题党课讲授。党委书记、关长分别面向关区全员和处科级领导干部讲授2堂专题党课,其"七一"专题党课成果以《弘扬伟大建党精神 激发海关奋进力量》等为题,在《中国国门时报》、《党的生活》、福建党史学习教育官网刊登。

关党委带头开展理论研究。针对习近平总书记"七一"重要讲话精神,每位党委委员至少撰写2篇书面研讨文章,全年关领导发表理论文章达11篇。

(三)推进学习教育求实创新。

1. 着力推进"三坛"联动。

开设红色讲坛。请专员,强师资。分别组织收听《中共中央关于党的百年奋斗重大成就和历史经验的决议》起草组成员、中央宣讲团成员黄一兵和福建省委宣讲团、福建省直机关工委讲师团讲师宣讲六中全会精神;先后邀请国防大学杨阳教授、中央党校王中汝教授做主题讲座;邀请福建三明党史故事宣讲团作《风展红旗如画三明》红色故事现场宣讲。找教员,作示范。关党委带头举办"六好"红色讲坛。专家学者和离退休干部深挖闽海关、福海关历史,开展"学史·铸魂"海关红色讲坛进机关、进社区、进校园、进乡村系列活动。抓全员,大宣讲。关区各单位、各部门领导班子上党课132堂,各基层党组织书记上党课263堂,关区"两优一先"等党员代表讲授微党课319堂。

开辟理论教坛。大兴调查研究之风。在党委带动下,关区深入开展"三个走进""三再"活动,两级党委、领导班子累计开展调研近2,000人次,征集意见建议超1,300条,全关共形成47篇调研报告成果。夯实理论研究之基。精心组织庆祝中国共产党成立100周年理论文章征集活动,计划征文35篇,累计收到理论文章

109篇，向总署推报30篇优质论文。其中，3篇文章入选总署《庆祝中国共产党建党100周年征文集》（全国共57篇），1篇文章入选《海关档案故事100篇》。召开"深化理论武装 汇聚奋进力量"党史学习教育理论研讨会，把理论研究同总结经验、推动工作结合起来，把研究成果转化为推动海关实际工作的不竭动力。

开创福关论坛。引导人人谈，打造热点话题。开设"学习'七一'重要讲话论坛"，刊登贯彻落实研讨文章32篇，理论文章42篇。开设"学习贯彻十九届六中全会精神福关论坛"，党员干部共撰写心得感悟543篇，围绕"两个确立""十个坚持"等主题，精选45篇心得刊登。发动人人讲，打造精品党课。组织开展分层分类宣讲，领导干部、"两优一先"先进典型、老干部、老党员等共讲授微党课319堂，录制精品微党课视频35部、"海关小姐姐讲党史"视频3部。

2. 着力推进百家齐动。

全员参与形式新。在规定动作做到位的基础上不断发掘特色出彩的自选动作，10个机关党委（总支）和201个基层支部推出百余种创新学习形式。"灵活式"学习，推出"指间学堂""午间课堂""班车课堂"等学习形式，用好碎片化时间学习；"体验式"学习，推出"云参观课堂""实景课堂""走读课堂"等学习形式，用好红色资源；"沉浸式"学习，推出"音乐党课""手工党课""文艺党课"等学习形式，润物细无声中强党性；"分享式"学习，推出"百年党史接力学""百日精读百年史"等学习形式，党员分享学习要点和学习体会；"引导式"学习，推出"党课开讲啦"、微党课等形式，各级党组织书记、"两优一先"先进典型、党员代表分层分类讲述海关红色故事。

全心服务内容新。组建党员团员宣讲队走进校园、社会福利院，广泛开展"撒种式"红色海关史宣讲；组织党员团员志愿者协助肢残朋友观看红色展览、红色电影；开展"金秋助学"活动帮助困难学生圆梦，捐款捐物约10万元；以学促做、以知促行，"重点项目+临时党支部""关务协助团队"等服务模式，发挥支部战斗堡垒和党员先锋模范作用。

全程提速动力新。先后参加中央驻闽单位庆祝中国共产党成立100周年合唱汇演荣获金奖，参加福建省"学史明理 福建有你"党史知识竞赛获线上比赛省直单位第一名、线下决赛全省第二名，参加华东片海关文化协作区党史知识竞赛获二等奖。以赛促学、以赛促干，让党史学习教育在竞赛活动中入脑入心。

3. 着力推进宣传发动。

宣传有影响。福建省委宣传部党史学习教育新闻宣传组3次对我关进行采访；福建电视台公共频道《八闽机关党建》栏目组全程播报我关党史学习教育做法成效，刊登新闻12条。

宣传有阵地。用好现有宣传主阵地，

2021年，共在"学习强国"、《中国国门时报》、《福建日报》、福建机关党建网等媒体刊登稿件1,000余篇次；在总署政工办网站累计获刊登398篇，得分731分，在全国海关年度排名中取得第7名的佳绩；开辟宣传新阵地，在福州海关政务网和"福关e家"微信公众号，分别增设党史学习教育"专栏""专网""专题"，刊登稿件1,300余篇次。

宣传有策划。制定《党史学习教育总结宣传工作方案》，策划2轮新闻宣传课题和7项经验总结课题，此项专题策划成果共在《中国国门时报》、"学习强国"等媒体平台发表44篇次，在总署《政治工作简报》刊登3篇次，在总署政工办网站、《福关信息》等平台刊登18篇次。

（四）大办好事实事笃行日新。

1. 创新办实事立项机制。

推出社情民意收集机制。坚持"三个走进""四下基层"工作法，开展"为关献一策"活动，累计征求问题建议1,200余条，固化为办实事清单538项，做到收集100%覆盖、意见100%采纳、措施100%实施。

落实分级分类办理机制。按党委、部门和基层党组织三个层次分类推进落实，关党委办理10项列为A类清单，部门办理38项列为B类清单，基层党组织办理490项列为C类清单，实现挂号销账清单式管理。

2. 创新办实事推进机制。

从"单位包揽"到"部门共推"，合力越来越大。秉承"为基层减负"理念，部门既要承办党委实事，也要办好自身实事、指导基层办实事；同时50个"四强"支部结对帮扶62个支部，变单兵作战为部门联动，营造互促互鉴、比学赶超的良好氛围，538件实事均高质量完成。

从"一次确定"到"滚动续增"，实事越办越多。严防力克办实事"一阵风"现象，持续征求群众意见建议，办实事项目"滚动续增"，关区201个党组织平均办理2.67件实事，实事项目越办越多。

从"问题清零"到"高质高效"，受益越来越广。立体化推进"问题清零"，聚焦重点"协同办"、聚焦热点"创新办"、聚焦堵点"持久办"，办实事质效越来越高，基层和企业受益面越来越广，解决企业急难愁盼问题210个，4个实事项目入选全国海关"百佳项目"。

3. 创新办实事长效机制。

定指标下任务。让各级党组织担起主体责任，下达"硬指标"做到全覆盖，每个基层党组织至少办1件实事；让党员干部担起直接责任，提出"硬要求"做到全参与，每位党员干部至少参与1件办实事项目。

勤督查严考核。勤督查，办实事的质效情况纳入党史学习教育巡回指导工作要点，专人专职每月督查办实事进度；严考核，严格挂号销账清单管理制度，所有办事项目年内必须完成。

建机制谋长效。形成全心打造民意"直通车"、全面打通"最后一公里"、全民打理办实事"永动机"、全力打磨考评"指挥棒"的"四全"办实事长效机制，纳入党建考评体系每年推进。

（五）推进跨越发展气象一新。

1. 对标对表党中央开创新局面。

坚持"第一议题"制度，强化"第一议题"督查。将学习贯彻习近平总书记重要指示批示精神固化为"第一议题"，制度化设定、系统化推进、常态化落实。将历次会议研究确定的"第一议题"事项分解为任务清单，实行每月督查落实，未及时完成的循环督办，确保件件有落实、事事有回音。

贯彻落实习近平总书记在福建考察时的重要讲话精神。根据习近平总书记提出的四方面"更大"要求、四方面重要任务，结合关区实际，研究提出5个方面15条贯彻落实措施，细化分解为40项具体任务，明确任务书、时间表、路线图，确保各项措施落实落地。

传承和弘扬习近平总书记在福建探索实践的宝贵精神财富。紧扣"四下基层""四个万家""马上就办、真抓实干"优良传统作风，强监管优服务，树品牌出样本，不断丰厚"奋斗、创新、实干"的关区底色，擦亮"人民海关为人民""合力建设新福建""强化监管保安全""创先争优走前列"的福州海关"名片"。

2. 谱写福建新篇章实现新作为。

用好多区叠加战略。新增3项自贸创新举措被评为全国首创，1项自贸创新举措获总署备案发布；福州综保区、江阴港综保区通过国家验收；促成中国—印度尼西亚"两国双园"项目取得"青皮椰子进口"和"远洋渔获上岸"双突破，预计每年进口青皮椰子20亿粒、远洋渔获60万吨，可望新增产值100亿元、税收10亿元。

推动福建发展超越。《署省合作备忘录》61项工作任务完成42项，长期持续推进的15项完成11项；围绕第十一次省党代会提出的"五个突出"总体要求、"六个方面"目标任务和"七个领域"具体部署，做好扩大开放、服务发展、闽台融合等"八篇文章"；新能源、跨境电商、中欧班列等新业态取得实质性进展。

先行先试开拓进取。出台实施《福州海关支持福州实施强省会战略十二条措施》，落地支持福州高站位创建国家中心城市、高水平优化营商环境、高质量建设产业强市三个层面十二条方向性新举措；主动参与平潭综合实验区总体发展规划修订，积极争取离岛免税政策；深化业务改革"五项创新"，深入推进"证照分离""企业注销便利化""简证便企"等改革落地。

3. 关区事业大发展跨上新台阶。

把关服务成效大。征收两税238亿元，首次突破200亿大关，创历史新高；全国首次查获涉嫌电信网络诈骗通信器材，首次查获北京冬奥会侵权物品，10起查获案例获总署认可作为典型经验全国转发通报；"通关掌上查—报关单流程可视化服务"入选福建省优化营商环境工作典型做法。

创先争优样本多。进境大中动物检疫监管样本获总署推广；7项科研项目获批总署科研项目，省部级科研项目立项数居直属海关前三位；政务服务"好差评"工作经验、提升对"一把手"和领导班子监督质效经验做法获总署《政治工作简报》多次刊登推介；闽海关税务司官邸入选省直机关第一批主题党日活动基地。

立足长远谋划实。紧贴新海关发展规划，对照署、省"十四五"规划纲要，汇聚基层党组织和广大党员智慧力量，出台《福州海关贯彻落实〈"十四五"海关发展规划〉工作方案》，编制《福州海关"十四五"法治建设规划》《"十四五"福州海关科技发展规划》专项规划。

▲2021年4月19日，福州海关青年关员前往福州市儒江小学开展青年学党史暨国家安全教育活动

▲2021年4月27日，退休干部郑玉德同志讲述闽海关福州籍中共地下党员陈文相烈士等人的英勇事迹

福州海关学习贯彻十九届六中全会精神

党的十九届六中全会是在重要历史关头召开的一次具有重大历史意义的会议，福州海关党委迅速组织专题学习研讨、研究贯彻落实举措，将学习宣传贯彻全会精神作为重大政治任务，切实加强宣传发动和组织领导。2021年11月19日，印发《中共福州海关委员会关于深入学习宣传贯彻党的十九届六中全会精神的通知》。12月6日，印发《福州海关学习宣传贯彻党的十九届六中全会精神工作方案》，强化各级党组织责任落实，推动宣传宣讲全覆盖，督促各级党员干部深入学、系统学、反复学，引导广大干部群众增强政治自觉、思想自觉、行动自觉，在新时代新征程中作出福州海关人的更大贡献。

一、迅速掀起学习宣传贯彻全会精神的高潮

（一）加强组织领导。

福州海关第一时间组织学习全会公报，组织收听收看新闻发布会，两级党委迅速召开党委理论学习中心组（扩大）学习会跟进学习，关党委于11月18日举办辅导讲座再次进行深入研讨交流。据统计福州海关两级党委共组织召开专题党委理论学习中心组（扩大）学习会9次；141个基层党组织开展集中收听收看，811人次参加；除参加集中学习外，其余824名党员通过手机客户端、业余时间自学等多种方式自主学习。强化政治机关意识，落实"第一议题"制度，完善形势分析及工作督查例会制度，及时研究部署，持续跟踪问效，不折不扣落到实处。

（二）加强学习培训。

将全会精神纳入关区干部教育培训课程体系，作为教育培训必学课程。迅速将全会精神纳入处科级领导干部培训班，组织收看公报、收听收看新闻发布会。各级基层党组织采取"三会一课""微党课"、研讨交流、征文竞赛等多种形式，着力提升学习效果。各单位、各部门主要负责同志带头宣讲，支部书记、"两优一先"等先进代表主动宣讲，形成宣讲热潮；邀请专家开设辅导讲座，组织开展党委理论学

习中心组专题学习研讨会，各基层党组织围绕全会精神开展专题研讨，形成研讨热潮。

（三）加强宣传造势。

一是在气氛营造上下功夫。总关和各单位均采取设立宣传栏、张贴标语、播放视频、推送微信等不同方式，全面宣传全会精神。二是在舆论引导上下功夫。引导党员群众谈学习感悟、谈心得体会，征集优秀微党课、理论文章，策划专题宣传、传播福关声音、讲好福关故事。开设"学习贯彻十九届六中全会精神福关论坛"，党员干部共撰写心得感悟543篇，围绕"两个确立""十个坚持"等主题，精选45篇心得刊登。

二、完成处级以上领导干部学习贯彻党的十九届六中全会精神集中轮训

福州海关认真贯彻落实总署党委关于开展学习贯彻党的十九届六中全会精神部署，努力克服疫情影响，积极调整培训思路，转变培训模式，及时按下"线上+线下"集中调训"快捷键"，提前一个半月组织完成全关221名处级以上领导干部专题培训，学员结业考试通过率100%、平均分超99分。

（一）培训内容广泛深入。

培训课程设计聚焦"国之大者"，结合强化政治机关建设专项教育、"学查改"专项工作，邀请中组部、中央党校、清华大学、外交学院等11位专家教授，对党的十九届六中全会精神、"两个确立"的依据和决定性意义、习近平总书记关于总体国家安全观的重要论述、当前国际形势和中国外交政策等内容进行深刻权威解读。

（二）学习研讨走实走心。

全体学员坚持原原本本读原著、学文件，集中收听收看总署政治部主任、党委委员许大纯同志的开班动员讲话；联系实际学，在学习过程中把自己摆进去，把工作摆进去；带着问题学，深入思考如何深刻认识"两个确立"的决定性意义，围绕海关政治机关建设，把讲政治要求落实到实际工作中去。共开展学员论坛3期，21位学员代表结合工作谈所学所获、所思所悟，开展线上培训体会交流221篇，把学习成效转化为做好本职工作、推动事业发展的工作动力。

（三）培训形式新颖充实。

根据疫情形势，迅速调整培训方案，转变线下实体培训模式，利用"钉钉"会议、视频会议系统，采用"线上+线下""主课堂+分课堂"方式，组织学员同一时间在各驻地开展集中脱产培训。加强与总署人教司、教培中心、海关管理干部学院沟通，积极协调培训资源，争取优质师资，实现与总署培训班同频共学。第一期示范班以关区正处级领导干部为主体，58名学员充分发挥"头雁"效应，树标杆、作表率，年度考核优秀班子的主要负责人带头撰写研讨材料，上台分享交流学习心得。

三、推动党的十九届六中全会精神落地生根，汇聚构建新发展推动高质量发展的力量

深入学习贯彻党的十九届六中全会精神，进一步深化落实习近平总书记重要指示批示精神，对贯彻落实习近平总书记在福建考察重要讲话精神完成情况开展"回头看"，高质量开展贯彻落实习近平总书记来福建考察重要讲话精神建强基层党组织战斗堡垒"十大专项行动"，交出一份有分量的成绩单。认真落实2021年11月12日总署党委扩大会议精神，着力做好"提升海关治理能力""促进高水平开放""全面从严治党治关"3篇文章。

（一）着力提升海关治理能力。

一是严守防疫屏障。2021年，检出进口冷链货物阳性28份，考核成绩位居全国海关前列，实现了"打胜仗、零感染"。截获进境植物有害生物463种，同比增长32.29%，其中全国首次截获7次。截获外来活体动植物351批次。二是严密正面监管。查处侵权货物2,823批次、18.61万件，典型案例连续第4年入选"中国海关知识产权保护十大典型案例"，并在福建省"双打"会议上作经验交流。保持"扫黄打非"高压态势，首次查获全国涉嫌电信网络诈骗通信器材，查获违禁印刷品相关案例获总署通报。三是严厉打击走私。坚决贯彻落实习近平总书记重要指示批示精神，查获"洋垃圾"进境121.92吨，全部退运出境；查办濒危物种走私案件47起；打掉4个走私香烟团伙，案值11.08亿元，偷逃税款9.53亿元；查获查证涉嫌走私制毒物品4.3万多吨，获公安部领导批示肯定。

（二）促进高水平开放。

一是深入基层开展调研。2021年以来，开展调研1,422次，深入企业498家，发放问卷1,627份，召开各类座谈会222场，征求意见建议522条，撰写调研报告86篇，其中成果转化78篇，修订便捷监管措施90条。针对宁德时代、福耀玻璃以及茶叶、水产品等出口企业遇到的发展瓶颈问题，积极向总署反映并争取政策支持，21项出口退税建议获采纳实施，累计为福建省4,284家企业增加出口退税收入1.5亿元。二是服务构建新发展格局。新增4项自贸创新措施，其中3项获评全国首创，3个港口作业区扩大开放通过省级验收，福州综保区获批开关运作，江阴港综保区通过省级验收，助力武夷山中欧班列常态化运行28班次、货值6.25亿元。积极落实《署省合作备忘录》，已完成12项，取得阶段性成果20项。充分发挥海关特殊监管区域政策优势，实现区内企业进出口货值110.81亿元，同比增长97.32%。全力推进我省最大进境种猪隔离检疫场建成使用，圆满完成3批逾1万头种猪、种牛隔离检疫监管工作。三是持续优化营商环境。扎实推进优化营商环境促进跨境贸易便利化18条措施，落实各项

税收优惠政策，依法减免税款15亿元；运用原产地规则让企业双向获利，增加国际竞争力，签发原产地证书6.3万份，涉及出口货值35.3亿美元；办结业务主动披露作业32起，减免滞纳金103.27万元。"通关掌上查—报关单流程可视化服务"项目入选福建省第二批优化营商环境工作典型事例，企业获得感强。海关12360通关服务热线满意率及国务院海关政务服务"好差评"系统企业好评率均为100%，获总署总结推广。

（三）全面从严治党治关。

坚持党的领导，坚持政治统领、党建引领，深化"强基提质工程"，持续强化政治机关建设，强化行风政风建设，全力打造政治强、纪律严、高素质、专业化干部队伍。一是牵紧"两个责任"牛鼻子。党委每半年专题研究全面从严治党、清廉海关建设、意识形态等工作，制定《福州海关贯彻落实"三重一大"决策制度实施办法》《福州海关党委会议事清单》，修订预委会、监委会议事规则和事业单位监委会章程，建立"三查合一"机制。制定全面从严治党主体责任、支部书记抓党建工作责任、基层党建任务等三份清单，建立纪检部门两份监督清单。二是种好管党治党"责任田"。细化落实全面从严治党42项重点任务，组织12位"一把手"现场述责述廉述党建。全力支持纪检部门开展专责监督，开展谈心谈话3,584人次。加强对"一把手"和领导班子监督经验做法被总署《政治工作简报》刊发。党委民主生活会获得省委督导组肯定，党史学习教育专题组织生活会检视问题610个。三是加强队伍建设令行禁止。严格执行内务规范，扎实推进"内务规范强化月"。开展领导干部个人有关事项集中报告和查核，组织领导干部廉洁从政自查，清理企业兼职，规范社团兼职和配偶、子女及其配偶从业行为。全覆盖推进廉政教育，开展廉政主题党日活动146场，全员参加纪法测试，组织"面对面"宣讲和党委书记、派驻纪检组组长访谈，发出家庭助廉倡议书，创作79件廉洁文化作品，拍摄15部廉政微视频。四是发挥巡视巡察政治监督威力。推进巡察全覆盖，对15个部门（单位）开展3轮巡察，发现问题77个，巡察覆盖率91%超序时进度。推进整改无死角，巡视反馈问题整改率95.83%，整改措施完成率97.4%，群众满意率99.61%。

▲2021年11月12日，福州海关党员干部收听收看中共中央新闻发布会，学习党的十九届六中全会精神

福州海关统筹口岸疫情防控和促进外贸稳增长工作

2021年福州海关坚决贯彻落实习近平总书记关于疫情防控的重要指示批示精神，坚持"外防输入、内防反弹"总策略不动摇，不折不扣落实党中央、国务院、海关总署的决策部署，高效统筹口岸疫情防控和促进外贸稳增长，确保实现"打胜仗、零感染"工作目标。

一、强化组织领导，工作保障做得全

（一）组织机制保障。

2021年2月及6月先后印发《统筹口岸疫情防控和促进外贸稳增长工作指挥部下设10个小组细化工作方案（修订版）》《福州海关关于进一步明确统筹口岸疫情防控和促进外贸稳增长工作指挥部及下设工作组组成、工作职责的通知》，进一步完善了党委统一领导、各部门分工负责的工作机制。福州海关统筹口岸疫情防控和促进外贸稳增长工作指挥部，下设指挥部办公室、10个工作组（综合协调组、疫情防控组、疫情评估组、口岸防控组、防疫物资通关组、促进外贸稳增长组、科技支撑组、进口商品风险监测组、人员保障组、后勤保障组）、10个专班（国际疫情信息监测工作专班、阳性个案报告专班、安全防护视频检查专班、终末消毒监督工作专班、医疗物资"污名化"口岸防控工作专班、全产业链保税政策工作专班、国际矿石保税场所建设工作专班、扩大油脂油料进口工作专班、扩大肉类进口工作专班、扩大乳品进口工作专班）、4个专家组（口岸突发公共卫生事件应急处置专家组、进口商品风险监测复核专家组、内部疫情防控专家组、疫情防控"挑毛病"专家组）。

（二）方案预案保障。

疫情防控以来，福州海关通过不断丰富方案预案的工具箱，不断完善口岸疫情防控的体系、章法。2021年以来先后出台、修订了水空运检疫、包机/临时航班检疫、重点航班、外交人员检疫、对台疫情防控、实验室检测、秋冬季防控、常态化防控，以及全员核酸检测、人员封闭管理、冷链货物及高风险非冷链货物等31个工作方案和预案。按照"一口岸一方案"要求，组织编制口岸新冠肺炎疫情防控方案预案10份，并根据疫情发展形势组织动态更新完善。

（三）人力资源保障。

完善福州海关专业人员抽调支援工作机制，周密细致制定口岸疫情防控人员调配应急预案，建立一线、预备和应急三级梯队，确保一线兵力配置到位、二线应急储备到位。开展口岸一线支援调配204人次；支援福州长乐机场旅检工作人员10批次。建立地方专业人员支援现场检疫工作协调机制，大大缓解现场流调、采样人员不足压力。积极开展教育培训，制订关区新冠肺炎疫情常态化防控培训工作方案，组织防护知识、采样实操等专业能力培训班49期，参训人员逾2,254人次，开展各类应急演练14次、220人次。关心抗疫人员身心健康，2021年为疫情防控一线干部职工购买年度人身意外伤害保险，举办2期心理辅导讲座，对封闭管理人员开展思想动态问卷调查和心理健康筛查评估193人次。

（四）经费物资保障。

2021年健全突发事件应急物资储备体系，设立总关和隶属海关两级物资储备库，实时掌握动态库存，科学采储，确保满足超过1个月的防控需求储备量。制定《福州海关应急物资装备储备库管理规定》，完善应急物资装备目录，规范应急物资装备质量标准，强化入库管理，确保储备物资安全可靠。坚持分级分类、顶格防护原则，切实加强口岸一线人员防护物资配置。

二、强化口岸检疫，防控屏障织得严

（一）防控机制严密。

坚决将总署各项技术方案、操作指南、布控指令、文件制度等作为疫情防控操作规范，按照"更严格、更科学、更符合实际"的要求，制定出台细化制度措施17项，制发相关业务文件265份。

（二）风险评估严谨细致。

探索入境旅客"四维"分析排查法、入境船舶"三步分析法"，实现对关区所有入境航班、船舶的全覆盖评估排查。2021年，向总署卫生检疫司上报国外疫情评估报告，为总署精准研判进境交通工具风险态势、做好精准布控提供参考，2021年共计开展进境船舶轨迹监控3,375艘次，联合研判后紧急布控航空器、船舶207架次（艘次）。

（三）卫生检疫严格规范。

严格按照布控指令和规范要求开展入境交通工具登临检疫，严格落实人员检疫"三查三排一转运"，强化口岸检疫查验的"四个必严"要求，分级分类做好入境旅客、国际航班机组人员、国际船员和"快捷通道"等不同类型人员的精准查验、精准处置。细化卫生检疫流程，指导各口岸在入境人员的登临检疫、健康申明卡核验、体温监测、医学巡查、流行病学调查、医学排查等环节，切实做到逢疑必查、逢警必处。强化埃博拉、拉沙热、鼠疫、黄热病、疟疾、登革热等传染病疫情监测和分析研判，有针对性加强对重点国家、重点航班、重点人群卫生检疫，强化"多病共防"，防止疫情叠加影响。持续强化联防联控，派员参与省涉疫垃圾污水处置、八闽健康码等工作专班；进一步严格入境人员移交流程，确保入境人员和信息移交登记、签字等工作落实落细；及时报送阳性案例信息，做好阳性人员后续处置情况跟踪工作。

2021年1—12月，检疫出入境人员20.9万人次，同比下降51.7%；检疫出入境交通工具10,080艘（架）次，同比下降4.96%；开展口岸新冠病毒核酸检测42,450例，同比上升8.83%。

三、强化检测消毒，人物同防管得紧

（一）严格执行布控指令。

制订下发4个实施方案，细化业务文件58份，明确进口冷链食品和高风险非冷链集装箱货物风险监测要求，严格按照布控指令要求进行采样和对预防性消毒实施监督。成立"物防"工作检查专家组，运用现场检查与视频检查相结合方式，采用"四不两直"方式突击检查总署安全防护制度落实情况，定期通过监控指挥中心视频检查采样和预防性消毒情况。

（二）规范抽采样作业。

严格按照作业指导书等规范要求开展抽采样，严格规范采样作业录证，确保检测全程记录可追溯。出台监测结果报告规定、作业指引，成立复核专家组，落实分级审核机制，细化阳性结果报告程序要求，做好相关物品和环境的消杀等应急处置工作。

（三）强化预防性消毒。

细化实施方案、作业指引，明确职责分工，规范工作要求和基本流程，细化明确作业要求、监督人员防护、信息化配套措施。严格按照总署要求开展监督，确保对口岸环节抽中的进口冷链食品和高风险非冷链集装箱货物实施预防性消毒。

冷链商品方面，2021年全年，福州关区进口冷链食品共采样检测105,236个样本，监督完成15,224.4吨、1,277,848件的货物外包装的口岸环节预防性消毒。

非冷链商品方面，2021年期间，对190批次非冷链高风险商品采样项数551项、5,614个样本，共对13,272个空集装板进行预防性消毒。

四、强化安全防护，内部防控抓得细

（一）全面压实安全防护责任。

2021年下半年，福州海关关领导亲自组织部署，进一步健全"培训考核、监督管理、自查督查"三位一体安全防护体系，全面落实"岗前检查、工作巡查、全程督查"和"双人作业、互相监督"的安全防护监督制度。当年制订了福州海关首个一线人员安全防护督导检查作业指引，组织开展各类安全防护专项督查"飞行检

查"、视频检查，督促指导一线加强整改，指导一线口岸改造防护服脱卸区5处，规范做好防护装备穿脱和消毒处理工作，有效防范风险隐患。

（二）及时细化安全防护要求。

制定并细化一线疫情防控各工作环节、工作岗位安全防护措施，编写工作手册，制定职业暴露感染或其他可能导致安全防护风险的突发事件应急处置预案并开展应急处置演练7次。强化内部人员安全防护，根据疫情防控态势的变化，结合关区实际先后制发49个内部防控通知、9个防控方案。根据总署统一部署安排，迅速制发一线海关人员封闭管理工作方案，对高风险一线人员落实封闭管理要求，严格执行新冠病毒核酸1天1检制度，落实"两点一线"管理制度。

（三）严格落实安全防护制度。

深入开展区域设置风险隐患的自查排查工作，进一步明确各现场红、黄、绿分区，强化现场污染控制，确保消毒作业合规。坚决贯彻落实登记在册、"两点一线"等"五件套"管理要求。针对国内出现的中高风险情形，第一时间对关区人员做好覆盖式、动态式、即时性排查监控，严格落实人员动向层级审批，依规做好人员普检、因公出差往返两次核酸检测、因私出行返岗前核酸检测等工作。积极推进全关新冠病毒疫苗接种工作，2021年福州海关一线在岗人员及其他工作人员的疫苗接种率均符合总署、地方有关要求，并做到接种后防护要求不变、标准不降、措施不减。

（四）持续开展安全防护督查。

制定福州海关安全防护专项督导指引，构建"分头查结合联合查，日常查结合定期查，查规范结合查防护"的"三结合"督导机制。成立安全防护视频监控检查专班，建立安全防护监督"人防"和"物防"两个监控检查工作日志，坚持每日对各口岸入境人员检疫、进口冷链商品及高风险非冷链集装箱货物作业现场开展实时检查及回溯抽查。对现场作业情况开展每日视频监控检查，发现并推动问题整改286个。同时，按照"四不两直"方式，开展不定期实地监督检查4轮次，着力发现问题漏洞和薄弱环节，及时督促整改，补齐短板弱项。

五、强化高效统筹，促外贸稳增长抓得实

（一）保障防疫物资通关。

制发关于继续做好全力保障疫情防控物资快速通关工作的通知，继续部署做好保障疫情防控物资快速通关工作，各业务现场继续保持防疫物资受理专门窗口，第一时间为相关物资办理通关手续，确保疫情防控物资通关"零延时"，提供疫情防控物资24小时预约通关服务，优先安排查验，快速验放，提高通关效率，同时强化疫情防控物资质量监管，规范进出口秩序。2021年，福州海关共验放出口防疫物资

1.43亿件，价值1.99亿元，其中口罩1.18亿个、防护服31.8万件、红外测温仪111件、新冠病毒核酸检测试剂2,512.7万人份。

（二）防范医疗物资"污名化"工作。

梳理国外防疫物资标准、认证及产品合规要求，编印出口医疗防疫物资通关监管手册，涵盖政策解读、口岸通关、出口法检医疗物资检查、出口防疫物资检查、质量标准和国外认证等5个方面，开展出口防疫物资质量安全监管工作业务培训，提升一线海关查发能力水平。2021年共查获70批物资，对5批出口防疫物资开展核查，处置防疫物资案件8起，其中涉检案件2起，申报不实案件6起，查扣涉案口罩181.8万个，防护服1.5万套，罚款4.76万元，未涉及"污名化"情况。密切联系药监局、市场监督管理局，制发《福州海关关于商请建立防疫物资出口监管现场联系配合机制的函》，建立常态化联络机制，共同加强出口防疫物资监管，累计通报不合格防疫物资线索2条。同时，指派专人负责网络舆情监测工作，在《福建日报》、福建电视台、福建广播电台、中新网等平台开展正面宣传报道10余篇次，做好相关舆论宣传引导工作。

（三）支持福建高水平开放。

扩大开放区域，新增1个口岸扩大开放通过国家级验收，3个口岸对外（扩大）开放通过省级验收，平潭海峡二桥通道通过总署验收。推动福州江阴港综保区、福州综保区获批运作，实现保税研发"零突破"。助力莆田罗屿港40万吨轮首航成功，成为福建首个、我国第六个满足世界最大40万吨矿石船靠泊接卸的港口。支持武夷山中欧国际班列扩大流量，2021年共监管中欧班列34趟次、货值7.17亿元。推动三明陆地港实现跨关区直通，内外贸同船运输、水水转运、进口货物"船边直提"和出口货物"船边直装"业务快速发展。服务国家种业振兴战略，支持中央苏区种畜产业升级，助力建成三明市首家进境种猪隔离检疫场，圆满完成2,980头丹麦种猪、3,829头智利种牛隔离检疫监管。助推莆田鞋产业转型升级，制定全国首个建筑安全鞋团体标准，系全国首个团体标准。创新"锂电池包装产品线合格评定模式"，实施"集中使用鉴定，按报关批分批出口"，实施包装安全集中使用鉴定312批，覆盖实际出口报关批次1,123批，福州关区平均验放时长由3天下降至1.2天，为企业节约成本291.9万元。

（四）促进粮食、油料等重要物资进口工作。

福州海关在进口粮食检疫监管中实行"两段准入""附条件提离"，在完成取样送检后，予以快速验放，每单可为企业节约整体通关时间10日以上。及时回应中储粮福建分公司使用口岸周边储备库诉求，缓解口岸中转库库容压力。协助总署完成对智利、乌拉圭、泰国、法国等18个国家共54个境外肉类生产企业远程视频检查，对48个发现问题企业建议采取限期整改措施，加强对境外肉类产品生产企业监管，确保进口肉类产品质量安全。制订境外输华食品生产企业远程视频检查工作方案，成立检查专家库，受总署食品局委托，完成境外4家燕窝、68家肉类生产企业远程视频检查，助力扩大优质食品进口。

优化口岸营商环境促进跨境贸易便利化

2021年,福州海关深入贯彻落实党中央"六稳""六保"工作要求,落实海关总署深化跨境贸易便利化改革、支持综合保税区发展措施;推出进一步优化营商环境促进跨境贸易便利化和支持福州强省会战略措施。继续推进《署省合作备忘录》贯彻落实,强化通关运行管理,持续巩固压缩进出口整体通过时间成效。开展"龙腾行动""国门利剑""蓝天"等口岸专项行动,推动福建省口岸营商环境持续优化。同时积极参与福建省优化营商环境创新改革、环境评价等相关工作,2个典型案例获省发改委向全省推广。因营商环境评价工作优异,福州海关获福州市政府通报表扬。

一、进一步巩固压缩货物整体通关时间成效

2021年以来,福州海关着力推广"提前申报""两步申报""两段准入"等创新模式,加大"船边直提""抵港直装"等便捷通关措施应用力度,积极推广运用汇总征税、担保审批电子化、担保登记自动化等新型税收征管方式,推出"通关全流程状态可视化服务""陆地港出口转关直通业务""高新技术产业集群海关便捷通关'8聚合'集成优化创新"等8项自贸创新措施。同时辅以实施每日监控、每月通报制度,加强重点商品通关时间分析并提出相关建议,针对不同类别产品分类优化通关监管模式,加强高风险进口冷链商品及非冷链货物通关时长监控,规范现场通关操作程序,持续压缩进出口整体通关时间。此外,福州海关积极推动海关原产地证书自助打印纳入地方政府"e政务"自助服务一体机便民服务事项,2021年通过"多证合一""单一窗口"和"互联网+海关"办理企业注册备案超过2,500家。推动商务部门制定"两步申报"奖励机制,给予"两步申报"奖励,让企业既节约通关时间又降低了通关成本。简化报关随附单证,减少货物申报准备时间,进一步巩固压缩货物整体通关时间成效。根据总署通报,2021年12月福州关区进口整体通

关时间15.66小时,首次突破16小时,较2017年压缩85.99%;出口整体通关时间0.76小时,首次突破0.8小时,较2017年压缩93.38%。

▲福州海关通关工作流监控处置系统

二、深化落实便利化措施

聚焦深化企业监管创新、提升服务企业效能、优化货物监管模式、落实行政审批改革等四个方面,福州海关逐条贯彻落实国口办深化跨境贸易便利化改革涉及海关的26条措施,推出福州海关进一步优化营商环境促进跨境贸易便利化措施18项举措。出台支持福州强省会战略12条措施,着力优化营商环境,支持福州高质量建设产业强市。落实总署支持综合保税区发展6条措施,并出台11条细化措施推进综合保税区建设。支持跨境电商发展,简化查验手续,完成15家出口海外仓模式企业的系统备案,支持福州跨境电子商务综合试验区内50家电商企业应用"简化申报、汇总统计"便利化措施。2021年年底在福州综合保税区、福州江阴港综合保税区提前试点《区域全面经济伙伴关系协定》(RCEP)有关措施。2021年已有435家企业接入全球质量溯源体系,发放溯源码564.91万枚,935.5万商品实现溯源,商品金额共计6.28亿元,实现全球质量溯源体系在跨境电商业务领域全面应用。实施企业集团保税监管模式,降低成本1,500余万元。加强企业信用培育,对200多家企业有针对性开展线上线下实地信用培育和认证辅导。细化分解总署下发的5大类22项认证企业管理措施目录,切实对认证企业进行差别化管理,确保认证企业充分享受海关便利。支持将石狮服装城市场采购贸易出口商品采用省内通关一体化模式办理通关手续的范围扩大至福州关区部分口岸。落实企业"问题清零"机制,解决急难愁盼问题超300个,4个"我为群众办实事"项目入选全国海关"百佳项目"。2021年8月,"通关全流程可视化"创新项目入选福建省优化营商环境工作典型经验做法(2021年第二批)。2021年10月,该举措作为典型案例由福建电视台《福建自贸试验区再推出25项全国首创举措》宣传报道。

三、进一步强化通关运行管理

福州海关将"两步申报"应用率列为年度量化考核重要指标之一,开展关区"两步申报"改革成效专题执法评估,利用云擎系统、HLS2017系统监控"两步申报"应用率,"两步申报"应用率逐步提升,2021年12月福州关区"两步申报"应用率23.77%,"两步申报"报关单平均整体通关时间12.77小时，较同期进口整体通关时间少14.1小时。根据《海关全面深化业务改革2020框架方案》相关要求和总署综合司有关部署，分阶段推进关区内各业务现场切换H2018新一代通关管理系统3.0版本；2021年4月7日，实现了关区H2018系统3.0版本全覆盖；配合总署将H2018系统3.0版本推广应用到除旧加贸以外的所有报关单类型。做好进口重点商品快速通关工作。落实国家关于进口重点商品快速通关要求，在强化监管的同时统筹做好服务保障，2021年共验放进口煤炭2,245.31万吨，同比增长66.78%，其中福建发电企业用煤1,942.1万吨，同比增长73.13%，退运进口煤炭3批、36.38万吨；成立专班支持粮食进口，2021年共验放进口粮食227.94万吨，同比增长5%。

▲2021年7月23日，福州海关赴华能（福建）能源开发有限公司福州分公司开展煤炭进口情况调研

四、进一步落实《署省合作备忘录》

福州海关坚持"港兴、市兴、海关兴"的理念，继续深入贯彻落实《海关总署 福建省人民政府合作备忘录》。其中海关支持福建省的事项共计49项，涉及福州海关42项，涵盖支持为创业创新创造营造良好口岸营商环境，支持福建发挥多区叠加优势促进贸易创新发展，支持福建在推动两岸融合发展上作示范，支持原中央苏区、革命老区、重点平台和新业态发展等四方面。福州海关通过细化落实责任分工，建立督办、评估、考核等制度，全面推进《海关总署 福建省人民政府合作备忘录》各项任务落细落实。截至2021年年底，已完成其中25项，按计划推进其余17项。

五、支持平潭新一轮开放发展

围绕平潭"一岛两窗三区"的战略定位，福州海关深度参与《平潭综合实验区总体规划（2021—2035年）》编制。支持平潭申请"离岛免税"政策，支持在平潭设立福州长乐国际机场城市候机厅，推动平潭国际旅游岛建设；跟进福建省申请平潭实施"离岛免税"进展，积极争取并获得总署对平潭争取"离岛免税"政策的支持。支持平潭发展跨境电商等新兴业态，支持福州（平潭）跨境电商综试区建设，推广实施跨境电商9610出口"简化归类、汇总统计"、跨境电商B2B出口、C类快件出口货物通关一体化等一系列改革举措；助力平潭"网购保税+线下自提"业务于2021年2月落地实施；全面开展跨境电商进口溯源工作，推广全球质量溯源体系建设；探索推行关、企、银三方联动创新模式，解决跨境电商保税备货进口缴税流程烦琐问题，每份税单可为企业节省约6小时；优化税收担保业务模式，2021年审批通过平潭6家跨境电商企业办理同业联合担保，担保额度9,000万元。开启台湾农渔产品"绿色登陆通道"，实施"从平潭口岸进入平潭对台小额商品交易市场的台湾水果免于提交植物检疫证书"等惠企惠台便捷措施，实现台湾农渔产品3小时内便捷通关目标。根据总署部署，将平潭综合实验区成功接入金关二期海关特殊监管区域管理系统，解决了平潭综合实验区适用金关二期海关特殊监管区域账册问题；其中对金关二期海关特殊监管区域加工账册、物流账册等系统校验逻辑进行针对性调整，对卡口申报、业务申报系统设置进行优化设置，保障平潭综合实验区内企业享受现有政策不受影响，支持平潭发展中高端加工贸易。支持平潭海峡二桥二线通道建设，协同地方政府和建设单位，加快推进二线卡口通道、监管场地设施、环岛监控设施等监管设施及信息化系统建设，推动平潭海峡公铁大桥二线通道于2021年2月5日通过省级验收并获总署批复同意验收结果，平潭海峡二桥二线通道项目成为平潭综合实验区第二条验收合格的二线通道。

六、开展口岸执法专项行动

为持续提升口岸安全便利化水平和口岸综合治理能力，2021年，福州海关积极组织开展各类执法专项行动：开展"龙腾行动2021"，扣留进出境侵权嫌疑货物、物品3,506批次、19.21万件，同比增长41.77%、131.75%，查获侵犯北京冬奥会标志专有权商品案件3起。开展"国门利剑""蓝天"等专项行动，先后破获走私成品油、台货等超亿元大案要案13起，打掉"水客"走私团伙3个，查办"洋垃圾"案件13起，查获走私毒品案件12起，走私制毒物品案件5起，查证走私易制毒化学品4.3万吨。开展"国门绿盾2021"行动，2021年截获进境植物有害生物601批、525种、11,933次，非贸渠道截获活体动植物387批、114种，其中全国首次截获弗吉尼亚虎蛾等14种有害生物和外来物种。

七、服务地方政府决策

围绕对外贸易和服务国家政治大局的要求，聚焦福建外贸高质量发展，紧盯市场主体关切，福州海关立足自身职能，加强政策研究，为地方政府做好参谋。2021年，福州海关共向地方报送进出口监测预警分析文章72篇次，被省委省政府采用61篇次。《我省茶叶出口现状分析及对策建议》一文获多位省领导批示，促成地方政府出台专项扶持政策。与福建省商务厅、农业农村厅、海洋与渔业局3家单位签署统计信息共享协议。向省商务厅、省统计局等部门规范提供数据140余次。

《区域全面经济伙伴关系协定》(RCEP)实施

2021年,为落实海关总署做好《区域全面经济伙伴关系协定》(RCEP)关税减让和原产地规则实施准备有关工作部署,福州海关精心组织,组建福州关区RCEP研究室全力保障,派员参加总署关税司实施准备专班,在建章立制、信息化系统建设、政策研究及培训宣传等方面为RCEP 2022年1月1日顺利实施作出有力贡献。

一、聚力实施,奋勇争先

根据总署关税司要求,福州海关克服人力紧张困难,协调派出4名业务骨干参加总署关税司牵头组织的"RCEP关税实施准备工作专班",协助总署关税司完成各项工作任务。

作为信息系统组牵头单位之一,福州海关合理规划,精心安排,在短短一年时间内,牵头组织全国35个直属海关70余名业务骨干,历经5次大规模线下集中工作及数十次线上研讨,克服了因疫情原因带来的工作组织和沟通交流不顺畅等困难,全力推进项目建设。业务测试方面,专班采取现场与远程相结合的方式开展工作,设计近千个测试用例,发现并解决系统缺陷约1,300个。借助信息化应用项目建设契机,全面梳理原产地管理业务,优化顶层设计,形成37万字的应用项目建议书,搭建原产地管理业务全景图框架。收集整理原产地业务运行中企业关注的痛点、难点和堵点,从源头分析企业诉求,开展针对性优化改进,并及时对应用项目更新迭代。

2021年,RCEP原产地管理信息化应用项目三期建设全部如期完成,项目基本功能于5月10日上线,7月24日上线升级2.0版本,10月16日上线完善3.0版本,系统集出口原产地证书签发、进口货物协定税率适用、原产地证书信息电子联网和进出口享惠数据统计分析等功能模块于一体,进一步优化了原产地管理进出口并重格局,满足了RCEP原产地管理的实施要求,也为原产地管理新一轮发展奠定了技术基础。

福州海关参与"RCEP关税实施准备

工作专班"的 4 名同志全情投入全国系统 RCEP 实施准备工作第一线表现突出，在履职尽责中体现了高度的责任感与使命担当，其中 1 名同志被总署关税司专文通报表扬。

二、政策研究，一马当先

2021 年 9 月，福州海关精心策划，揭牌成立"福州海关 RCEP 研究室"，并作为契机，深入推进 RCEP 政策研究工作。福州海关积极参与总署 RCEP 立法建设政策研究，多次派员参加 RCEP 原产地规章制度拟订的线上视频会及线下集中工作，对"RCEP 项下进出口货物原产地管理办法"和"经核准出口商管理办法"征求意见稿提出修订意见 12 条，为两办法的制定贡献福州海关智慧。积极参与 RCEP 对外磋商，参与准备谈判对案，2021 年福州海关派员参加 7 轮次 RCEP 原产地工作组视频磋商，并在磋商过程中积极发挥助手作用，为总署主谈人员建言献策。积极开展 RCEP 相关课题研究，聚焦企业关注热点，福州海关对全省 244 家对日贸易重点企业开展（RCEP）签署对进出口影响情况问卷调研，完成《"福建省积极融入 RCEP 的对策研究"子课题论文》《福州海关企业对 RCEP 即将生效的方向及期盼的调研报告》等政研文章，为帮助国内、省内企业用足用好 RCEP 优惠政策提供决策建议。开展关级课题《RCEP 对中日贸易影响分析及对策建议》研究，课题论文《RCEP 对中日贸易影响分析及对策建议——以福建省对日贸易为视角》获中国海关学会广州分会论文评比二等奖。项目实施先行先试，福州海关提前于 2021 年内在福州综保区和福州江阴港综保区试点 RCEP 有关措施，对优惠贸易协定项下原产地证书明确可接受的"微小差错"范围，引导区内企业做好政策实施准备。

三、培训宣传，先声夺人

福州海关发挥原产地专业优势力量，结合总署调整进出口货物报关单有关原产地栏目申报及 RCEP 进出口货物原产地管理办法等新规实施，在总署 12360 海关热线微信公众号"关税聚焦"栏目持续刊发 8 篇高质量"我为群众办实事"政策解读文章，积极配合做好 RCEP 实施准备企业申报指引工作。福州海关组织开展关区 RCEP 原产地管理培训班，提升海关关员对 RCEP 协定的认知和了解水平，2 名业务骨干被总署关税司指派为全国海关系统 RCEP 原产地业务培训班网络授课，展现了优秀的专业水平。创新宣讲模式，福州海关与福建省商务厅联合开展 RCEP 政策惠企宣传，专门录制 4 个多小时的宣传培训视频，通过"助力万企成长"宣传服务平台向全省企业多场次推送；在线下同步开展培训，联合省商务厅及省进出口品牌商会等部门组织线下专题宣讲培训 10 场，覆盖企业上千家。在 RCEP 实施生效倒计时的两个月间，福州海关通过数据分析，精准开展福建传统优势产业（如鞋业、化工等）RCEP规则宣传和解读，对龙头企业进行"一对一"政策指导，提醒相关进出口企业密切关注RCEP实施动态、提前熟悉RCEP知识，提高RCEP利用率，帮助关区企业2022年抢抓RCEP发展新机遇赋能蓄力。

福州海关擦亮RCEP研究室专业品牌，落实RCEP实施准备工作项目，精准落实工作目标、工作重点、工作责任，高质量高标准将"我为群众办实事"落到实处，深度诠释"福关守税人、企业护航者"服务真谛，为2022年RCEP生效实施打下了良好的基础。

福州海关"国门利剑2021"联合专项行动

2021年，福州海关严格落实海关总署部署要求，结合关区实际，深入开展打击走私"国门利剑2021"专项联合行动，强化全员打私，深化综合治理，始终保持关区打击走私高压态势。

一、加强组织领导，部署落实行动

福州海关认真贯彻落实2021年全国海关缉私工作会议部署要求，迅速组织传达会议精神并制订下发《福州海关打击走私"国门利剑2021"联合行动方案》。福州海关缉私局履行专业打私职责，做好行动的牵头组织、协调推动工作；办公室、综合业务处、关税处、卫生检疫处、动植物检疫处、进出口食品安全和商品检验处、口岸监管处、统计分析处、企业管理和稽查处、财务处、科技处、督察内审处、人事处、风险防控分局等相关部门充分发挥各自职能作用，共同推进行动开展。各隶属海关根据关区行动方案要求，相应成立了组织领导机构，并结合实际研究制订本单位具体方案或行动计划，加强组织领导，落实行动各项要求。

二、突出打击重点，行动坚决有力

福州海关坚决贯彻落实习近平总书记关于打击走私、疫情防控系列重要指示批示精神，明确打击重点，在"国门利剑2021"总体框架下，深入开展"蓝天""护卫""国门勇士""风雷"等专项行动，全方位保持高压严打态势。

一是严厉打击"洋垃圾"走私。福州海关持续把全面禁止"洋垃圾"入境工作作为重要政治任务，加强对关区内"洋垃圾"进境情况的排查，紧盯货运渠道固体废物走私态势，深入分析研判，精准查缉布控，强化口岸查验、商品检验和专项稽查，保持刑事和行政双重打击力度，坚持有案必查、露头就打，防止行业性走私链条形成，做好非法入境固体废物退运、处置工作，坚决将"洋垃圾"拒于国门之外。全年查办"洋垃圾"案件13起，其中刑事立案6起，其中破获的走私旧医疗设备案，抓获犯罪嫌疑人14名，现场查扣涉案旧医疗设备一批，成功打掉3个旧医疗设备走私团伙，查证走私旧医疗设备418台，该起案件被央视《新闻联播》以单条形式刊播报道，社会反响良好，充分展示了海关守护国门，维护国家安全的良好形象；行政立案7起，查获涉案固体废物174.824吨，均已依法退运出境。

二是严厉打击象牙等濒危物种及其制品走私。福州海关坚决贯彻落实习近平总书记对全面取缔野生动物非法交易的重要指示批示精神，全面落实总署有关工作部署要求，在全关范围内形成思想一致、目标明确、职责清晰、分块协作的监管态势，全力将习近平总书记重要指示批示精神贯彻到位。100%严格落实总署布控指令，积极发挥机检优势，会同有关方面提升对野生动物及其产品扫描图像的识别能力，推动拦截商品识别范围和拦截商品准确率"双提升"，实现对野生动物及其产品走私的精准打击；主动加大对运输工具检查力度，强化对运输工具的登临检查、对重点区域的视频监控和对重点现场的人工巡查；重点加强对直购进口邮包实施100%过机检查，疑似有野生动物及其产品的一律开箱查验。充分发挥"海关总署（福州）打击走私专项情报中心"作用，积极推进专项情报中心濒危研判建模工作，全年共查发走私濒危物种案件60起（刑事10起、行政50起），查扣象牙、犀牛角、海马干、沉香木等濒危野生动植物制品54.137千克和缅甸蟒皮制品18件，指引广州、昆明、合肥等海关缉私局查获象牙、犀牛角等珍贵动物制品约6千克，抓获嫌疑人5人。

三是严厉打击防疫物资、疫苗非法出境。福州海关严格落实总署专项工作部署要求，紧紧围绕总署明确的医用口罩、医用防护服等11类出口医疗物资，严格落实总署两个100%的要求。系统组织开展《出口医疗防疫物资监管业务手册》的学习，确保一线查验人员人人熟悉基本的医疗物资查验技能，提升查验合规性。强化出口防疫物资查验要求，现场查验过程严格按照最新的规定实施，查实查细，特别是对申报为非医疗物资的货物，严格审查其标签标识情况，坚决杜绝不合格或不合规产品出口；成立集中研判小组，发挥骨干的作用，对出口防疫物资查验时发现的问题开展集中研判，通过核对文件依据、标准、咨询上级主管部门等方式，在确保不产生查验错漏的基础上，提高通关时效，强化查验科学性。加强与上级管理部门联系，加强查验、综合、法规、缉私等部门纵向联系配合，强化总体监管力度。全年共查获涉案非医用一次性口罩20.18万个。

四是严厉打击"水客"走私。福州海关认真贯彻落实总署打击治理"水客"走私专项行动部署要求，强化风险分析研判和预警管控，加强"水客"风险特征总结提炼，充实和完善风险信息库，严密口岸正面监管查验。根据当前口岸"水客"走私特点、规律，坚持"露头就打"与"破大案、打团伙、摧网络"相结合，以"打头挖根断链"为重点，聚焦打击盘踞在口岸实施走私犯罪的"水客"群体，特别是幕后组织、操控团伙。同时做好行政案件、刑事案件衔接，用好"水客"走私3次入刑法律规定，彻底清除一批"水客"群体，铲除一批幕后组织和操控团伙。2021年，福州海关缉私局参与总署缉私局组织的打击"水客"走私统一行动，打掉走私团伙3个，案值约3,012万元。

五是严厉打击重点涉税商品、农产品走私。福州海关坚持海陆联动，以打击成品油、卷烟、汽车、矿产品、奢侈品等重点涉税商品为重点，加强与公安、海警、烟草、市场监管等部门合作，实施全方位、全链条打击。坚持"打团伙、破大案、摧网络"，全年共破获13起含金量高、影响大且案值过亿元的大要案。其中"4·27"走私普通货物案，成功打掉走私团伙2个，查证涉嫌走私龙虾、海蚌等活鲜约1,025吨，案值约6亿元；"12·27"走私香烟案，查获走私香烟61.8万条，查证涉嫌走私进口香烟206.38万条，全案案值11.08亿元；"1·12"成品油走私案，成功打掉1个长期盘踞在香港海域为境内供油的走私成品油团伙及3个境内购油团伙，查证涉嫌走私成品油约46.87万吨，案值约26.49亿元；"11·10"走私台货案，成功打掉走私团伙3个，查扣涉嫌走私化妆品、运动鞋、IC电子元件、旧手机主板等涉案货物47柜约200吨，案值约5.5亿元。

六是严厉打击涉枪涉毒等走私。福州海关缉私局综合运用海关和公安大数据平台，强化线索对碰串联，重点关注涉境外敏感区域，持续严防严打寄递渠道走私枪支、毒品和管制类精神药品等违法行为，切实维护国家政治安全和社会稳定，全力做好建党100周年、冬奥会等安保维稳工作。全年共查获涉枪案件13起，查获枪支2支，枪配47件；查获走私毒品案件12起，走私制毒物品案件5起，共抓获犯罪嫌疑人12名，查扣毒品4,616.41克，查证走私制毒物品氯化铵4.3万吨；参与总署缉私局"5·06"专案统一收网行动，查获非法出版物48,000多册，其中淫秽书刊9,000余册。

三、强化内外协同联动，提升打私合力

一是深化"全员打私"。福州海关严格贯彻落实总署党委"1＋6"文件精神，分别就全员打私、缉私财务保障、涉案财物管理、缉私退休干部管理、缉私信息化建设、"一案双查"等6方面制定相应配套文件，"全员打私"机制建设不断完善。牢固树立各隶属海关关长打私第一责任人职责意识，严格落实缉私部门与业务部门工作联系配合办法，不断健全联合研判、防控、查缉一体化工作机制，关区打私整体合力不断聚合放大。2021年福州海关各业务部门移交缉私部门案件线索（成案）

440起，其中行政案件392起，刑事案件48起（占关区刑事案件总数的35.56%），同比分别下降34%、增长5倍。

二是强化责任落实。福州海关加强业务职能部门与缉私部门配合联动，充分发挥各部门职责作用，风控部门注重情报信息搜集，依托大数据和人工智能加强对走私风险的探查，提炼手法，建立关区高风险企业信息库和高风险商品库，对关区年内贸易量突增企业、新注册活跃企业、重点地区进口异常商品等维度开展深入分析，并及时下达布控指令；监管部门加强风险分析和重点商品的抽查检查力度，针对重点地区及重点商品开展突击集中查验，并要求各隶属海关严格按照总署规定规范开展货物口岸检查作业，在关区全面实施科长实货复核和复查复验工作，发挥职能监督作用建立审计常见问题月度通报制度。缉私部门发挥情报先导作用提供准确线索，通过联合研判、线索移交等方式，与关区职能部门共享情报信息，梳理上报走私作案手法和查缉工作经验，深入侦办专项行动重大走私案件，对现有查发案件进一步深挖扩线，确保线索挖掘有成效、见实效。

三是加强综合治理。福州海关积极推动地方政府落实反走私综合治理主体责任，加强与地方公安、海警、烟草等部门的协作配合，形成齐抓共管的打私合力。2021年，联合福州报关协会通过"钉钉"视频会议系统召开座谈会，向关区约50家进出口企业和报关企业开展法治宣传；通过深入重点乡镇开展普法推广、评选反走私示范村、参与地方反走私综合治理督导等，不断强化"打防管控"机制建设。加强反走私新闻宣传，多起案件被央视、人民网等主流媒体刊播，结合"6·26"国际禁毒日、"12·4"国家宪法日等开展系列普法宣传活动，通过设立宣传展板、陈列毒品样品、现场解答、发放宣传品等方式，进入校园、社区、市场广泛开展普法宣传，提升民众守法意识，形成共同防范打击走私违法犯罪的良好氛围。

福州海关开展国门生物安全与食品安全行动

一、严防外来物种入侵确保国门生物安全

（一）总体部署。

2021年3月16日，福州海关结合关区实际印发通知，部署福州海关外来物种口岸防控工作，贯彻落实农业农村部、自然资源部、生态环境部、海关总署、国家林草局进一步加强外来入侵物种防控工作方案要求。在2020年已成立的福州海关外来入侵物种口岸防控工作领导小组下，新成立外来物种防控技术专家组，动植物检疫处、口岸监管处负责人任组长、副组长，成员包括通关业务、动植物检疫监管、快件邮件监管、行李物品监管、打击走私、实验室管理、风险研判布控领域和昆虫、杂草、软体动物、植物病毒、真菌、濒危物种检测鉴定方面的技术专家，由专家组研究解决防控工作问题。将外来入侵物种口岸防控工作纳入对隶属海关领导班子年度考核，细化设定量化考核指标及评分标准。

2021年3月18日，王进喜副关长带队赴榕城海关驻邮局办事处调研，指导非贸渠道外来入侵物种口岸防控工作。

2021年4月2日，福州海关制订打击非法引进外来物种和种子苗木"国门绿盾2021"行动实施方案，成立福州海关"国门绿盾2021"行动领导小组，福州海关分管领导为组长，动植物检疫处主要负责人为副组长，成员包括办公室、法规处、综合处、卫生处、食商处、监管处、统计处、企管处、缉私局、财务处、科技处、督审处、人事处、教育处、风险防控分局、技术中心分管领导。领导小组统筹部署具体行动，协调行动中的重大问题、重大案件、重大舆情的处置；动植物检疫处牵头福州海关"国门绿盾2021"行动工作，负责行动的组织、协调、推动；其他成员单位部门充分发挥各自职能作用，紧密配合，共同推进。各隶属海关按照总关的统一部署，结合辖区实际按进度落实计划任务，每月报送行动进展。建立行邮业务科长、技术中心鉴定专家和动植物检疫

处联络员参加的微信工作群，及时沟通重要外来物种截获、鉴定、报送各方面问题。

2021年9月2日，动植物检疫处发布通知，持续做好红火蚁阻截防控工作，组织各隶属海关认真开展监测，加强来源于红火蚁发生国家和地区的进境货物（特别是装载苗木、木材、饲草等产品）、集装箱的检疫。

（二）工作措施。

加强监测预警。加强境外动植物疫情和外来入侵物种信息监测、搜集、评估和预警工作，深入分析、联合研判，发布关级风险动态信息和风险预警，累计向总署报送动植物疫情信息115条，94条被采用。制订方案并精心组织完成年度国门生物安全监测工作任务。

严格引进审批。受理进境动植物检疫许可证申请1,171份，严格按规范初审后提交总署终审。严格按审批申请落实定点生产加工制度，落实企业主体责任，做好全过程疫情防控及下脚料无害化处理等工作。

加强口岸防控。动植物检疫处与风控分局、口岸监管处密切配合开展"清邮"行动，全面分析邮件申报要素，对比分析全国口岸和本关区截获差距，梳理出关区近三年外来物种查获率较高的国家地区、收寄件人、物品名单，以此为线索建立关区"敏感词清单、人员黑名单、影子商品库"等高风险对象库，加大相关分析，提高布控精准度。运用"智能审图"等智慧监管手段，加大行邮渠道查验力度；严格按照布控指令要求加强货运渠道进境动植物及其产品查验和运输工具登临检查，发现外来入侵物种或检疫性有害生物的，监督实施除害、退回或销毁处理近200批次。

强化技术保障。2021年5月13日，动植物检疫处组织举办"福州海关外来物种入侵口岸防控业务培训班"，重点针对外来物种入侵口岸防控工作总署要求、工作任务、实操要点和常见外来入侵物种鉴定等展开培训和业务研讨，切实提高一线外来物种查发能力，关区各隶属海关和风控分局、口岸监管处的31名关员参加。之后又动员一线查验岗位关员参加总署举办的致死粒线虫检测技术、国门生物安全监测、植物及植物产品现场查验技术线上培训班，参训人数454人次。克服新冠肺炎疫情影响，借助设在莆田的进境木材检疫实训点开展3期"一对一"跟班实操培训。

组织应急演练。2021年12月24日动植物检疫处组织开展进境木材检疫发现红火蚁背景下的进境重大植物疫情突发事件应急处置演练（桌面推演），动植物检疫处、马尾海关和技术中心参加桌面推演，其他隶属海关旁听。培训和演练使一线查验岗位人员的外来入侵物种防控意识和识别、采集、初筛鉴定外来物种的技能取得进步。

加强部门合作。2021年11月4日，福州海关与福建省农业农村厅签署《关于共同加强外来物种入侵防控合作备忘录》，健全沟通协作工作机制，探索建立物种资源保护联合工作机制，搭建信息共享和联合响应渠道，完善口岸与内陆监测体系，合作开展外来物种入侵防控宣传教育、防除和快速鉴定技术研究等。南平、武夷山等隶属海关与所在地市农业局、林业局签署合作协议，建立联防联控机制，加大松材线虫、红火蚁等外来入侵物种和有害生物的监测与防控合力。

加强宣传教育。开展对相关企业的法治宣传，要求邮政、快递企业拒绝揽收违禁物品，跨境电商平台拒绝经营违禁货物、物品，进境交通运输工具所有人加强对员工的教育和管理，农产品进出口企业依法引种；开展针对青少年的实景宣传，邀请福建省电视台少儿频道小记者参观榕城海关驻邮局办事处，邀请驻地少年儿童参观植物检疫标本室和平潭隔检中心科普展示馆，莆田海关与莆田移动公司合作，在"福建教育盒子"设置国门生物安全视频专栏等；持续在国际机场等入出境人员通道、货运通关中心、报关大厅等场所以电子滚动屏、宣传海报、宣传册等方式常态化开展打击非法引入外来物种的宣传；开展网络宣传，利用"全民国家安全教育日""生物多样性日"等契机，在海关发布、海关12360等公众号发布科普宣传稿，引导公众增强法律意识，提高外来物种入侵防控意识。

（三）督导检查。

2021年3月23、31日，动植物检疫处和口岸监管处联合赴榕城海关和福州长乐机场海关开展外来入侵物种防控工作调研，深入了解外来物种入侵口岸防控工作各项要求落实情况。2021年9—10月，动植检疫处组织对各隶属海关开展督导检查，内容包括外来物种入侵口岸防控、植物疫情监测、红火蚁防控、"国门绿盾2021"专项行动等工作落实情况：9月先组织隶属海关自查；10月25—29日动植物检疫处组织两个检查组分赴榕城海关（驻邮局办事处和驻福清办事处）、莆田海关、福州长乐机场海关和平潭海关，对相关工作开展情况及其自查发现问题整改落实情况进行现场检查；11月通报检查情况并督促跟踪整改。

（四）工作成效。

2021年，福州海关共截获进境植物检疫性有害生物40种862次；在非贸渠道共截获外来活体动植物114种387次，其中外来物种39种70次。福州海关的19个案例入选《2021年全国海关截获外来物种案例汇编》。

二、进口冷链与食品安全

下发《福州海关关于印发〈福州海关进口冷链食品安全监管工作人员封闭管理工作方案〉的通知》，对海关系统进口冷链食品安全监管工作人员实施集中封闭管理。强化源头管理严防进口冷链食品疫情输入风险，召开政策宣传贯彻会，向进口商宣传贯彻联合国粮农组织（FAO）和世界卫生组织（WHO）相关规定，并请其向境外生产企业传达，督促进口商、进口食品境外出口商及境外输华食品生产企业主动声明并签订承诺书60份，构建起食品安全管理责任体系。组建评审组对涉事境外生产企业开展远程视频检查，对涉及2次以上检出阳性及熔断期进口的相关进口商进行约谈，责令企业严格规范申报，坚决杜绝熔断期内申报进口的行为。向马尾港务公司、外代公司了解进口冷链食品卡口放行情况和相关信息记录、追溯情况，落实福建省报送进口冷链食品数据信息工作，与地方联防联控机制建立数据共享机制。

成立专项监督工作专班，组织专项业务培训，确保全部专班人员熟练掌握采样及消毒工作要求、操作流程、监督重点；运用监控指挥中心，对冷链食品及非冷链高风险商品采样和消毒作业现场开展实时监督，对各作业现场采样前准备、现场采样作业、采样记录单填制、预防性消毒作业和录证过程进行全程监控，规范现场作业；建立24小时应急处置机制，保证专班人员半小时内到达指挥中心开展应急处置，实行监督工作7天工作制，每日填写、定时报送专项工作日志及其汇总表。专项监督工作得到总署的积极肯定。

2021年下半年起，实行进口冷链食品风险监测采样情况每日检查制度，对全体人员进行排班，通过监控指挥中心对马尾、榕城、平潭等3个隶属海关采样情况进行视频抽查，对发现问题做好记录，第一时间反馈现场进行整改。建立进口冷链食品风险监测"每日零报告"制度，开展进口冷链食品风险监测采样和预防性消毒监督工作的隶属海关应每日进行自查，各隶属海关每日填写《进口冷链食品风险监测每日情况报表》。12月，福州海关参加国务院联防联控机制口岸进口冷链食品疫情防控督查工作汇报会，顺利通过国务院联防联控机制口岸进口冷链食品疫情防控工作督查，国务院督查组对福州海关进口冷链食品口岸查验区"三区两通道"设置、进口水产品100%新冠病毒核酸抽样检测等工作及成效予以了充分肯定。

福州海关定点帮扶及推动乡村振兴工作

2021年，福州海关坚决贯彻习近平总书记关于全面推进乡村振兴的重要指示批示精神，持续落实总署优化口岸营商环境、持续提升通关便利化水平相关措施，深入巩固拓展脱贫攻坚成果同乡村振兴有效衔接工作，为接续推进乡村振兴贡献福州海关力量。

一、党建引领"强起来"，多维精准帮扶

一是党建引领，筑牢基层一线战斗堡垒。福州海关党委将巩固拓展脱贫攻坚成果同乡村振兴有效衔接工作列入重要议事日程，将党建优势、组织优势、人力资源优势转化为巩固脱贫攻坚成果、接续推进乡村振兴的不竭动力。先后拨付"三下乡"集中服务活动款、驻点村乡村振兴帮扶款共60万元。2021年7月，福州海关党委继续选派2名优秀干部赴霞浦县崇儒乡路口村、福鼎市贯岭镇分水关村担任第一书记。驻村书记结合党史学习教育因地制宜开展"我为群众办实事"实践活动，先后推进党群阵地、金钥匙图书室、乡村道路建设和改造、污水管网改造等各类基础设施建设，邀请专业机构进村开展义诊、免费检测生活用水等民生暖心活动。

二是捐资助学，情系乡村教育暖人心。2021年6月，福州海关关工委赴宁德市霞浦县盐田中心小学举行以"红领巾心向党，学党史励新志，献礼百年华诞"为主题的庆"六一"国际儿童节暨第四届"福关之星"奖助学活动。"福关之星"奖学金自设立以来，4年间累计奖励家庭困难、品学兼优的乡村留守儿童1,786人次，累计发放助学金20万元。积极开展"助力学子追梦·促进乡村振兴"主题活动，向总署支教点卢氏县汤河乡中心小学和附近困难村民捐赠文具、书籍、衣物、医疗用品等物资并捐献爱心助学款3万余元；为总署定点帮扶的河南省三门峡市卢氏县官道口镇果岭村困难大学生捐款4万余元，用实际行动向学生们传递爱心和正能量。

三是宣传教育，培育消费帮扶新风尚。广泛报道驻村书记脱贫攻坚以来的措

施成效和先进事迹,在"福关e家"微信公众号平台推出驻村书记专访专栏,讲好脱贫攻坚故事。福州海关工会与福州市供销社合作上线"福州海关驻村帮扶·乡村振兴农特产品"暨"一村一品"电商平台,主推经SC认证的农特产品,通过"平台销售+村集体提成"方式增加驻点村收入。发动机关及隶属海关工会、食堂、干部职工和爱心企业在同等条件下优先采购驻点村农特产品近26万元。

二、服务资源"引进来",增强内生动力

一是服务种畜产业振兴升级。主动对接地方优质种畜资源引进需求,服务三明大田县进口丹麦种猪项目和南平进口智利种牛项目,顺利完成2,980头丹麦种猪和3,829头智利种牛隔离检疫监管工作。助力大田县打造种猪养殖、良种繁育、有机肥生产等一体化的生态循环农业科技园项目,取得经济和生态双收益,得到大田县政府专函致谢。"服务国家种业振兴,支持中央苏区种畜产业升级"项目入选总署第一批"我为群众办实事"14个"百佳项目"。

二是服务战略性农产品"优进"。持续落实加快检疫审批、进境农产品"两段准入"和"附条件提离"等改革措施,推动"种苗检疫管理系统"在全关区使用,全力保障粮食、鱼粉、种苗等优质资源性农产品安全进口。2021年共引进美洲鳗鲡苗130批次、22.9吨,进口农产品206.77亿元,同比增长19.28%。其中,进境粮谷309.98万吨、113.56亿元,比增25.56%、64.46%;进境动物源性饲料30.08万吨、31.58亿元;比增42.26%、42.83%;进境水生动物321吨、0.48亿元,比增104.43%、210.62%。

三是服务闽台农业融合深化。积极助力平潭综合实验区打造农渔产品集散中心,拓宽台湾农业优质植物资源登陆通道。加快海西隔检中心二期建设,方便台湾农业优质植物资源就近便捷登陆。持续深化两岸"三互"合作,2021年福州海关签发ECFA原产地证书(《海峡两岸经济合作框架协议》原产地证书)357份,签证金额4,438.3万美元;着力优化"交易信息实时比对",进一步完善平潭对台小额商品交易市场监管链条,确保市场免税政策的落地实施。

三、助力农产品"走出去",拓宽发展道路

一是帮扶农产品出口提速。"零见面"办理出口农产品企业注册登记280家。积极参与TBT/SPS通报评议,科学评估技术贸易措施对农产品贸易的影响,加强国外技术性贸易措施信息的收集和分析解读,引导竹木企业利用陆地港中欧班列新平台开辟出口新通道。2021年福州关区出口竹木藤柳草制品134.92亿元、水生动物8,684万元,同比增长14.25%、18.75%,新增多个农产品新品种和南非、伯利兹等出口目的地，助力企业拓宽国际市场。

二是助力深加工产业远销海外。通过和地方海洋与渔业等部门签订质量安全合作备忘录，有效压缩大黄鱼等海产品检查平均时间。运用"智慧签证辅助系统"，设立证书签发"绿色通道"，证书签发时效提升50%。引导企业向鱼松等大黄鱼精深加工产品转型升级，指导企业完善HACCP体系，指导企业采取措施有效应对技术壁垒，不断增强产品国际市场竞争力，助推大黄鱼及其精深加工产品扩大出口、"畅游"海外。

三是科技赋能引导纵深发展。与地方政府签订《食用菌产业发展合作备忘录》，支持地方建设标准化出口食用菌公共备案基地，指导16家出口食用菌企业健全生产和溯源管理制度，核查3家出口食用菌企业质量安全管理体系，引导出口企业及时调整产品结构，指导企业按照目标市场法规标准新建或改造生产车间，力促企业开发生产香菇酱、香菇粒、火锅底料等深加工产品。

第三篇

政治建设

党建工作

【概况】2021年，福州海关党委根据全国海关全面从严治党工作会议部署，切实履行管党治党政治责任，从思想政治建设、基层组织建设、党风廉政建设、文明品牌创建以及工青妇等各个方面齐抓共建，推动党建工作取得实效。

【思想理论武装】"学早学全"。福州海关党委带头在7月1日前，完成《论中国共产党历史》等4本指定教材学习。组织学习"七一"重要讲话精神和党的十九届六中全会精神，完成党史学习教育专题读书班。本年度，福州海关党委共组织开展18次党委理论学习中心组学习，各隶属海关党委共组织开展274次党委理论学习中心组学习。

"学深学透"。福州海关党委围绕"中国特色社会主义为什么'好'"和"学习贯彻习近平总书记来福建考察重要讲话精神"等主题，开展7轮研讨；举办"六好"红色讲坛，讲好海关故事、学好福建经验，唱响党史学习教育主旋律。关区各单位、各部门领导班子上党课132堂，各基层党组织书记上党课263堂。

"学真学实"。在规定动作做到位的基础上不断发掘特色出彩的自选动作，10个机关党委、8个党总支和201个基层支部推出百余种创新学习形式。

▲2021年4月9日，福州海关走进福州市斗南小学开展"党史教育忆先烈 国门安全进校园"主题党日活动

【思想政治宣传】福建省委宣传部党史学习教育新闻宣传组对福州海关进行了3次采访；福建电视台公共频道《八闽机关党建》栏目组全程播报福州海关党史学习教育做法成效，刊登新闻12条。全年共在"学习强国"、《中国国门时报》、《福建日报》等媒体刊登稿件1,000余篇次；在总署政工办网站累计获刊登330篇，得分703分，居全国海关第七名；开辟宣传新阵地，在福州海关政务网和"福关e家"

微信公众号，分别增设党史学习教育"专栏""专网""专题"，刊登稿件1,300余篇次。制订《党史学习教育总结宣传工作方案》，策划2轮新闻宣传课题和7项经验总结课题，此项专题策划成果共在《中国国门时报》、"学习强国"等媒体平台发表44篇次，在总署《政治工作简报》刊登3篇次，在总署政工办网站、《福关信息》等平台刊登18篇次。

▲2021年3月30日，福州海关组织开展"美丽中国·青春行动"植树造林志愿服务活动

▲2021年5月27日，福州海关在长乐机场海关候机楼开展《唱支山歌给党听》《没有共产党就没有新中国》歌曲快闪活动

【文明单位建设】全员参与。坚持"三个走进""四下基层"工作法，开展"为关献一策"活动，累计征求问题建议1,200余条，固化为办实事清单538项。立体化推进"问题清零"，538件实事完成率100%，4个实事项目入选全国海关"'我为群众办实事'百佳项目"。

开展服务。组建党员团员宣讲队走进校园、社会福利院，广泛开展"撒种式"红色海关史宣讲；组织党员团员志愿者协助肢残朋友观看红色展览、红色电影；开展"金秋助学"活动帮助困难学生圆梦，捐款捐物约20万元。

以文化人。与建设银行福建省分行联合开展"光影聚焦展风采 翰墨丹青颂党恩"艺术作品联展，共征集书画作品80幅、摄影作品140幅。在春节、元宵节、拗九节、清明节、端午节、七夕节、中秋节、重阳节等节点，广泛开展"我们的节日"系列活动，组织干部群众走进社区送春联、送拗九粥，在传承中绽放海关文化之花。

▲2021年6月19日，福州海关关员与孩子一起参加"颂百年风华"亲子阅读活动

参加比赛。先后参加中央驻闽单位庆祝中国共产党成立100周年合唱汇演荣获

金奖，参加福建省"学史明理 福建有你"党史知识竞赛获线上比赛省直单位第一名、线下决赛全省第二名，参加华东片海关文化协作区党史知识竞赛获二等奖。

【基层组织建设】2021年，福州海关本级和所属基层党组织219个，其中党委10个、党总支8个、支部201个；共有党员1,953人，其中在职党员1,502人、离退休党员451人。2021年，7个基层党组织换届，其中党委1个（中检福建公司党委）、支部6个。

模范机关创建。确立模范机关创建目标，树立"拿成绩单说话"的干事创业导向，总结提炼《福州海关锁定"五高五新"深入推进模范机关建设》等2个案例获评福建省机关体制机制创新优秀案例二等奖。强化理论武装，邀请国防大学、中央党校专家作"七一"重要讲话精神、党的十九届六中全会精神主题辅导讲座，邀请三明党史故事宣讲团作红色故事现场宣讲。督促指导关区基层党组织开展多形式创新"一月十年""指尖学堂""午间课堂"等学习形式上百种，"两优一先"先进典型、老干部、老党员等讲授微党课，1部微党课入选总署优秀微党课。进一步贯彻落实习近平总书记来福建考察重要讲话精神，组织实施十大专项行动计划，建强基层党组织战斗堡垒。

强基提质工程。将全国海关系统创建合格党支部、"四强"支部、党建品牌部署，与福建省直机关系统"达标创星"活动有机结合，全面推进"强基提质工程"，创立5个阶梯支部晋升机制。3个支部被确定为省直机关第一批"达标创星"示范党支部；评选2021年度福州海关星级党支部56个、"四强"支部51个。围绕基层党建减压增效建立"五个一"机制：年度党建"一指引"，出台年度基层党建工作指引；月度工作"一提示"，每月月初制发基层党组织月度重点工作提示；书记责任"一清单"，制定各级党组织书记抓党建工作责任清单，强化抓党建工作主体责任；组织建设"一本账"，建立关区党组织设置及党员分布台账、入党积极分子台账；党务干部"一手册"，编制基层党务工作实操手册。全年指导15个基层党组织完成届中增补；发展党员35人，预备党员按期转正23人，确定积极分子31人；处分党员4人。

党建品牌创建。2021年，5个全国党建示范（培育）品牌通过总署复核认定，评选福州海关基层党建示范品牌9个、基层党建培育品牌单位18个。在全面推行"一支部一品牌"的基础上，111个基层党支部主动参与党建与业务深度融合等5类党建单项品牌分类创建，打造党建品牌个性化亮点和样本。在关区"全国海关基层党建示范（培育）品牌"党支部开展"智慧党建"试点工作，打造关区首批3个党建实训点。建立"四强"支部与合格党支部结对共建机制，124个支部实现结对共建。开展党务干部、巡察干部轮训3期，594人参训。

实施书记项目。承担1个署级直属机

关党委"书记项目"试点工作，深入开展课题及"书记项目"专题调研，"书记项目"成果得到总署政治部通报肯定，在《中国国门时报》、"学习强国"、新福建、金钥匙等媒体平台广泛宣传。在关区开展10个"书记项目"试点，扎实开展课题攻关和实践攻坚。

强化正向激励。为关区66位老党员颁发"光荣在党50年"纪念章，走访慰问党员干部51人次。制度化设定奖惩。固化每两年一次的关区"两优一先"集中表彰，党建工作综合评价为"好"的不超过50%，未达到"好"的年度考核不得评定为"优秀"。2021年，关区获评福建省先进基层党组织1个；3个基层党组织、4名党员获省直机关"两优一先"表彰，省直机关"达标创星"示范党支部3个；30个基层党组织、210名党员获福州海关"两优一先"表彰，获表彰党组织比例达15%以上，党员比例达10%以上，激励了党员干部干事创业热情。

▲2021年6月30日，福州海关开展"红心向党 关徽闪耀""七一"活动

【党风廉政工作】强化管党治党责任。党委督促推动。党委每半年专题研究清廉海关建设等工作，制修订《福州海关贯彻落实"三重一大"决策制度实施办法》《福州海关党委会议事清单》等制度，建立"三查合一"机制，从源头上加强管理。制定全面从严治党主体责任、支部书记抓党建工作责任、基层党建任务等三份清单，建立纪检部门两份监督清单。注重责任传导。细化落实全面从严治党42项重点任务，组织12位"一把手"现场述责述廉述党建。各单位部门全力支持纪检部门开展专责监督，开展谈心谈话3,584人次。加强对"一把手"和领导班子监督经验做法被总署《政治工作简报》刊发。党委民主生活会获得省委督导组肯定，党史学习教育专题组织生活会检视问题610个。提升追责问责有效性。全面规范启动、调查、报告、审批、实施等各个问责环节，聚焦公有住房管理、巡视整改、危化品安全监管等方面问题，运用"第一种形态"69人次，"第二种形态"4人次，对3名处级领导干部开展责任追究。

强化作风建设。深化作风建设。推进违反中央八项规定及其实施细则精神专项整治，坚持不懈纠治"四风"，制定为基层减负20条措施，整治"指尖上的形式主义"，坚持"过紧日子"压缩支出超5,000万元。12360海关服务热线满意率100%，推进"好差评"系统获企业全五星好评、总署通报表扬。强化警示教育。

一手抓教育倡廉，全覆盖推进廉政教育，开展廉政主题党日活动146场，全员参加纪法测试，组织"面对面"宣讲和党委书记、派驻纪检组组长访谈；一手抓文化助廉，发出家庭助廉倡议书，创作79件廉洁文化作品，拍摄15部廉政微视频。严格纪律执行。严格干部监督，开展领导干部个人有关事项集中报告和查核，组织领导干部廉洁从政自查，清理企业兼职，规范社团兼职和配偶、子女及其配偶从业行为。严格执行内务规范，扎实推进"内务规范强化月"。

强化风险防控。开展形势分析查找风险隐患。各单位、部门认真落实廉政形势分析会制度，坚持问题导向，分析面临的廉政形势和风险问题，制定整改措施，全年共提交分析报告99份。针对查发的风险，职能部门加大督办力度，推动相关单位落实措施消除风险。提升权力运行制约监督效果。统筹推进"立改废释"，废止修订规章制度338份，探索建立5个监督部门协作机制。综合推进"制度+科技"，深化"双随机、一公开"，网络安保获总署表扬。协同推进风险联合研判，新海廉平台处置异常数据6,680条，移交线索83条。推进反腐败综合效应放大。深化"现场监管与外勤执法权力寻租"专项整治，排查问题线索261件，梳理廉政风险点78个。对疫情防控、网络数据安全、安全生产等开展综合督查检查，发出监督意见建议书34份。受理处置问题线索23件，立案6件，"一案双查"受理问题线索2件。

▲2021年3月26日，福州海关组织拟提任行政领导干部任前廉政法规考试

▲2021年8月13日，福州海关给干部职工及其家属发放助廉倡议和廉政书籍

【群团工作】群团组织助力疫情防控。工会积极贯彻落实关党委关心关爱疫情防控一线人员的部署要求，紧急向7家基层单位下拨专项慰问经费，组织对抗疫一线人员进行慰问；通过线上开展喜闻乐见的文体娱乐小项目，帮助一线人员舒缓压力；通过基层工会组织及直接参与一线防

控的工会专兼职干部，做好一线人员思想政治工作，了解其家庭状况和生活困难，推动解决其后顾之忧；赴福清江阴口岸开展基层一线职工专项慰问1次；借助省总工会和省直机关资源，由专业心理咨询师为抗疫一线人员提供"一对一"心理辅导；积极组织参加"守护心灵 关爱健康"省直机关职工心理健康服务活动，邀请专家上门举办心理健康讲座，开展心理减压、情绪调整等项目训练；以《心态与健康：谈疫情中的心理调适》为题，开展线上心理辅导讲座1次，300余人参加。团委成立16支青年突击队，引领268名团员青年奋战口岸疫情防控一线；组织开展"青春抗疫 海关有我"主题慰问活动，为疫情防控一线团员青年送关爱关怀，共慰问节假日在岗团员青年127人，组织文体活动35次；充分发挥"福关e家"微信公众号作用，讲好福关人的抗疫故事，组织策划"抗击疫情"等系列专题，宣传展示关区疫情防控先进事迹、感人故事，累计编发新闻稿件31篇；与福建省血液中心长期合作，针对疫情期间各医院用血紧张的情况，深化"青年无偿献血"志愿服务品牌，多形式组织抗疫献血活动，福州海关无偿献血青年突击队全年累计献血240人次、8万毫升，获评"福建省直无偿献血优秀青年突击队"。

五一劳动奖获奖情况。弘扬劳动精神，把培育和争创"五一劳动奖"作为工作重点，全年新创"福建省五一劳动奖章"1人、"福建省五一先锋号"3个。3名"福建省五一劳动奖章"获得者分别作为先进人物代表被推荐为省直机关党代表，并出席福建省直机关代表会议；作为基层一线劳模代表被推荐为福建省工会第十四次代表大会代表；作为劳模代表在省直机关劳模经验分享会上作典型发言。

劳模工作室获评情况。弘扬劳模精神、劳动精神、工匠精神，发挥劳模示范带动作用，全年新创"福建省示范性劳模工作室"2个、"福建省劳模工作室"1个、"福建省劳模工作室优秀创新成果"2项、福建省百万职工"五小"创新大赛优秀成果三等奖1项，培育"福建省劳模工作室"1个。

参加医疗互助情况。落实关党委对广大干部职工的关心关爱，组织关区2,566人参加第十三期省直机关在职职工医疗互助活动，107人次申请并获补助金40.38万元。

工会业务培训班。联合省总工会干部学校举办2021年福州海关工会业务培训班，依托其教育培训平台开展网上学习，300多人参加并获发省总工会干部学校"工会干部培训证书"，实现关区各级工会专兼职干部全部持证上岗。

组建机关膳食管理委员会。为积极落实关党委对广大干部职工的关心关怀，直属机关工会成立福州海关机关膳食管理委员会，作为党史学习教育"我为群众办实事"A类10个项目之一。2021年，机关膳食管理委员会通过开展岗前培训、调查问卷、现场抽查各1次，与后管中心举行联席会议1次，向后管中心书面通报有关情况2次，有效地监督和促进机关食堂提高了膳食管理与服务水平。

群众性文体活动。组织指导各工会和兴趣小组开展形式多样、丰富多彩的文体活动，不断增强干部职工身体素质和身心健康。文体活动成绩喜人：参加第九届省直机关全民健身运动会获一等奖8个，二、三等奖各2个；参加省建行网球邀请赛获金奖。

团委青年理论学习。坚持"以点带面"，深入推进青年理论学习工程，全年累计参加团中央"青年大学习"系列网上主题团课学习34期、3,162人次，参学率保持在100%，居省直机关第一梯队。2人获评省直机关青年理论学习标兵，团委获评省直机关优秀青年理论学习小组，青年理论学习情况被福建新闻综合频道专题报道。

"福关e家"宣传阵地建设。精心运营"福关e家"微信公众号，建立健全"投稿自审、编辑初审、责任复审"机制，讲好福关故事，扎实筑牢思想阵地工作。全年编发稿件605篇，同比增长40%，阅读量41.68万人次，77篇稿件获《人民日报》、"学习强国"、总署《金钥匙》杂志等采用。

团委换届。2021年12月10日召开共青团福州海关第七次代表大会，按期顺利完成换届工作，选举产生共青团福州海关第七届委员会。

"智慧团建"系统创建。建立"支部带动、专人跟进、定期通报"模式，开展"智慧团建"系统星级团组织创建和星级团员评定，所有基层团组织均评定为"五星级"，所有团员均评定为"四星级"，提前一个半月实现"团组织＋团员""全满星"的顶格评定。

青年文明号创建工作。聚焦先进性，引领团员青年建功立业，以争创青年文明号为抓手，指导健全"三级联创、逐级共建"机制，助力提升基层集体业务建设、队伍管理水平，相关工作被总署网站、《福建青年》等媒体报道。2021年关区5家青年集体获评全国青年文明号，2家获评省级青年文明号，5家获评省直级青年文明号。

妇委会工作。巾帼理论学习。强化思想政治引领，提升理论及业务水平，深化巾帼建功行动。派员参加省妇联举办的2021年巾帼文明岗创建工作培训班，省妇联系统意识形态工作暨巾帼志愿者服务骨干培训班。开展各类文化活动。福州海关妇委会坚持政治统领、党建引领，围绕中心、服务大局，通过开展"巾帼心向党 芬芳展风采"花艺培训等活动，展现新时代巾帼风采，激励"半边天"与时代同行，团结带领关区广大妇女同志立足岗位建功立业。组织参加2021年中央驻闽单位庆祝中国共产党成立100周年合唱汇演比赛获金奖；报送省直妇工委"巾帼心向党 话百年成就"优秀作品40个。巾帼争先创优工作。2021年,有1户家庭获评"福建省最美家庭",2户家庭获评"福建省直机关最美家庭";1人获评福建省三八红旗手;1人获评省直机关"建功'十四五'、谱写新篇章"主题实践活动先进个人;省直机关巾帼文明岗复核全部通过。

▲2021年6月26日,福州海关参加2021年中央驻闽单位庆祝中国共产党成立100周年合唱汇演比赛获金奖

▲2021年7月7日,福州海关机关膳食管理委员会正式启动

巡视巡察

【概况】2021年，福州海关党委坚持以习近平新时代中国特色社会主义思想为指导，全面贯彻落实党中央关于巡视工作新部署新要求，深入推进巡视整改，深化政治巡察，着力提高政治监督质量，完成巡察全覆盖序时进度，关区巡察工作呈现稳步推进、深化发展的良好态势。

【巡视工作】持续深化整改。在2020年集中整改基础上，2021年将巡视整改个别未完成事项作为工作重点，紧盯不放，持续发力。撤销围网设施不达标且整改不到位的辖区某公司指定监管场地资质；将包括福州海关旧大楼在内3处外租房产全部收回；成功办理涉及历史遗留问题的宁德海关行政办公楼产权证。截至2021年年底，巡视反馈的24项问题，完成整改23项，完成率95.83%。77条巡视整改措施，完成整改75条，完成率97.4%。2021年全国海关政治部主任会议上，福州海关作巡视整改经验总结书面交流发言；总署《政治工作简报》刊载推介福州海关做法。推出创新举措。推行"两单一表"推进中长期阶段巡视整改。填销账单。实行挂号销账制度，对整改措施逐条销账，从主办、协办单位（部门）的责任人员和主要负责人，到关党委委员都进行签字背书。晒成绩单。对29家单位（部门）认领问题、主办整改、协办整改、自查自纠、建立长效机制、巡视成果运用等6个方面的详细情况，以成绩单的形式列表通报。报进度表。对尚未完成整改销账的问题，由主办单位每月10日前向巡察办报送进度表，促进责任单位紧盯不放抓好整改落实。做实整改台账。建立健全5套台账，共22册，约500万字。5套台账分别是：关党委抓整改落实台账，党委书记履行"第一责任人"和党委委员履行分管责任情况台账，各单位各部门配合关党委抓整改落实台账，77条整改措施台账，专项监督台账。

【巡察工作】稳步推进巡察监督。福州海关党委先后召开两次党委会，专题研究巡察工作。党委巡察工作领导小组先后5次召开会议，研究全年巡察工作，审定巡察工作要点、每轮巡察任务安排、巡察组组长授权任职等重点事项。巡察办细化全年工作安排，协助党委巡察工作领导小组推动具体任务落实。全年组织开展3轮巡察，巡察全覆盖完成率达91%。其中，2021年3月15日至4月2日，对武夷山海关党委开展常规巡察；5月17日至6月4日，对技术中心领导班子开展常规巡察；11月15日至12月10日，成立2个巡察组对督审处等13个部门（单位）领导班子开展政治机关建设专项巡察。严格把握查发问题质量。围绕"三个聚焦"、落实"四个紧盯"，坚持实事求是、严格依规依纪依法发现问题，共查发问题51个。扎实提升监督协同质量。巡察办和纪检监察、人事政工、审计等部门加强巡前信息联通、巡中政策联动、巡后督办联合，推进各类监督贯通融合。年内分别制定巡察办和政工办、人事处联系配合办法；巡察办会同人事处先后开展2次联合监督。持续紧盯后续整改质量。建立健全多方联动巡察整改监督工作机制，巡察办加强对被巡察单位整改工作全程指导；落实职能部门巡察整改日常监督机制，明确巡察整改报告需由纪检监察和组织人事部门出具审核意见。2021年，向被巡察单位反馈57个问题，完成整改56个，完成率98.25%。关区1,548名干部职工参与的无记名问卷调查结果显示，干部职工对巡视巡察整改好评率达99.61%。

认真落实上下联动。印发《福州海关党委关于进一步加强巡视巡察上下联动的贯彻落实意见》，对巡视巡察上下联动的目标任务、组织领导、工作机制等作出明确要求。明确巡察办对关党委和巡察工作领导小组负责，作为党委工作部门和政治部组成部门，独立开展工作；巡察办主要负责同志参加由部门主要负责同志参加的各类会议，巡察办主要负责人调整应征求总署巡视办意见；巡察办单独开展平时考核、年度考核和表彰奖励工作；设立专门收发文账号。将巡视巡察发现问题、落实巡视巡察整改、支持配合巡视巡察工作等情况作为隶属海关党委、直属事业单位领导班子年度考核重要内容等。通过落实巡视巡察上下联动，进一步提升巡察工作的权威性、震慑力和推动力。

持续夯实巡察基础。重点推进巡察"人才库""文件库""问题库"和"培训库"等"四库"建设。建立由职级干部、业务骨干组成的巡察人才库（含组长、副组长库和巡察干部库），目前在库人员104人。对照总署巡视办下发的巡察监督检视要点等，逐条对应收集巡视巡察关联文件156份。收集总署党委巡视福州海关党委反馈的24个问题，以及福州海关历次巡察发现的317个问题，形成问题清单，作为"问题库"工作资料，为巡察组精准发现、精准研判、精准报告问题提供靶向参考。多渠道收集培训课件，分门别类作为基础培训课程，已收集各类巡察培训课件10个。着力建设巡察师资队伍，要求巡察办"集体备课、人人讲课"，同时邀请参加过巡视巡察的同志授课。全年巡察办共开展理论和业务学习 19 次，组织巡前培训 10 场。

▲2021 年 5 月 13 日，向武夷山海关党委反馈巡察意见

纪检监察

【概况】福州海关党委设置党委纪检组，下设8个派驻纪检组，监察室为福州海关内设机构。监察室内设4个科，分别为综合业务科、纪检监察一科、纪检监察二科、纪检监察三科。8个派驻纪检组分为单独派驻和综合派驻两种形式，其中单独派驻5个、综合派驻3个，对关区全部10个隶属海关单位（含风险防控分局）、5个直属事业单位实行派驻监督"全覆盖"。截至2021年12月31日，关区纪检机构人员编制40名，实有39人，其中二级巡视员2名、处级领导干部18名、处级非领导干部7名、科级及以下人员12名。

2021年，关区纪检机构在福州海关党委的坚强领导和驻署纪检监察组的有力指导下，坚持全面从严治党战略方针，聚焦监督执纪问责，发挥监督保障执行、促进完善发展作用，践行"做有大爱的监督者，做有温度的纪检人"。先后有9人被驻署纪检监察组抽调开展专项集中工作，9人次获职务职级晋升，1人获个人三等功，2人获集体三等功，7人分获关区优秀共产党员、优秀党务工作者称号。

【监督检查】政治监督。先后组织对学习贯彻党的十九届五中、六中全会精神、学习贯彻习近平总书记在福建考察时重要讲话精神、党史学习教育、禁止"洋垃圾"入境、打击象牙等濒危物种及其制品走私等落实情况的监督。开展常态化疫情防控监督工作，紧盯人员入境检疫、进口冷链食品口岸环节风险监测、预防性消毒、内部防控等重点环节开展监督检查，推动关区各单位各部门强化内部疫情防控、筑牢口岸检疫防线，共发现问题223个，提出建议304条，形成疫情防控监督工作专报12份，相关做法得到总署疫情防控工作督查组、专项整治实地检查组的充分肯定。

日常监督。倡导"监督是良药、监督是保护、监督是大爱"的工作理念。认真贯彻落实《关于加强对"一把手"和领导班子监督的意见》，梳理明确党委纪检组、监察室、派驻纪检组3个层面职责任务，细化13个方面39项具体措施，推动工作落实。召开座谈会"面对面"听取人事、政工、督审、巡察等4个部门意见建议，赴8个机关处室、隶属海关、直属事业单位开展专题调研督导，推动夯实"两个责任"。组织开展"现场监管与外勤执法权力寻租"专项整治、总署党委巡视整改、危化品进出口监管专项巡察整改等落实情况的监督，推动落实问题整改。紧盯元旦、春节等重要时间节点，组织开展监督检查或明察暗访，督促关区贯彻落实中央八项规定及其实施细则精神。全年，关区纪检机构制发监督意见书7份、监督建议书27份。

专项监督。优化专项监督工作模式，形成专项监督工作以专项监督工作组为主、监察室和派驻纪检组分工协作的互动模式。2021年，组织开展政府采购（零星修缮）、公车加油、办公用房管理和出租出借等专项监督，其中非执法领域发现问题23个，制发监督意见书2份，对梳理出的共性问题进行通报，推动压实主体责任。

派驻监督。优化派驻监督工作考核机制，监督指导派驻纪检组正确把握职责定位，充分发挥派驻监督近距离、全天候、常态化的监督优势。全年各派驻纪检组通过跟班作业、查阅资料、参加驻在单位廉政形势分析会、会商会、"三重一大"会议等方式开展监督检查，共发现问题457个，提出监督建议769条，推动驻在单位制修订制度73项。

"现场监管与外勤执法权力寻租"专项整治：推动构建党委、整治办、成员单位部门、隶属海关和派驻纪检组五级联动、齐抓共管的工作机制。将纪法教育、警示教育融入日常、抓在经常，组织1,154人撰写心得体会、1,350人参加纪法教育答题活动。注重"用身边事教育身边人"，选编通报福州海关2012年以来查处的5起违纪违法典型案例，在释放强大震慑的同时持续做好"自查从宽、被查从严"政策感召。组织1,157人进行违规事项个人申报，开展逐一谈心谈话1,152人。全面排查问题线索261件，其中涉及现场监管与外勤执法领域问题线索124件。梳理出廉政风险点78项，推动"对症下药"制定整改措施99条、风险防控措施288条。专项整治工作有关做法成效获驻署纪检监察组通报肯定，实地检查评估得分位居直属海关前列。

【执纪】规范处置信访举报和问题线索：拓宽问题线索来源，畅通信访举报渠道，建立健全与地方纪委监委、缉私部门以及人事、巡察等部门移送问题线索工作机制，对问题线索实行集中管理、动态更新、分类处置，强化问题线索管理与执纪审查、案件审理等环节的衔接配合，加强"监督执纪问责信息管理系统"运用。制定《福州海关检举控告奖励工作办法》《福州海关监察室接受信访举报管理规定》等制度。全年共受理信访举报和问题线索33件，组织召开问题线索集体排查会7次，规范处置问题线索23件。开展廉政审核1,852人次，回复廉政审核意见100份。

依规依纪依法开展执纪审查。严肃查处违规违纪行为，组织召开问题线索核查会商会5次，开展初步核实19件，谈话函询4件，了结16件，立案6件，给予党纪政纪处分4人。完善审理制度机制，规范改进审理工作流程和文书制作，提高案件审理工作规范化水平。组织修订《福州海关纪检机构"走读式"谈话安全工作规程》，严格落实谈话安全风险评估，履行"手递手"交接手续；组织开展谈话场所安全检查25次，配齐专用存储柜等设备。全年关区纪检机构共运用"四种形态"18人次，其中"第一种形态"14人次，"第二种形态"4人次；推动相关单位部门运用监督执纪"第一种形态"9人次。

强化执纪协作配合。认真贯彻落实驻署纪检监察组与福建省纪委监委签署的协作配合意见，全年派员走访省、市纪委监委15次，积极推动由执纪协作向队伍培养、新闻宣传等领域延伸拓展。福建省纪委监委网站4次刊载福州海关纪检监察有关工作情况信息。加强与缉私部门协作配合，协助制定《福州海关打私反腐"一案双查"工作办法实施细则（试行）》，接收"一案双查"问题线索2件。加强与协作区兄弟直属海关在问题线索核查、执纪审查方面的协作配合。

【问责】对1起违纪案件推动开展责任分析和责任追究，问责相关分管领导3人。对相关隶属海关在落实公有住房管理、巡视整改、危化品进出口监管不到位以及发生安全事故、安全教育和培训不到位等问题，对时任领导班子成员集体约谈4人次，提醒谈话5人次，对1名科级领导干部进行诫勉谈话。以向党委书记报告专项监督工作报告、向相关单位部门制发监督意见书等方式督促相关单位部门制发问责决定书，做好问责工作。协助党委下发《中共福州海关委员会关于组织学习全国海关系统纪检机构"精准规范问责、强化政治责任"视频会议有关精神的通知》，要求各单位、各部门认真抓好会议精神的贯彻落实，要求关区相关部门充分运用问责利器，坚持失责必问、问责必严，精准规范开展问责。

【以案促改】针对2021年办结违纪案件，督促相关单位剖析原因、加强整改、完善制度、补齐短板，建立健全以案促改机制。赴相关职能部门和所在单位，对给予处分的1名干部的纪律处分决定执行情况开展监督。全年，在福州海关政务网"曝光台"上转载系统内外违反中央八项规定精神等典型案例66批次，组织剖析专项整治期间查处的违纪案件3起，通报关区2012年以来查处的违纪违法案例5件，推动开展警示教育，强化警示震慑。

干部管理

【概况】 2021年，福州海关内设正处级机构15个，另设立3个正处级其他工作机构；设副厅级隶属海关单位1个，其中内设6个正处级机构，下设4个正处级派驻机构；设正处级隶属海关单位9个，下设4个副处级派驻机构；所属事业单位9个（其中，中国质量认证中心福州海关评审中心未实际运作）；共派驻8个纪检组。截至2021年12月31日，福州海关现有1,819人，其中海关公务员1,449人，海关老工人52人，事业编制人员318人。

2021年，福州海关深入贯彻落实《"十四五"海关队伍建设规划》，着眼于干部"育、选、管、用"，发挥组织保障功能、优化领导班子结构、从严监督管理干部、落实激励关爱政策、强化民生保障待遇，共开展培训601班次、培训1.88万人次，其中开展学习贯彻党的十九届五中全会精神暨党史学习教育线下集中调训、学习党的十九届六中全会精神网上专题班、正处长专题培训班等各类主体班次培训30班次、6,376人次。关区年度培训计划完成率达100%，全员参训率、学时学分考核达标率均达100%，人均脱产231学时、190学分。

【机构编制管理】 根据《海关总署关于福州海关所属事业单位编制调整的批复》（署人发〔2021〕139号）核增福州国际旅行卫生保健中心（福州海关口岸门诊部）事业编制2名、榕城海关综合技术服务中心事业编制71名、三明海关综合技术服务中心事业编制8名、莆田海关综合技术服务中心事业编制29名；核减福州海关后勤管理中心事业编制51名、福州海关技术中心事业编制59名，调整后福州海关事业编制总量保持不变。落实非中编办批复设立事业单位清理规范工作，完成对12家单位注销法人登记。落实总署机构编制核查工作部署，立足福州海关实际制定实施方案，并按照时间节点完成核查。完成2021年国家公务员考试录用面试、体检、考察、公示备案等工作，共招录公务员10人。编制2022年国家公务员考试录用计划，公开招录公务员20人。对接福建省退役军人事务厅，通过竞争上岗方式接收2021年军队转业干部1人，任职于马尾海关。对 2020 年新招录公务员 3 人进行试用期满考核，考核合格后正式任职于福州长乐机场海关。

【干部人事管理】2021 年，福州海关对事业人员和 2016 年后新进人员档案进行审核，实现档案专项审核"本本过关"全覆盖。编制干部人事档案缺件查漏检查项目及处理办法，进一步梳理档案散件、缺件情况，收集、分类归档材料 4,678 份，全年共提供档案查借阅服务 297 次，转递及接收档案 32 卷。完成职级公务员评授关衔和两次集中调整关衔工作，共授予、调整关衔 632 人次，调整临近退休人员关衔 3 人次。做好人事信息管理（CCHRS）系统的数据自查、维护工作，结合队伍建设综合管理平台推进基层单位人员行政执法类岗位定制，接入业务指标数据，完善评价内容。完成关区 114 名专业技术类公务员的任职资格首次评定，完成对 100 人职级套转及职级晋升工作。做好事业单位所属企业脱钩人员安置，涉及 2 家企业 8 名聘

▲2021 年 4 月 9 日，福州海关召开职称评审会议

▲2021 年 6 月 18 日，福州海关视频参加总署举办的三级关务监督授衔仪式

用人员的安置工作。召开福州海关 2021 年职称评审会议，向总署推荐 9 人申报总署副高级职称评审，其中 6 人通过评审，通过率为 67%。推进非职称主体系列委托评审，向地方推荐委托评审 4 人，通过率达 100%。

【人才队伍建设】2021 年，福州海关配合总署开展 3 名署管干部职级晋升工作，进一步使用正处级领导干部 1 人，选拔任用正处级领导干部 4 人、副处级领导干部 8 人、正科级领导干部 18 人、副科级领导干部 61 人。通过选拔优秀年轻干部，对处科级领导干部年龄结构进行优化，新提任正处级领导干部中"70 后"干部占比 75%，新提任副处级领导干部中"75 后"干部占比 75%，新提任正科级领导干部中"80 后"干部占比 78%。总关与隶属海关执法一线科长双向交流使用，新提任年轻干部到执法一线科长岗位，占比 33%。

2021 年，福州海关结合党委巡察工作，对 2 个隶属海关、直属事业单位开展

选人用人专项检查，指出14项存在问题并督促整改到位。开展干部在社团兼职专项整治，规范社团兼职事项1人次。开展干部违规投资企业及在企业兼职事项清理，完成整改13人。牵头研究制定关于加强对"一把手"和领导班子监督细化措施63条。开展党员干部不担当、不作为问题自查，"裸官"治理评估，规范公务员辞去公职后从业行为。加强干部因私出国（境）管理、考勤、民间借贷等日常监管，定期通报、提醒。

【干部考核和队伍激励保障】 2021年，福州海关共评定年度考核优秀365人。平时考核方面，依托队伍建设综合管理平台，组织平时考核月总结、季考核工作，把干部在疫情防控一线的日常表现纳入考核重点，在第二季度平时考核中将首批支援疫情防控一线的49人评定为"好"等次，发挥激励作用。专项考核方面，结合总署新冠肺炎疫情防控专项考核工作，同步对关区各单位开展疫情防控专项考核评分，下发疫情防控工作任务单、责任清单，及时汇总成绩单，三单对照，着重考核干部在疫情防控重大关头、业务一线重要领域、面对急难险重重点工作时的表现。运用考核结果，对表现优秀的人员及时予以表彰奖励，2021年，共审批、授予三等功集体2人，嘉奖集体18个，个人三等功42人，个人嘉奖329人，通报表扬事项39项。

2021年，福州海关贯彻落实总署关于疫情防控一线封闭管理要求，做好"一线、预备和应急"三个人员梯队建设，在全关区制定抽调人员支援方案，确保疫情防控一线人力资源有保障。2021年，共在全关区抽调9批78人次支援机场、宁德口岸开展入境人员卫生检疫岗位和入境客运航空器终末消毒监督岗位工作，14批50人次支援马尾、福清（江阴口岸）和平潭口岸开展进口冷链食品安全监管工作。落实关党委对疫情防控一线人员关心关爱政策，落实人员轮换和补休政策，共发放传染病疫情防治一线人员临时性补助52期，共涉及432人（含聘用人员）。

【分级分类培训】 2021年，福州海关始终把学习贯彻习近平新时代中国特色社会主义思想作为干部教育培训的首要任务，将学习十九届五中、六中全会精神、党史学习教育、习近平法治思想、习近平总书记来福建考察重要讲话精神等作为必修课，全面纳入关区教育培训课程体系，并分级分类精准开展各类培训，共举办培训601期，培训1.88万人次，其中开展学习贯彻党的十九届五中全会精神暨党史学习教育线下集中调训、学习党的十九届六中全会精神网上专题班、正处长专题培训班等各类主体班30期、6,376人次。落实领导干部上讲台制度，关党委委员为关区正处级领导干部专题培训班、晋衔班、任职培训班等授课共计11人次。开展领导干部培训，172名处科级领导干部参加任职培训；开展初任培训，对10名新录用公务员开展为期48天的全封闭初任培训，福州海关获评2021年海关初任培训优秀组织单位；开展晋衔培训，培训拟晋升衔级人员43名；开展执法一线科长培训，135人参加总署"海关执法一线科长（基层党支部书记）网上专题班"。开展疫情防控培训，出台《福州海关进一步加强新冠疫情常态化防控培训工作方案》，常态化开展重点岗位岗前培训，累计举办疫情防控培训49期、2,254人次，开展应急演练9次，新上岗人员参训率达100%。

▲2021年4月13日，福州海关举办学习贯彻党的十九届五中全会精神暨党史学习教育专题培训（第二期）

【教育培训制度建设】2021年，福州海关集中清理、废止教育培训规章制度3件、保留3件。制定《福州海关干部在职参加学历、学位教育管理办法》，规范在职干部参加学历、学位教育全流程管理；制订《福州海关兼职教师考核实施方案（试行）》，对关区兼职教师开展动态管理；制定《福州海关进境木材检疫实训点管理规定（试行）》，规范实训点管理。

【教育资源建设】2021年，福州海关共有64名兼职教师。培育推荐各业务条线兼职教师参加总署"好课程""好教材"评选，1门课程获评总署党的十九大以来海关优秀教学成果二等奖。关税、动植、食商等8个领域15名兼职教师、业务骨干通过线上线下等方式，为全国海关各类培训授课16人次。探索"教育处＋业务职能处室＋隶属海关（事业单位）实训场景"实训点共创共建模式，建设2个关区业务实训点，6月关区首个实训点——设立在莆田的福州海关进境木材检疫实训点正式启用并开展3期实操培训，12月设立在福州国际旅行卫生保健中心的福州海关卫生检疫业务实训点完成建设。

▲2021年6月23日，设立在莆田的福州海关进境木材检疫实训点正式启用

离退休干部工作

【概况】2021年,福州海关离退休干部工作贯彻落实党的十九大精神和习近平总书记关于老干部工作的重要指示精神,开展党史学习教育活动,做好各项老干部工作:离退休干部机关第一党支部被福建省委老干部局命名为第二批"省级离退休干部示范党支部";"七一"建党节期间向66位老党员颁发"光荣在党50年"纪念章;加强"三化"建设(信息化、精准化、规范化),推动智慧助老工作;工作宣传信息被国家级媒体刊用;连续第7年开展"福关之星"奖助学活动。

截至2021年,福州海关离退休人数669人,其中离休干部3人,退休干部666人。

▲2021年6月30日,福州海关召开庆祝建党百年活动暨表彰大会,为8位老党员颁发"光荣在党50年"纪念章

【离退休干部党的建设工作】2021年,福州海关离退休干部机关党委严格落实各项制度、规范组织生活,以"四强"支部为目标,继续开展示范党支部创建活动,打造离退休支部党建品牌。各支部落实主题党日活动、"三会一课"制度,以及离退休干部阅读文件、情况通报、参观学习等政治待遇,组织不同形式的学习交流活动,做好离退休干部的思想政治工作,把学习新时代党的创新理论作为首要政治任务,在学懂弄通做实上下功夫,坚定理想信念,自觉践行习近平新时代中国特色社会主义思想。疫情防控期间,利用信息化手段,采取"线上"与"线下"相结合的方式为老党员、老同志提供学习条件。福州海关离退休干部机关第一党支部被福建省委老干部局命名为第二批"省级离退休干部示范党支部";6位老党员被授予"福州海关优秀共产党员"称号,2位老党员被授予"福州海关优秀党务工作者"称号;退休干部张茂怡同志被宁德市委、宁德市委老干部局分别授予"优秀党务工作者"和"闽东银发先锋"称号。党支部工作经验交流文章首次在《中国老年报》、

"学习强国"等多家媒体发布。

【主题活动】2021年，福州海关在离退休干部中组织开展党史学习教育、庆祝中国共产党成立100周年系列活动。离退休干部机关党委书记、各党支部书记带头讲党课，退休党员讲"党员故事"，开展党史学习教育主题活动20余场，收集党史学习心得56篇，为结对共建的晋安区溪下村党支部送去党史书籍100余册；邀请6位退休干部参加海关红色讲坛，讲述闽海关红色故事和历史文化、检验检疫史、习近平总书记视察平潭综合实验区经典瞬间、抗美援老战场故事、闽东革命根据地与闽东红军发展历程等；退休干部陈庆富同志向福建革命军事馆捐赠其前辈在解放战争时期荣获的功勋章、纪念章等60件革命文物；被中国翻译协会授予"资深翻译家"荣誉的退休干部赵英修同志，将其编著的《英汉外贸技术词典》50余册捐赠福州海关。

组织离退休干部机关党委部分代表同志开展"我看建党百年新成就"调研活动，参观宁德"摆脱贫困"主题展示馆、大型企业"宁德时代"，召开座谈会听取心得感悟，形成调研报告；采访宁德海关退休干部沈世崇、张秀美，制作微视频。

"七一"建党节期间，采取表彰大会、上门发放等方式颁发66枚"光荣在党50年"纪念章。

组织离退休干部职工开展"增添正能量 共筑中国梦"活动，征集诗画影作品40件，4篇征文入选《全国海关离退休干部庆祝建党百年主题征文集》，2幅画作被总署庆祝建党100周年书画摄影作品集《翰墨观影颂百年》收录；音乐作品《下党的路》、党史故事《骁勇战将赖金标》被"学习强国"平台采用。

在"我为群众办实事"实践活动中，各支部组织探望80岁以上离退休干部以及生病住院老党员，送党史书籍上门，改善老年活动中心设施，安装网络电视和无线宽带网络，党建活动室增配电脑和打印机，重新制作党建宣传栏，设置图书角，添置书籍。

▲2021年3月24日，福州海关离退办开展"我看建党百年新成就"调研活动，组织离退休干部代表参观宁德"摆脱贫困"主题展示馆

【老同志服务工作】2021年，福州海关不断加大离退休干部服务保障力度。疫情期间利用微信群定期推送疫情防护提示，发布预警信息，帮助老同志购买或邮寄口罩、消毒酒精等防疫物资，协助老同志关注各医院微信公众号，下载"朴朴超市""永辉超市"等App，实现网上寻医及购物，减少线下接触；落实离休干部报销医疗费新待遇，派专人上门做政策解读；组织开展走访慰问活动，关领导、离退办上门走访慰问

离休干部、署管干部以及生活困难、患有重大疾病的老党员老同志200人次；妥善解决事业单位部分退休人员的医疗补充保险和年度健康体检经费问题；协助异地医保人员办理异地医疗报销手续。

【老同志管理工作】2021年，福州海关根据总署和福建省政府最新制度规定，重新修订印发本单位关于离退休人员的慰问保障制度；落实老同志政治生活待遇，定期组织召开福州海关离退休干部工作通报会，通报福州海关工作情况，并听取老干部意见建议；组织对646名离退休干部职工在企业、社会团体兼职情况进行摸底排查，修订离退休人员廉政告知书，详细列明属于在企业任（兼）职、社团兼职、投资企业行为的各类情况，以及办理审批手续的流程、法律法规依据等，要求退休人员在办理退休手续前必须阅读了解该告知书全部内容；完成离退休干部服务管理平台"智慧银海"的基础信息录入、授权、推广上线等工作，收集整理关区全部老同志的54项基础信息录入系统，对工作人员进行分类授权、组织培训，对老干部进行了首批线下培训。

【关心下一代工作】2021年，福州海关离退休干部职工积极支持并参与福州海关关心下一代工作，福州海关关心下一代工作委员会被评为福建省直机关"先进基层关工委"，福州海关隶属榕城海关关心下一代工作委员会被评为福建省直机关"五好基层关工委"，福州海关严锦霞同志被评为福建省直机关"关心下一代工作先进工作者"。福州海关连续第7年开展"福关之星"奖助学活动，为福州海关挂钩扶贫点的310名学生提供助学金；开展"学党史、赞百年、跟党走"主题教育活动，总关及各基层关工委为青少年发送红色经典读物、讲红色故事、上主题班会课、引领参观历史图片展，讲述中国共产党百年辉煌以及新海关建设历程；向全体离退休干部职工征集作品参加"五老好家风家训家教"名言、故事评选活动，其中1篇获得福建省"五老好家风家训家教"故事征集活动三等奖以及福建省直机关关工委"五老好家风家训家教"故事类作品二等奖，2篇获得福建省直机关关工委"五老好家风家训家教"名言类作品二等奖，2篇获得福建省直机关关工委"五老好家风家训家教"名言类作品三等奖。2021年，福建省直机关关心下一代工作委员会《简报》采用福州海关7篇相关工作报道，《福建老年报》刊载福州海关文章《海关薪火点点 闪耀八闽大地——福州海关扎实推动青少年党史学习教育侧记》。

▲2021年6月1日，福州海关关工委赴宁德市霞浦县盐田中心小学开展"福关之星"奖助学活动

第四篇

业务建设

口岸开放与运行管理

【概况】2021年，福州海关认真贯彻《国家口岸管理办公室2021年工作要点》，支持福建高水平对外开放，新增1个口岸通过国家验收，3个口岸通过省级验收，助力"一带一路"建设。深化国际贸易"单一窗口"建设，拓展服务贸易功能。支持中国—印度尼西亚"两国双园"建设，强化口岸国际交流合作。

【口岸开放与发展】2021年，福州海关支持宁德港口岸三都澳港区漳湾作业区通过国家验收实现对外扩大开放；支持福州港口岸黄岐港区通过省级验收，做好国家验收前准备工作；支持福州港口岸松下港区元洪作业区4号泊位、福州港口岸闽江口内港区华润建材码头等开放水域内新增码头泊位通过省级验收正式对外开放；支持福州港口岸罗源湾港区环下岛屿作业区1—4号泊位、三都澳港区漳湾作业区7—10号泊位、黄岐港区等3项临时对外开放事宜；支持指导福州港口岸罗源湾港区环下岛屿作业区做好正式扩大开放前申请准备工作。

▲2021年12月23日，宁德港口岸漳湾作业区扩大开放通过国家验收

【助力"一带一路"建设】2021年，福州海关推动福州长乐国际机场综合保税区整合优化，参加省市政府调研、协调会8次，为临空经济区发展和综合保税区建设献言献策。支持"丝路海运""丝路飞翔"等"一带一路"品牌建设，支持黄岐对台客运码头等港口泊位对外开放，主动对接福州机场二期扩建工程，促进"丝路飞翔"计划开展。在关区具备海铁联运业务需求后，制定关区海铁联运集装箱监管操作细则。根据总署工作安排，探索福建省与"一带一路"沿线国家和地区的数

据互联互通、信息互换，重点加强与新加坡等国家和地区的通关协作，便利企业报关申报和相关数据复用。2021年9月顺利完成三明陆地港至厦门海关转关卡口自动抬杆和转关自动核销的测试，目前已实现三明陆地港至厦门海沧、东渡、福州江阴口岸直航货物转关直通。2021年1月21日，武夷山陆地港中欧班列实现首发并顺利抵达哈萨克斯坦，通过半年多的试运行，目前已开通四条国际班列线路：武夷山—哈萨克斯坦（中亚）、武夷山—俄罗斯、武夷山—白俄罗斯、武夷山—德国（欧洲）。2021年武夷山海关共监管中欧班列34趟次（其中整列25列、散列9列）、2,852箱次、货值7.17亿元。

▲2021年1月21日，"一带一路"武夷山国际货运班列（武夷山—阿拉木图）首发开行

【推进中国—印度尼西亚"两国双园"建设】2021年，福州海关明确海关支持"两国双园"建设发展的政策措施框架，完成《海关支持中国—印度尼西亚"两国双园"政策思考》课题研究报告。组织开展《海关支持中国—印度尼西亚"两国双园"监管实务研究》课题研究，向地方政府提出政策思路建议，支持在运用原产地管理规则、允许特定产品准入、落实税收减免政策、统一监管标准、互认监管结果等方面争取政策，促进双边跨境贸易便利化，助力"两国双园"建设。2021年7月15日派员参加中国—印度尼西亚"两国双园"全球招商推介会。为中国—印度尼西亚"两国双园"产业合作示范区总体方案建言献策。支持中国—印度尼西亚"两国双园"首批货物、首批渔获等运抵国内，支持申请开展新鲜椰子定点加工试点。

【推进国际贸易"单一窗口"建设】2021年，福州海关深入推广国家标准版"单一窗口"应用，提供培训支持及在线指导，引导企业使用"单一窗口"。做好国际贸易标准版"单一窗口"减免税无纸化、出口退税无纸化、原产地证自助打印等功能上线工作，提升海关业务办理的无纸化水平，进一步便利企业，"足不出户"即可办理海关业务。与福建省商务厅等部门密切配合，推动中国（福建）国际贸易"单一窗口"海关功能创新，特色功能建设，2021年福建省"单一窗口"已升级至4.0版本，覆盖关港贸税银等多个领域。

法治建设

【概况】2021年，福州海关坚持以习近平新时代中国特色社会主义思想为指导，深入学习宣传贯彻习近平法治思想，深刻领会"两个确立"的决定性意义，增强"四个意识"、坚定"四个自信"、做到"两个维护"，持续推进法治海关建设，发挥法治固根本、稳预期、利长远的作用。福州海关法规处荣获中宣部、司法部、全国普法办授予的2016—2020年全国普法工作先进单位称号。福州关区法制条线1人获评2016—2020年福建省普法工作先进个人。

【参与总署立法及后评估】2021年，根据总署政法司部署，福州海关参与《中华人民共和国海关法》第一章总则、第二章风险管理修订工作，就《中华人民共和国海关进出口货物商品归类管理规定》《中华人民共和国海关办理行政处罚案件程序规定》《中华人民共和国海关经核准出口商管理办法》《中华人民共和国海关注册登记和备案企业信用管理办法》《中华人民共和国海关〈区域全面经济伙伴关系协定〉项下进出口货物原产地管理办法》《中华人民共和国海关报关单位备案管理规定》等6部规章研究提出修订意见，其中11条意见被采纳。2021年，福州海关还参与海关系统规章立法后评估工作，在总署政法司指导下，代拟海关系统规章立法后评估工作方案及评估办法。结合关区实际，对24部规章及行政解释研究提出具体的保留、修改、废止意见，承接《中华人民共和国海关关徽使用管理办法》《海关总署关于发布第2号行政解释（试行）的决定》立法后评估及评估报告撰写工作，助推海关系统规章立法后评估工作顺利开展。

【制度体系建设】2021年，福州海关对各类业务操作规程、管理办法、实施细则、实施办法、操作指引、指南等进行全方位集中清理，共废止规章制度291份，一揽子修改12份，单独修订35份，保留229份；根据"三定"方案确定的部门职责，以现有岗位为单元、以作业流程为主线，整理汇总现行有效但又散见于不同时期、不同文件中的政策法规、作业规程，对每个岗位的工作职责、操作流程和工作要点、工作标准、工作依据进行明确和细化，组织编写《福州海关岗位操作手册（2021版）》，涵盖关区25个部门、单位（含5个中心）的500个岗位，字数逾74万字；开发"福州海关规章制度管理应用"，设立规范性文件、规章制度及岗位操作手册等3个版块，将原来散见于各个系统的现行有效的福州海关规范性文件、规章制度以及新版岗位操作手册归集于同一个平台，实现快速查询；以"制度管制度"，制定《福州海关规章制度管理办法》，明确了规章制度管理的职责分工、制修订程序、立法技术要求，并建立健全规章制度"随立随清"和"集中清理"机制，创新"试行类规章制度"管理等，进一步规范关区规章制度管理工作。

【行政复议应诉案件处置】2021年，福州海关作为复议机关共收到行政复议申请7件，申请案由涉及不服投诉举报答复（3件）、不服海关征税决定（3件）和不服政府信息公开答复（1件）；办结6件，分别以维持1件（投诉举报）、确认违法2件（政府信息公开和投诉举报答复）、不予受理1件（海关补征反倾销税）、申请人撤回复议申请1件（进境物品纳税争议）、申请人未在法定时限内补正申请材料视为放弃申请1件（海关补征反倾销税）依法结案。2021年福州海关未发生行政诉讼案件。

【公职律师等培养使用】2021年，福州海关新增公职律师7名，选拔增补法律小组成员24名，组建法律服务党员先锋队，指导隶属海关组建法律小组分队，进一步补强关区法治工作力量。通过以干代训、专项轮值等方式，发挥公职律师、法律小组成员在复议应诉、规范性文件和自贸创新措施法律审核、法治宣传等工作中的专长作用，其中，编发《福关法苑》及特刊19期，涵盖最新法律法规规章及国务院文件93件、海关总署公告97件，并对《中华人民共和国海关法》《中华人民共和国行政处罚法》《中华人民共和国安全生产法》《中华人民共和国数据安全法》《中华人民共和国进出口食品安全管理办法》《中华人民共和国海关办理行政处罚案件程序规定》等重要法规进行了专刊解读；结合重要政策法规实施节点和社会关注热点撰写法律解读文章33篇、普法微信21篇。完成公职律师年度考核，评选2021年度福州海关优秀公职律师4名，1人获评2020年度全国海关优秀公职律师。

【"证照分离"改革】组织落实海关系统关于深化"证照分离"改革、进一步激发市场主体发展活力的实施要求，自2021年7月1日起，在关区内对纳入中央层面设定的涉企经营许可事项改革清单（2021年全国版）的13项海关涉企经营许可事项分类推进审批制度改革，实现全覆盖清单管理；同时在自由贸易试验区，对口岸卫生许可证（涉及公共场所）核发的部分领域进一步加大改革试点力度。

【法治宣传教育】参与制定海关"八

五"（2021—2025年）普法规划，1人入选规划起草小组。落实党委理论学习中心组学法制度，开展集中法治学习3次。制发《福州海关2021年普法责任清单》，涵盖15个业务职能部门共26项重点普法事项。开展"4·15"全民国家安全教育日、"美好生活·民法典相伴"、"8·8"海关法治宣传日、宪法宣传周等专项普法。举办《中华人民共和国行政处罚法》专题讲座、《中华人民共和国海关行政许可管理办法》修订解读线上培训。作为唯一中直单位受邀参加福建省"宪法宣传周"启动仪式等多场省级主场活动，加入福建省"蒲公英普法志愿者联盟"。创办"福关律说"法律解读微视频特色栏目。普法宣传文稿获"学习强国"平台刊发10篇、《中国国门时报》刊发20篇。

业务改革与发展

【概况】2021年，福州海关继续深化落实《海关全面深化业务改革2020框架方案》，深入推进"两步申报""两段准入""两轮驱动""两类通关"和"两区优化"等海关业务改革"五项创新"，落实业务改革问题清零机制。推进贸易管制和技术标准工作，加强知识产权海关保护，促进外贸经济产业发展提质增效。

【业务改革"五项创新"】2021年，福州海关着力推进"两步申报""两段准入""两轮驱动""两类通关""两区优化"等"五项创新"工作全面落地。2021年，福州关区"两步申报"应用率达23.77%，超过全国平均水平；福州关区"两段准入"报关1,445票，进口商品从大豆、鱼粉等大宗货物拓展为铁矿粉、纯苯等商品，通关的货值已超160.6亿元；推进"两轮驱动"，布控查验成效稳步提升；推进"两类通关"，将C类快件纳入通关一体化模式，使得相关业务更加规范有序；推进"两区优化"，推动福州江阴港综合保税区通过验收，福州综合保税区获总署批复同意封关运作，2021年福州关区海关特殊监管区域进出口达157.52亿元，同比增长86.2%，高出全国特殊区域同期增幅63.3个百分点。

▲2021年2月8日，榕城海关在福州新港国际集装箱码头以"两段准入"模式查验进口饲料用鱼粉

【业务改革"问题清零"机制】2021年，福州海关共通过改革问题信息化系统报送改革问题36条；整理21个总署问题清零案例、2个专家问题清零案例报送，供总署编辑案例汇编。其中，完善"单一窗口"标准版入境货物检验检疫证明查询方式、推动将口岸卫生许可证办理纳入海关通关作业辅助系统、优化中转行李查验流程等建议得到总署业务司局认可，推动

相关业务流程和系统优化。

【贸易管制与技术规范】 2021年，福州海关深入贯彻落实总署关于打击象牙等濒危物种走私行动的工作要求，按照职责分工，加强正面监管，规范濒危野生动植物监管证件核查，加强与主管部门执法协作，提升一线人员执法能力，配合做好打击象牙等野生动植物及其产品走私专项行动工作。2021年共接收总署下发90条涉及野生动植物允许进口证明书和物种证明（监管证件代码"F"）、野生动植物允许出口证明书和物种证明（监管证件代码"E"）证件参数，确保濒危动植物监管要求第一时间落实到位。共核查"F"证件20批次、"E"证件155批次，相关涉证产品有西洋参、人参粉、银杏叶胶囊、冷冻烤鳗（欧洲鳗）、紫杉醇、小花黄檀、丝虫沉香、狮子样本等。先后选派2人分别参加农业农村部、国家濒管办举办的野生动植物保护执法培训班；近三年共选派61名关员参加国家濒管办福州办事处举办的濒危野生动植物进出口管理培训班，进一步提升执法能力。2021年共查办濒危案件60起，其中刑事案件10起、行政案件50起；查扣象牙8.102千克、犀牛角制品100余克、海马干2.517千克及沉香木、蟒蛇皮制品等濒危野生动植物制品共计62.25千克。推荐申报2022年福建省地方标准制修订项目4个，7项海关技术规范正式发布；新申报总署海关技术规范制修订计划20项，获批5项；全年完成5项行业标准制修订工作任务；先后派出6人次参加总署各技术专业委员会集中工作，参与海关技术规范审定；对10个海关技术规范实施效果进行评价。

【知识产权海关保护】 2021年，福州海关以开展"龙腾行动"等专项行动为主线，打击进出口侵权行为。2021年共扣留进出境侵权商品3,506批次、19.21万件，同比增长41.77%、131.75%；首次查获3起侵犯北京冬奥会标志专有权商品案件，获北京奥组委关注；首次查获通过中欧班列出口的侵权货物；连续4年有案件入选中国海关保护知识产权典型案例。邀请华为等42家知名品牌权利人代表讲解品牌知识、侵权违法行为趋势及常见侵权商品特点等知识。组织一线关员观摩马尾法院知识产权法庭对涉嫌侵权气动凿岩机诉讼案的庭审直播，加强法治意识培养。2021年培训关员和企业人员共计566人次，同比增长25.95%。重点服务自主知识产权企业。组织对2017—2020年知识产权保护服务企业情况进行分析和总结，通过问卷调查，抽取关区自主知识产权培塑企业、知识产权海关备案企业及其他进出口企业共214家开展"知识产权海关保护工作抽样调查"，对企业反馈的相关情况和问题内容进行分类梳理。先后在人民网、中新网、"学习强国"等主流媒体刊载新闻宣传稿32篇次，讲好福州海关知识产权保护故事。销毁侵权商品18.19万件，威慑进出口环节侵权违法行为。

▲2021 年 4 月 25 日，武夷山海关对出口 7.98 万双侵权袜子进行查扣

自贸区和特殊监管区域管理

【概况】2021年，福州海关贯彻落实总署相关要求，不断优化全关区自贸创新和业务改革项目推进机制，广泛收集改革创新思路，推出一批原创性、创新性显著的项目进行重点培育。同时，立足地方经济特色，积极参与福建自贸试验区创新实践，2021年向中国（福建）自由贸易试验区领导小组办公室（以下简称福建省自贸办）推荐8项创新举措参与第三方评估，其中已有3项被评为"全国首创"，另有4项正在进行评估。持续推动国务院支持综合保税区21条措施落地生效，推动海关特殊监管区域与自贸试验区统筹发展，福州江阴港综保区通过验收，福州综保区获总署批复同意封闭监管、开关运作，在综保区内先行先试RCEP有关措施，2021年海关特殊监管区域进出口额大幅增长。

【自贸试验区制度创新】2021年，福州海关参与福建自贸试验区第十八批创新举措第三方评估工作，于2021年3月向福建省自贸办提交4项创新举措参与第十八批第三方评估，包括通关全流程状态可视化服务、口岸病媒生物（鼠类）智能监测、返港渔工"轨迹核验"精准防疫模式、平行进口整车先检测再保展交易模式。2021年4月，福建省自贸办正式印发《关于全省开发区建设自贸创新成果复制推广先行区的实施意见的通知》，将在全省开发区建设自贸创新成果复制推广先行区，福州海关作为小组成员单位，参与相关文件制定、创新成果宣传贯彻等工作。2021年7月，根据总署自贸司要求，开展总署自贸区和海关特殊监管区域发展管理子系统上线运行工作。2021年8月，福州海关对2项已在总署备案的自贸试验区创新举措开展评审工作，包括港区货物海关智慧监管模式、优化对台小额商品交易市场海关监管模式，并向总署自贸司报送评审材料。2021年9月，福建自贸试验区通报第十八批第三方评估结果：共计35项创新举措通过评估，其中全国首创25项、复制拓展10项，对台特色5项。福州海关3项创新举措被评估为"全国首创"，包括通关全流程状态可视化服务、口岸病媒生物（鼠类）智能监测、返港渔工"轨迹核验"精准防疫模式。2021年11月，福州海关申报自贸创新举措"智慧企管"工程获总署自贸司备案。建立关区内自贸创新和业务改革常态化培育机制，向全关区印发有关加强推进2021年度关区自贸创新和业务改革工作的相关通知，明确10项为后续重点推进的自贸创新和业务改革项目。

【特殊监管区域管理】2021年，福州海关持续推动国务院支持综合保税区21条措施落地生效，不断推进"两区优化"，推动海关特殊监管区域与自贸试验区统筹发展，促成福建省印发两区统筹发展任务分工方案；有序推进区域整合优化，推动总署于2021年2月8日同意福州综合保税区验收结果，福州综合保税区成为关区首个验收合格的综合保税区，推动福州江阴港综合保税区于2021年6月18日通过验收；做好区域绩效评估，参与总署绩效评估工作，对福建省区域绩效评估分析材料获时任福建省副省长郭宁宁批示；不断优化区域营商环境，在综合保税区内先行先试RCEP有关措施。2021年海关特殊监管区域进出口额大幅增长（157.52亿元、增长86.2%），高出全国特殊区域同期增幅63.3个百分点，持续为发展积聚新动能、打造新引擎。

▲2021年6月18日，福州江阴港综合保税区顺利通过省级联合验收

风险管理

【概况】 2021年，福州海关坚持系统观念，统筹发展与安全，全面践行总体国家安全观，实施"全面嵌入，一体防控，协同共治，突出特色"风险防控思路，制定《福州海关关于〈海关总署关于推进海关风险管理高质量发展的指导意见〉的实施方案》，并加强组织推进，做好风险管理各项工作。坚持政治统领，坚决贯彻习近平总书记重要指示批示精神，继续做好口岸疫情防控、打击固体废物、濒危野生动植物及其制品走私、维护政治安全、国门生物安全等重点工作。福州海关持续派员常驻省疫情防控指挥部下设外事组，做好疫情信息情报的沟通交流。牵头"30家单位云签署口岸安全风险联合防控机制"、旅客"四维"分析排查法（以"旅客舱单数据为基础、健康申报数据为依托、以往旅行史数据做辅助、其他外部数据为补充"）、船舶"三步分析法"（航行轨迹跟踪、申报信息分析、布控指令确认）受到总署肯定。持续做好船舶轨迹监控，严防疫情随运输工具司乘人员输入风险。2021年共监控进境船舶3,025艘，提示风险信息67次，紧急布控205条进境运输工具；布控查获涉濒危野生情事21起，查获禁止进口固体废物9票。持续深化改革，深化"两轮驱动"改革，加强云擎培训力度，提升大数据应用水平，实现布控有效率稳步提升。立足关区业务特点，逐步构筑体现关区业务特色的非贸风险大数据分析方法，在邮、快、跨、旅等非贸渠道实现一体化风险防控。坚持协同共治，进一步深化口岸安全风险联合防控机制运行，优化关区业务风险防控协同机制。落实《福州海关 厦门海关推进全业务领域一体化改革工作方案》，深化省内海关口岸安全风险一体化防控。推进省级口岸安全风险联合防控机制建设相关做法被总署转发至全国海关学习参考。坚持目标导向，紧盯总署考核关键性指标，结合关区特色，明确责任分工，调整工作重点，做好全年风险管理工作，获评全国海关风险管理专题征文"优秀组织奖"。福州海关风险管理绩效考核指标获评二类海关第2位。

【风险预警】 2021年，福州海关稳步推进风险预警工作。建立风控部门、职能部门、隶属海关共同参与的工作机制，组建风险信息工作联络员队伍，充分挖掘风险点，有效推进风险信息的采集和报送；强化风险信息收集，每日跟踪全国及关区风险动态，重点关注重大查发情事和卫、动、食、商等涉检领域的风险动态，全方位收集各类信息；推进风险信息应用转化，与总署保持密切沟通，把关区撰写的优秀风险信息及时向总署报送，全年共发布风险要情14期，全年转发总署及署局提示告知预警118条、风险排查预警6条，全部按时限办理反馈；发布本关区提示告知预警32条。3篇预警被总署采用。

【风险分析处置】2021年福州海关开展全渠道风险分析与处置。构建"精准控、平稳调、实时测"工作模式，针对疫情影响下入境旅检航班、旅客减少态势加大贸易渠道伪瞒报、夹藏风险分析研判，不断提升布控精准度，布控查获贸易渠道走私台杂货案件。加强非贸渠道重点安全准入风险防控。结合开展打击海南离岛免税"套代购""清邮""国门利剑2021"等专项行动，分析关区"邮、快、跨、旅"各渠道物流、商品、主体、航线基本特点，评估各渠道整体风险态势，统筹各渠道一体分析，实施一次分析、多渠道防控、整体监控，实现全覆盖、高密度风险布控体系。发挥数据优势，拓展数据分析和运用能力，结合非贸渠道业务特点，综合运用各类情报信息，开展深入分析，及时形成风险分析报告并开展后续处置。累计上报总署风控司专题风险分析报告11篇，对598条不具备业务开展条件的高风险企业加载高风险参数，形成30家跨境电商企业风险档案。关区非贸渠道布控查获安全准入情事1,463起。总署风险防控局（上海）根据我局上报的一级布控建议下达布控指令，连续查发涉毒情事。加强外来物种入侵风险防控，紧盯非贸渠道外来物种入侵风险，强化风控部门、职能部门、隶属海关联系，按需开展联合研判，分析关区历年外来物种查获情况，建立"一池两库"（数据池、高风险库、一般风险库），适时转化为布控参数。加大后续风险防控力度，积极对接总署要求，结合关区业务实际，加强对风险处置类稽核查指令统一下达和进出口植物检疫违规通报核查处置工作。共下达风险处置类稽核查指令185次。

【大数据应用】2021年，福州海关持续推进全国海关大数据通用分析系统（云擎）的应用，提升大数据解决复杂综合问题的能力。加强云擎的数据资源安全管理，切实落实大数据使用安全管理责任，加强大数据使用过程管理。注重专业人才队伍建设，开展差异化应用培训与指导。调研摸底各部门对云擎数据资源的需求，制订培训计划，通过授权人员全员普训、分部门开展培训、送教上门等方式，本年度在关区开展推广应用培训2期，参训人员80人次，实现了授权人员全覆盖。2021年，利用云擎数据分析结果，风控分局生产风险分析报告11篇，形成布控建议127条。关区大数据应用覆盖率不断提升。云擎已经在风险分析、审计、统计、监管等海关主要业务领域发挥作用，关区主要业务部门和主要隶属海关均已通过云擎初步实现数据治理，服务日常业务分析、异常数据监控、指标提前预警、业务报表填制等需求，大数据应用已覆盖主要业务领域。关区大数据应用水平不断提升。截至2021年，福州海关共在云擎上线发布站点级应用（关区范围）307个，数量稳居全国第9位；本年度发布平台级应用（全国范围）10个。

【口岸安全风险联合防控】2021年，福州海关全面贯彻总体国家安全观，做好重点领域风险防控工作，把海关口岸风险防控重点与福建对台前沿、多区叠加、生态建设等地方特色相结合，发挥联合防控机制优势，开展联合调研、联合研判、实施针对性风险布控，将机制由省级向市、县级延伸。关注重要时间节点，确定分阶段专题，以季度为单位联系相关部门开展情报交换、分析研判和风险布控。针对"洋垃圾"走私，与成员单位开展联合研判信息交换和联合研判，防止口岸漂移。与多家成员单位围绕象牙、穿山甲、犀牛角等濒危物种及其制品走私风险，加强对货物、企业、航线、口岸、运输工具等综合分析研判，实施联合防控。针对禁限类印刷品非法进出境风险，与成员单位紧盯重要源头、重要中转地等风险要素开展专项防控。2021年，福州、厦门海关共开展信息情报数据交换20余万条，牵头召开联合研判25次，组织召开跨部门专题会议14次。2021年，依托口岸安全风险联合防控机制，查获多起涉濒危、固体废物、毒品、反宣品情事。

关税征管

【概况】2021年，福州海关税收入库（关税和进出口环节代征税）首次突破200亿大关，达到238.03亿元。构建日常监控、专项核查、抽样考核"三位一体"职能监控网络和职能部门、隶属海关两级风险防控机制，强化与税管局的互补监管，加强与缉私等相关部门的联防联控。落实属地纳税人管理，制定属地纳税人管理实施细则、与30家重点属地企业签订《属地纳税人管理合作协议》，逐步建立"一企一档"新型征纳关系。主动服务国家开放大局，认真落实税收政策，执行各类税收优惠政策减免退税48.02亿元。成立税政调研工作室，报送98条税则调整建议中7条获国务院采纳，预计年节约企业成本1.5亿元，"汽车车窗"子目建议自2022年起全球实行，推动地方政府共同向国务院提议增设白茶单列税号。深化税收征管改革，扩大税费电子支付、自报自缴、汇总征税等改革措施应用范围，持续推进多元化税收担保助企减轻资金压力15.48亿元。参加1项署级课题、6项司级课题、2项关级课题和1项商务厅联合课题研究。

参与总署RCEP关税实施准备工作专班，与拱北海关联合牵头开展RCEP信息化系统建设，参与2部RCEP规章制定，参加7轮次RCEP原产地对外磋商，成立RCEP研究室，参加世界海关组织（WCO）估价技术委员会会议及立法审议、文集审编等工作。

▲2021年5月，关税处举办关区属地纳税企业关税政策讲堂

【税则税政】2021年，以总署关税三级专家领衔，挂牌成立福州海关税政调研工作室，关区税政调研工作机制和人才培养迈上新台阶。聚焦绿色低碳产业和战略性新兴产业，牵头开展全国"风力发电"和"氢燃料电池"行业联合调研，同时参与"医疗器械""葡萄酒"等4项重点行业联合调研，累计报送各类税政调整建议98项，其中7项被国务院关税税则委员会采纳，

于2022年起实施。联合地方主管部门共同推动增设白茶税号事宜，促成福建省政府分别向国务院关税税则委员会及总署专题致函。扩大税政调研宣传影响，2021年发布宣传稿件14期，一方面通过福州海关12360等新媒体征集税政调研课题建议；另一方面通过"学习强国""福关e家"等平台开展"我与税政调研"系列宣传。强化归类职能监控，做好归类指导，签发归类专业认定9份。持续推广归类预裁定，帮助企业解决归类疑难，全年制发归类预裁定38份。

▲2021年10月，关税处税则税政科接受企业预归类业务电话咨询

【估价管理】2021年，建立验估指令分类管理机制，根据验估指令的难度、涉税风险等级将验估指令分为红、绿、黄三类指令，注重精细指导，加强重点税源商品价格专项监控，规范验估作业，每月发布验估工作通报，开办"审价小课堂"，提升关区估价水平，加强价格预裁定宣传，制发价格预裁定2份，同比增长100%。2021年提交价格风险参数建议23条，同比增长10%。

【税收征管】2021年，征收关税15.62亿元；进出口环节税222.41亿元；吨税1.22亿元；废弃电器电子产品处理基金0.12亿元。深化税费电子支付、自报自缴、汇总征税等税收征管模式改革，电子支付率（以税单票数计）98.51%；征税报关单自报自缴率84.52%、汇总征税率35.52%。持续推动海关税款类新型担保模式，共办理关税保证保险担保167单，担保金额9.98亿元；2021年12月1日开始推广关税总担保，备案通过关税总担保21份，担保金额3.28亿元。推动对美加征关税市场化采购排除措施，全年关区企业在我关享受排除措施的货物货值74.31亿元，减免税款20.1亿元。做好26票因新冠肺炎疫情退运货物的不征关税和退税工作，减免税款211.2万元。妥善处理福州航空破产重整风险控制和债权申报问题，确保税收应缴尽缴。修订多份操作规程细则，规范现场执法。助力《减免税管理办法》新规顺利实施，力促H2018减免税管理系统审核确认模块和减免税担保模块上线运行平稳，实现新旧减免税管理办法和系统平稳过渡。抓住"十四五"政策调整契机提出税收优惠政策等建议106条；主动对接福建省相关厅局，促成省市级科研院所等6项享惠单位名单核定办法制定出台和5份享惠名单发布，帮扶天津大学福州国际研究院获得免税资格，指导恒美光电偏光片项目用足用好税收政策；积极参与H2018减免税审核确认系统测试及试点、H2018减免税后续管理业务需求草拟、减免税抽样考核系统业务测试等工作。以精准提供税收规范服务和引导合规申报、协同风险防控为主要内容，开展属地纳税人管理工作。研究制订福州海关2021年属地纳税人管理相关工作方案，解决高意集团"偏振片"归类难题，每年可为企业节约税负25万元。加强合规申报管理，制发关区规范申报指引，建立涵盖56项税收指标的属地纳税企业底账模型14个，开展属地企业纳税遵从度评估。加强非贸渠道征管，在平潭海关创新试点推广跨境电商"零跑腿"缴税模式，获评全国首创。跨境电商零售进口申报清单2,952万份，同比增长76.4%，进口货物货值38.68亿元，同比增长75.41%，征收税款3.75亿元，同比增长75.81%。均为网购保税（1210）模式，无跨境直购（9610）业务。进境邮件46.3万件，同比下降20.7%（主要为疫情原因）。征收税款1,500.7万元，同比增长7.14%。

▲2021年6月，关税处赴榕城海关驻福清办事处开展跨境电商调研

【税收风险防控】2021年，严密职能监控，梳理涉税职能监控项目42项，对重点税源商品、反倾销商品等开展专项核查；坚持规范申报、减免税、原产地业务抽样复核工作机制，依托"减免税监控分析系统"实施自动监控，共开展职能监控186项次，发现问题68个，下发处置单76份。对大宗商品建立专人定期跟踪价格审核机制。加大对验估作业督导；报送133条参数建议有52条被税管局采纳，加强与缉私、稽查、风控等部门的联防联控。做好非贸渠道风险防控，对箱包、鞋类、护肤品、积木熊、雪茄、便携式游戏机等10余项商品开展风险排查。加强审计监督。稳步推进关区重大政策执行情况涉关税业务的专项审计及总署经济责任审计的自查自纠工作，下发包含69个项目的审计核查清单指导现场开展自查整改，扎实做好审计整改工作，顺利完成审计任务。

【原产地管理】2021年，认真落实各项税收优惠贸易协定，福州关区优惠贸易协定项下享惠进口307.61亿元，同比增长61.41%；减让税款18.26亿元，同比增长51.3%。全关签发原产地证书9.09万份，货值59.45亿美元，其中优惠原产地证书4.86万份，货值30.21亿美元，协调解决出口货物因原产地证书原因在越南通关受阻问题。全年通过自助打印模式签发原产地证书4.77万份，占可自助打印证书比例约8成。协助总署关税司完成RCEP原产地规则和关税减让实施准备，参加7轮次RCEP原产地工作组视频谈判，参与制定多项配套法规，牵头相关信息化系统建设，并于9月底挂牌成立福州海关RCEP研究室。开展关级课题《RCEP对中日贸易影响分析及对策建议》研究，课题论文《RCEP对中日贸易影响分析及对策建议——以福建省对日贸易为视角》获中国海关学会广州分会论文评比二等奖。

▲2021年6月，关税处赴企业开展属地纳税企业税政调研及合规申报指导

卫生检疫

【概况】2021年，福州海关卫生检疫工作贯彻总署党委和福州海关党委工作部署，制发检疫查验、非冷链高风险货物采样消毒、封闭管理、冬春季疫情防控工作方案等136份，持续完善"严格检疫、全面检测、快速处置、无缝衔接"的常态化疫情防控模式，推动关区各项防控措施和卫生检疫其他工作落实。2021年，累计检疫查验出入境人员20.9万人次，同比下降51.7%，其中出境10.1万人次、入境10.8万人次。在口岸上检出发热及其他相关症状人员124人次，同比下降83.1%。在关区口岸出入境人员中确诊各类传染病185例，同比下降10.6%。

【检疫管理】2021年，福州海关落实登临、旅检等不同场景下入境人员的防控要求，严格做好健康申明卡核验、体温监测、医学巡查、流行病学调查、医学排查等措施。2021年全年在口岸检出发热及其他相关症状人员124人次。针对入境维修船舶实施全程监管、全员采样和"浮码头"检疫的"2+1模式"，实现疫情防控以来入境维修船舶新冠病毒阳性案例检出的"零突破"以及入厂维修"零扩散"。关区各口岸检出其他传染病4例，带状疱疹1例、乙型流感2例、鼻病毒1例，有效处置聚集性新冠肺炎疫情入境交通工具13艘（架）。探索常态化新冠肺炎疫情防控的"境外流调"模式，通过多渠道提前掌握拟入港船员在旅行史、健康监测等异常情况，按照"一船一策"提前定制检疫方案，2022年为船方、进出口企业节约通关时间累计超过5,000小时，被福建电视台等媒体广为报道。

【生物安全】2021年，福州海关分级分类规范做好特殊物品的审批工作，累计完成特殊物品审批15单，在入境邮件、携带物中查获不合格特殊物品3批次。开展海关口岸生物安全日宣传，组织各口岸开展口岸生物安全主题演练7场、主题宣传活动12场，新媒体宣传阅读量突破10万，累计发放各类印刷手册、电子手册、微信链接5,000余份。强化各类口岸生物安全风险分析评估，2021年针对鼠疫、埃博拉、黄热病等多种传染病开展风险评估9次；形成口岸疟疾、艾滋病防控工作等专项评估报告，联合属地卫健、疾控部门以及口岸运营方共同推进口岸疟疾、艾滋病联防联控，开展专项口岸健康宣教2轮。

【疾病监测】2021年，福州海关累计开展出入境人员监测体检9,457人次、同比下降3.5%，预防接种9,389人（针）次、同比上升61.2%。检出传染病病例48例，同比下降39.2%。开展社会核酸检测23,435人份。为全国职工职业技能大赛福建省代表队、中国（福建）第十九批援塞内加尔医疗队提供体检与核酸检测服务。

【病媒监测】制订并组织开展我关首个口岸鼠类智能监测工作方案，首次实现关区设备与总署网络连接。同时，作为牵头方，有力承接总署2021年度病媒生物智能系统及设备"两测"工作。2021年9月福州海关报送的"口岸病媒生物（鼠类）智能监测"项目入选福建自贸试验区第18批创新举措。开展鼠、蚊、蜚蠊等病媒及鼠体表寄生虫监测，全年共投放病媒监测有效器械18,046次，开展病媒生物携带病原体检测248项次，检出鼠类汉坦病毒核酸阳性2次。检出病媒密度超标2起。当年在入境船舶上检出病媒生物1起，系2020年疫情防控以来首次检出。

【卫生监督】2021年，福州海关对关区食品、饮用水供应、公共场所、出入境交通工具等实施覆盖式监督1,162次，158人获国境口岸卫生监督员资质。制订包含2个食品大类，14个食品细类的实验室检测与12项现场快速检测的口岸食品安全抽检计划，针对食品生产、餐饮、流通等不同业态开展口岸食品抽检479次。探索口岸卫生许可办理"前置服务+网上办理"模式优化口岸营商环境。通过派员远程指导、提前介入等方式为口岸卫生许可申请企业提供"一对一"帮扶以及网络平台即交即审等措施进一步提升了办理便利度，为相关办事企业节约每单时长3天，被新浪网、福州新闻网等多家媒体报道。

【卫生检疫业务培训与应急值守】制订福州关区首份卫生检疫领域口岸常态化防控培训工作方案，按照训战结合的思路开展课程设计，针对口岸疫情防控现场实战需要制定课程，用好现场实操、点对点答疑等方式，开展各类培训8次，组织参加总署培训5次，参训人员1,063人次，新增新冠核酸采样资质人员108人；采取实操演练和预案完善一体化的设计思路，组织开展各类演练26场，根据演练实践情况修改完善现场流程、方案7次。2022年卫生检疫业务工作按照应急值守与重要节点工作布置一体化的要求，提前布置"七一"建党节、国庆节等重要节点的应急值守方案，职能处室处级领导干部7×24小时响应业务指导需求，指导处置聚集性感染、船员不明原因死亡等突发事件4起。

动植物检疫

【概况】2021年，福州海关坚决维护国门生物安全，在动植物疫情疫病和外来物种入侵口岸防控、促外贸稳增长等工作中履职尽责。共截获进境植物有害生物525种、11,933次，同比增长9.6%、1.23%。全国首次截获弗吉尼亚虎蛾等14种有害生物和外来物种；检出进境动物检疫二类疫病及其他疫病7种、156次；检出进出境食用农产品和饲料安全风险项目不合格9批次；"国门绿盾2021"行动中截获非贸渠道违规入境活体动植物114种、387批次。提出并牵头完成风险评估的2种软体动物，增补进入《中华人民共和国进境植物检疫性有害生物名录》。"服务国家种业振兴，支持中央苏区种畜产业升级"项目入选总署第一批14个"百佳项目"。新增制定3份工作指引，15份动植物检疫相关岗位操作手册；举办4场岗位资质考试，新增岗位人员125人次。

【进出境动物检疫】2021年，福州海关强化重大动物疫情分析研判与风险预警，密切关注高致病性禽流感、非洲猪瘟等重大动物疫病境外发生形势，向总署报送境外动物疫情信息和政策动态82条，61条被采用。制订进境大中动物检疫监管工作方案，打造"1+N"大中动物检疫监管工作样本，顺利完成2,980头丹麦种猪和3,829头智利种牛隔离检疫监管工作。制订国门生物安全监测方案（动物检疫部分），按照年度监测计划，对进境种猪、种牛、食用水生动物、动物源性饲料、出境食用水生动物等5类产品、25种动物疫病实施监测，共计采样13,539份，监测25,997项次，检出阳性156项次，涉及7种动物疫病。其中进境监测检出猪传染性胸膜肺炎、牛病毒性腹泻等5种进境动物

▲2021年，成立福州海关进境动物检疫监管党员突击队

检疫二类传染病，按要求对137头阳性动物进行扑杀及销毁处理。出境监测检出真鲷虹彩病毒病、病毒性脑病和视网膜病（病毒性神经坏死病）等2种动物疫病共18项次，涉及5家养殖场的8种鱼类。制订进出口食用农产品和饲料安全风险监控计划实施方案，对进出口食用水生动物、饲料和饲料添加剂等产品开展安全风险监控，共计抽样204份，监控检测致病微生物、重金属、兽药残留、农药残留、生物毒素等有毒有害物质1,439项次，检出不合格样品5份，涉及出境活鱼呋喃唑酮代谢物（3-氨基-2-恶唑酮）超标、出境扇贝镉含量超标和进境饲料用鸡肉粉检出沙门氏菌阳性。对出境不合格货物依法作不准出境处理，成立调查小组开展不合格原因调查，相关情况分别向宁德市海洋与渔业局、福清市海洋与渔业局通报。对进境不合格货物依法实施检疫处理，合格后放行。

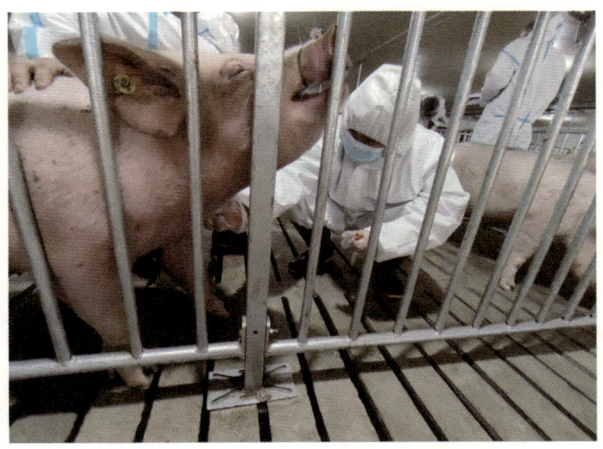

▲2021年3月29日—4月1日，福州海关抽调专业人员对进境丹麦种猪开展隔离检疫集中采样工作

【进出境植物检疫】2021年，福州海关强化重大植物疫情分析研判与风险预警，密切关注松材线虫、致死粒线虫等重大植物疫情境外发生形势，向总署报送境外植物疫情信息和政策动态35条，34条被采用。开展国门生物安全监测，妥善处置一船71,272.708吨检出检疫性有害生物——小麦线条花叶病毒的乌克兰玉米；从进口台湾番荔枝中检出大洋臀纹粉蚧、可可花缨病菌等检疫性有害生物，总署据此暂停台湾番荔枝输入。组织开展进出口食用农产品和饲料安全风险监控，共完成61份进口粮食监控样品、180项次监控物质监测，202份进境水果监控样品、5,647项次监控物质监测；从进境水果中检出4项次农药残留超标。2021年度转基因监控共抽样22份、监测87项次，未发现不合格情况。针对中国—印度尼西亚"两国双园"合作项目下印度尼西亚青皮椰子输华检疫准入问题，对印度尼西亚青皮椰子192种（属）有害生物开展风险分析，确定检疫性有害生物12种，提出源头管控、定点加工的监管模式。动植物检疫处联合教育处在莆田海关试行设立进境木材检疫实训点，并组织分期开展进境木材检疫实操培训。分3期对关区核准的检疫处理单位从业人员开展口岸新冠肺炎疫情消毒作业培训，参训人数38人，占检疫处理单位从业人员总数的80%。依申请完成2家检疫处理从业单位资质注销、1家资质扩项核准，以及3家新申请企业材料审核；组

织3家相关检疫处理从业单位签署质量安全承诺书。

【外来入侵物种口岸防控】2021年，福州海关认真落实农业农村部、自然资源部、生态环境部、海关总署、国家林草局联合印发的外来入侵物种防控工作方案要求和总署有关工作部署，组织开展"国门绿盾2021"行动，成立外来物种防控技术工作组，以年度考核客观指标为抓手，强化动植检、口岸监管、风控分局、技术中心、各隶属海关等单位（部门）的协作配合和点对点督促指导，形成"风险布控+现场查验+实验室检测"防控合力。2021年，福州海关在非贸渠道共截获外来活体动植物114种387次，其中外来物种39种70次。福州海关的19个案例入选《2021年全国海关截获外来物种案例汇编》。

【服务农产品进出口】2021年，福州海关全力服务国家种业振兴。主动对接地方优质种畜资源引进需求，服务三明大田县进口丹麦种猪项目和南平进口智利种牛项目。大田县人民政府就福州海关帮助企业纾解难题，保障种猪安全引进，助力发展壮大生猪产业，向福州海关专函致谢。"服务国家种业振兴，支持中央苏区种畜产业升级"项目入选总署第一批"我为群众办实事"14个"百佳项目"。《为进境种猪做好"体检"——福州海关多举措助推当地生猪养殖产业升级》《种牛种猪"体检"忙——福州海关构建"1+N"进境大中动物检疫监管体系》2篇信息在《中国国门时报》刊发。持续落实加快检疫审批、进境农产品"两段准入"和"附条件提离"等改革措施，全力保障粮食、鱼粉、种苗等优质资源性农产品安全进口。全面推广试用进境种苗检验检疫管理系统，降低引种单位通关成本，提升企业获得感。全力保障粮食安全。认真落实粮食安全省长责任制职能职责。迅速落实总署关于加强监管进一步提升进口粮食通关效率的部署要求，从通关保障、口岸监管、资质管理、属地监管、检测保障和对接协调等6个方面提出14项工作举措，有效提升进口粮食通关效率。高效回应中储粮福建分公司使用口岸周边储备库存放口岸已放行的进口玉米、缓解口岸中转库库容压力的诉求，指导企业有效解决2万多吨进口玉米存放问题。帮扶优势农产品出口。结合"我为群众办实事"实践活动，开展农产品进出口需求专题调研，加强政策宣传贯彻和技贸措施评议、应对。加快企业注册，指导、帮扶企业增加出口注册产品种类，走产品品种多元化道路。2021年关区申报进出境农产品（含部分食品）379.92亿元，同比增长14.91%；其中进口206.77亿元，增长19.28%；出口173.15亿元，增长10.1%。其中，进境粮谷309.98万吨、113.56亿元，同比增长25.56%、64.46%；进境饲料32.04万吨、32.04亿元，同比增长34.92%、40.84%；进境水生动物321吨、0.48亿元，同比增长104.43%、210.62%。出口竹木藤柳草制品134.92亿元、水生动物8,684万元，同比增长14.25%、18.75%。新增多个农产品新品种和南非、伯利兹等出口目的地，助力企业拓宽国际市场。

【业务能力建设】2021年，福州海关强化动植物检疫业务能力建设，积极探索海关动植物检疫专业能力建设新方法，以岗位资质管理为基础，持续培养打造动植检专业队伍的"管理力""执行力""接续力"。职能部门树立动植检业务数据清、作业流程清、一线专业能力清、动植检业务情况明的"三清一明"工作目标，加强与相关部门的学习交流，扎实开展调查研究，明晰工作路径和着力点，全面提升动植检业务系统管理能力。以岗位资质管理为抓手提升一线业务能力。全年举办4场岗位资质考试，新增岗位人员125人次，开展11次送教上门或集中培训，探索建立进境木材检疫实训点并完成3期实训，推进马尾口岸现场初筛鉴定点建设，实现有害生物口岸快检和精准送检。

【国门生物安全宣传】2021年，福州海关持续开展国门生物安全宣传活动。结合"全民国家安全教育日""生物多样性日"，开展针对青少年的实景宣传，邀请福建省电视台少儿频道小记者参观榕城海关驻邮局办事处，邀请驻地少年儿童参观植物检疫标本室和平潭隔检中心科普展示馆。莆田海关与莆田移动公司合作，在"福建教育盒子"设置国门生物安全视频专栏等。持续在国际机场等出入境人员通道、货运通关中心、报关大厅等场所及海关发布、海关12360微信公众号等平台，以电子滚动屏、宣传海报、宣传册、科普宣传稿等方式常态化开展国门生物安全宣传，引导公众增强法律意识，提高国门生物安全意识。

食品检验检疫

【概况】2021年，福州海关深入贯彻落实习近平总书记关于食品安全工作"四个最严"重要指示要求，进一步完善进出口食品安全监管机制，保障消费者权益。持续做好进口冷链食品核酸检测，抽检来自52个国家和地区的105,236份样品，监督1,277,848件、15,224.49吨货物完成口岸环节预防性消毒。办理进境食品检疫审批并出具许可证273份。开展进出口食品化妆品安全抽样检验1,974个样、26,427项次，不合格41项次，开展风险监测489个样，检出1,484项次。完善境外通报后续处置工作机制，跟踪督查后续处置8家，对1家水产品企业通报约谈。退运销毁113批进口不合格食品。

【健全进出口食品安全工作领导小组】2021年4月12日，福州海关对进出口食品安全工作领导小组组成进行调整，增加机关党委（思想政治工作办公室）和数据分中心为领导小组成员单位，调整后的进出口食品安全工作领导小组组长由关长担任，副组长为分管食品安全工作的关领导，成员为总工程师、总检验师，办公室、法规处、综合业务处、关税处、卫生检疫处、动植物检疫处、进出口食品安全和商品检验处、口岸监管处、统计分析处、企业管理和稽查处主要负责人、缉私局分管副局长、财务处、科技处、督察内审处、人事处、教育处、机关党委（思想政治工作办公室）、风险防控分局、信息中心、技术中心、数据分中心主要负责人。

【进出口食品安全宣传】开展"食品安全宣传周"活动，组织进口食品安全社区行、口岸行等各类活动20场次，出动工作人员155人次，参与人数800人次，制作展板21块，发放宣传材料1,404份，接受咨询提问118人次。举办食品安全讲座、培训7期。参与编写《中华人民共和国进出口食品安全管理办法》释义、《中华人民共和国进口食品境外生产企业注册管理规定》释义、《进出口水产品监管工作手册》以及工作指南、检查要点等材料，做好《中华人民共和国进出口食品安全管理办法》和《中华人民共和国进口食品境外生产企业注册管理规定》实施前宣传贯彻工作，做到业务环节全覆盖、口岸一线全覆盖、关区企业全覆盖。在微信公众号登载3篇普法推文，重点面向进口企业和报关企业开展企业政策宣传。现场张贴海报17套、分发宣传册216份，组建两部新法规实施关企微信群，开展线上线下宣传及答疑解惑，计145家进出口企业和报关企业代表参加，为新规实施营造良好氛围。

【食品安全监管能力提升】全年举办1期进出口食品和化妆品查检监管培训班，组织开展进口冷链食品采样检测、消杀业务培训班5场次，开展现场送教上门、视频培训等5次，参训人员达300人次，全年福州关区共有食品安全各类岗位资质关员1,009人。其中加工食品签证官58人、动物检疫现场查验资质329人（动物检疫现场普通查验岗283人、动物检疫现场专家查验岗46人）、植物检疫现场查验资质381人（植物检疫现场普通查验岗320人、植物检疫现场专家查验岗61）、签证兽医官51人（普通签证兽医官33人、高级签证兽医官18人）、签证植物检疫官60人（普通签证植物检疫官24人、高级签证植物检疫官36人）。

【进出口食品化妆品安全监督抽检和风险监测】2021年，福州海关修订《进出口食品化妆品安全抽样检验和风险监测作业指引》，严格按照总署统一部署及关区进出口食品化妆品、出口动物源性食品、供港蔬菜企业和贸易情况，开展抽样送检工作，保障进出口食品化妆品安全。共完成进口食品监督抽检1,666个样品、22,914项次，检出3,078项次，检出不合格39项次；完成进口化妆品监督抽检5个样品、78项次，检出0项次，检出不合格0项次。完成出口食品监督抽检284个样品、3,216项次，检出217项次，检出不合格3项次；完成出口化妆品监督抽检19个样品、219项次，检出33项次，检出不合格0项次。完成进口食品风险监测25个样、27项次，检出16项次，检出不合格0项次。完成出口动物源性食品风险监测542个样、1,717项次，检出82项次，超限2项次。完成供港蔬菜专项检查2个样品（小白菜、上海青各1个）、490项次，检出6项次，不合格0项次。完成跨境电商进口食品风险监测57个样品、1,780项次，检出1,351项次；完成跨境电商进口化妆品风险监测8个样品、121项次，检出29项次。

【食品安全风险预警】2021年8月，成立"食品安全信息罗丽智慧工作室"，每月为关区企业和一线关员编发1期技术法规措施快讯，策划筹办总署在线访谈1期，3篇宣传稿件被总署12360采用，40篇技术性贸易措施信息在《中国国门时报》（12期）上刊载。福州海关食品安全信息小组共向总署报送食品安全信息2,434条，其中被采用1,083条，受到总署发文表扬，并传授帮带南宁海关等7个海关。该项工作福州海关连续11年保持系统前列。

【参与总署完善进口食品境外生产企业注册管理规定配套制度与系统上线工作】2021年4月，参与编写《中华人民共和国进口食品境外生产企业注册管理规定》释义以及中英文工作指南、检查要点等材料；2021年6月，牵头梳理明确境外生产企业注册涉及产品的类别及对应HS编码；2021年10月—11月，参与总署食品局组织的"进口食品境外生产企业注册管理应用"系统上线测试，研究提出相关业务需求并由技术部门完成相关功能开发；2021年12月，负责H2018系统中对进口植物源性食品境外生产企业注册校验功能远程业务测试。

【重点敏感食品不合格监管】 2021年，严格按照要求做好进出口食品监督抽检和风险监测后续处置工作，定期通报监督抽检和风险监测数据审核情况，退运销毁113批进口不合格食品，向总署报送三级风险信息表78份。

【出口食品境外通报应对】 2021年，接到出口食品境外通报26批次，均已开展核查，涉及产品有烤鳗、养殖虾、海捕鱼、贝类、藻类产品、淀粉小吃、蘑菇及其他食用菌制品、早餐食品、甜食、萝卜（块根蔬菜）、生菜、菠菜、莴苣、干木耳、巴西蘑菇等；涉及企业有福清谊华、宁德金盛、宁德嘉丰、罗源海林、连江旭隆、福建三友、福建神农菇业等；通报来自美国、澳大利亚、德国、比利时、新加坡等国家和地区；通报原因有重金属超标、其他理化指标超标、药物残留、标签不合格、检出三聚氰胺、污秽腐败等。为此，福州海关成立出口食品境外通报应对工作小组，完善境外通报后续处置工作机制，跟踪督查境外通报后续处置8家，对1家水产品企业启动通报约谈，全面分析关区出口食品状况，督促企业落实食品安全主体责任，促进出口食品安全不断提升。

【进口动物源性食品检疫审批】 2021年审批发放进口动物源性食品检疫许可证273份，涉及水产品、燕窝和肉类产品，水产品占比90%以上。进口口岸涉及马江口岸、福清江阴口岸、长乐机场口岸和平潭口岸。

【日本输华食品放射性物质检测】 2021年，福州海关对日本输华食品中的水产品开展放射性物质检测，累计检测86批、172项次，检测项目为铯137、铯134，均未检出。

【扩大肉类进口专班工作】 2021年协助总署完成对智利、乌拉圭、泰国、法国等18个国家和地区共68个境外肉类生产企业远程视频检查，对52个发现问题企业建议采取限期整改措施，加强对境外肉类产品生产企业监管，确保进口肉类产品质量安全。

商品检验

【概况】2021年,福州海关查发进出口危险品及其包装安全不合格113批,查获不合格批次同比上升29.88%;查获进出口危化品伪瞒报违法案件10起,同比增长4倍。首批推动建立11个二级风险监测点。完成进口铁矿固体废物排查180批、1,511.17万吨。布控查获各类违规医疗物资318.89万件;成功退运2批、16万吨氟超标煤炭,处置1批5.5万吨不符合远距离运输环保指标煤炭。部署落实跨境电商进口商品质量安全风险监测,全年20批抽检全部合格。开展法检目录外商品抽检工作,检出出口不合格1批次。法检检出进口不合格工业品149批,其中退运7批、销毁4批。

【建立二级安全风险监测点】2021年6月4日,福州海关在关区内建立首批11个进出口商品质量安全风险二级监测点,涵盖煤炭、铁矿、液化天然气、铜精矿、棉花、危险化学品及其包装、医疗器械、防疫物资、固体废物属性鉴别、对台进出口商品、中欧班列"一带一路"商品,提升风险监测有效性和针对性。2021年共对37批出口退运货物、3起境外不合格通报开展调查、处置。

【开展检验鉴定机构监管】2021年5月10日,福州海关食商处制定下发《福州海关对进出口商品检验鉴定机构实施"双随机、一公开"监管工作细则》,为新《商检法》(2021年4月29日颁布)取消检验鉴定机构许可之后如何加强事中事后监管提供了具体的监管执法工作规范。2021年福州海关对关区内17家检验鉴定机构实施全覆盖监督检查,共发现一般问题15个,均全部跟踪验证整改到位。检查未发现重大违法违规情况。

【开展目录外商品抽检】2021年,福州海关开展年度法定检验商品以外进出口商品抽查检验工作,共完成13批进出口抽查检验,其中进口2批次,出口11批次。检出不合格1批次(出口)。为儿童滑板车机械和物理性能项目"玩具滑板车把手的末端直径应≥40mm"不合格。

【进出口商品重量鉴定监督管理】2021年,福州海关落实《海关总署关于调整进口大宗商品重量鉴定监管方式的公告》要求,督促指导辖区各口岸认真、准确地开展重量鉴定工作，维护贸易各方的合法权益，进一步优化口岸营商环境、提高贸易便利化水平。全年福州关区口岸共依申请办理重量鉴定49批次，418.73万吨，货物总值6.17亿美元，与去年同期相比分别下降84.5%、80.5%、69.5%。共检出13批次进口铁矿短重案例，水尺计重不合格率为26.53%，涉及金额达205.257万美元。

【严格政府间协议检验工作】2021年，督促指导各有关隶属海关认真履行双边检验监管合作协议，加强输非产品检验工作。强化对承担监装和核价工作的第三方检验机构（鼎嘉质量技术服务有限公司）的监督管理，保证出口装运前检验工作质量，提高出口装运前检验工作效率，促进企业扩大出口。共实施装运前检验8批次，未检出不合格。

【打击进出口假冒伪劣商品】2021年，福州海关根据总署打击进出口假冒伪劣商品工作部署要求，结合实际情况，认真开展打击进出口假冒伪劣商品工作，进一步创造良好营商环境，促进产业质量提升。2021年，查获侵权假冒商品共计2,313批，涉及金额117.4万元。检出假冒伪劣案例5起，涉及金额127.9万元。贸易欺诈案例13个，涉及金额205.3万美元。

【进口矿产品环保监管】2021年，福州海关严格贯彻落实总署强化矿产品环保检验部署要求，结合关区实际，有力保障生态环境安全。全年共查获2批共计16.45万吨氟含量超标进口煤炭，涉及货值1,294.9万美元，并监督进口企业成功退运，系福建省口岸首次退运环保超标煤炭。

【落实总署铁矿固体废物排查要求】2021年，福州海关结合关区实际转发部署商检司《水运进口铁矿固体废物排查作业指导书（试行）》，细化明确排查工作相关的查验录证、不合格处置、查验作业记录等相关要求。由食商处组织专家组对口岸铁矿排查进行跟班作业和现场督导，有效指导口岸一线规范做好进口铁矿固体废物排查，并及时向总署商检司反馈工作中存在问题和相关改进意见建议。2021年，关区共完成进口铁矿固体废物排查180批、1,511.17万吨。同时，在《福州海关 厦门海关推进全业务领域一体化改革工作方案》框架下，与厦门海关共同拟定大宗散装进口矿产品分港卸货信息通报机制，对6船次货物相互通报，切实提升监管服务效能。

【打击"洋垃圾"入境违法行为】2021年，福州海关组织研究进口EVA再生塑料片固体废物属性鉴别技术判定方法，指导业务现场做好税管中心相关布控指令的判定落实，对4批次进口EVA再生塑料片判定为固体废物原料。

【进出口危险品及其包装检验监管】2021年以来，福州海关深入贯彻落实习近平总书记关于安全生产监管工作的重要指示批示精神，按照"全覆盖、零容忍、严监管、重实效"要求，持续压紧压实危险品安全监管和安全生产责任，扎实、有序推进危险品及其包装检验监管各项工作，为关区经济社会发展创造良好环境。

2021年8月26日，福州海关印发《关于进一步压紧压实进出口危险化学品和危险货物检验监管责任的通知》，成立福州海关进出口危险品检验监管工作领导小组，由关长担任组长，两位分管副关长担任副组长，法规处、综合处、食商处、监管处、企管处、人事处、教育处和风控分局作为成员部门，统筹领导关区危险品检验监管工作。制订《进出口危险品及其包装检验监管职责清单》，从检验监管、监督检查、资质培训、后勤保障、履职考核五个方面，进一步明晰各部门及隶属海关监管职责，同时将危险品安全监管纳入单位年度绩效考评，确保做到全链条分级管控。制订《压紧压实进出口危险品检验监管责任检查要点》，采取业务部门定期联合现场检查和信息化系统远程核查等方式，对隶属海关压紧压实监管责任和进出口危险品工作质量情况进行全面督导检查，累计发现工作质量问题瑕疵隐患25个，并及时指导相关隶属海关进行有效整改，确保问题清零。

2021年，福州海关采取"线上+实操"方式，举办危险品及其包装检验监管培训考核共3次49人次，持证上岗考核通过率达71.43%。精心组织危险品检验监管岗位练兵活动，编印《危险品岗位练兵知识要点》，邀请系统内外危险品监管专家录制上传线上培训课件10个，组织参加线上模拟测试1,500人次。修订进出口危险化学品及其包装检验监管作业指引，细化明确各环节工作流程和监管要求，有效覆盖出口危化品企业安全生产、经营资质的监管盲区，查发2家酒精洗手液无证出口企业。对关区进出口危化品取样、送样、检测、留样等工作环节要求进行调整，在确保落实作业指令要求和不增加企业负担的前提下，紧密结合企业自检自控管理工作开展顺势监管，切实降低危化品取样、送检等各环节安全作业风险，实现监管与服务双赢。与地方应急管理部门就危化品监管主要做法及当前进出口危化品安全监管存在政策难点进行探讨，并建立厅级日常联络机制。与厦门海关在《福厦两关推进全业务领域一体化改革工作方案》框架下，就进出口危险品伪瞒报违法案件通报达成合作协议。

2021年，福州关区共检验进口危险化学品538批、513.9万吨、28.08亿美元，进口批次同比下降76.6%，重量、货值同比增加2.9%和60.4%。全年检出不合格24批、重量122.9吨，货值39.4万美元，批次不合格率为4.46%，较2020年不合格率0.35%大幅增长。共检验出口危险化学品3,216批、53.6万吨、3.96亿美元。同比分别增长20.8%、-45.8%和146.46%。查获不合格33批，不合格率1.03%。共完成出口危险货物包装使用鉴定4,209批，同比增长13.82%。检验不合格51批次，不合格率1.21%。全年关区共查获进出口危化品伪瞒报违法案件8起。

口岸监管

【概况】2021年，福州海关查获进口固体废物4起、濒危野生动物及其制品情事合计33起、非成套枪支散件39件、各类违禁印刷品及音像制品21,224件、疑似跨境赌博关联物品440枚。建立福州海关反恐怖人才库，建立完善突发事件应急处置机制，连续两年被评为福建省反恐怖工作先进单位。成立口岸智慧监管创新工作室，建立分布式集中审像中心，推动在关区货运渠道开展"先期机检+智能审图+集中审像"的机检模式。推进福州海关旅检口岸VR物联网系统建设，推进C类快件货物通关一体化改革新模式。推进三明陆地港至厦门口岸的跨直属关区出口货物转关单实现自动核销。推动福建宁连港口有限公司开展同船运输业务。推动水水转运、进口货物"船边直提"和出口货物"船边直装"业务快速发展，出口水水转运货运量同比增长22%，试点关区进口直提442艘次，出口直装341艘次。支持综合试验区内50家电商企业应用"简化申报、汇总统计"便利化举措，推动3个跨境电商出口监管作业场所新开展业务，助力关区监管进出口跨境电商业务同比增长近3倍。监管关区中欧班列发运34趟次，货值7.17亿元。推动江阴港区进境肉类指定监管场地完成署级验收。与福建省商务部门以及市场采购集聚地海关就市场采购业务建立信息共享机制，推动以通关一体化模式从福州口岸出口1,299票。

【运输工具监管】在新冠肺炎疫情全球持续蔓延的背景下，福州海关强化进出境运输工具监管，严防疫情输入，筑牢国门防线。2021年，福州海关共监管国际航行船舶6,868艘次，其中进出境5,107艘次，境内续驶1,761艘次；共监管两岸直航船舶2,038艘次，其中进出境1,709艘次，境内续驶329艘次；共监管进出境航空器3,201架次；共监管进口货物原始舱单60,269票；出口货物预配舱单189,302票。

【货物监管】收集整理2017年以来监管条线审计发现的问题清单，建立按月通报日常监控发现问题的通报机制，指导各现场开展货物监管业务自查，督促各现场建立自查整改台账，持续推进监管业务规范化整改；在全关区全面开展科长实货复核和复查复验工作，根据各货物监管现场人力资源配置各业务量分别设置复核、复验比例，充分发挥职能与现场两级监督作用，有效提高关区货物监管执法规范性和统一性；指导各隶属海关加大对"检查夹藏夹带"查验指令加大查验力度，严厉打击夹藏夹带等走私行为，对已布控的冻品集装箱加强机检查验，对机检图像存在嫌疑的集装箱100%开展人工掏箱作业，进一步强化正面监管，加强进口冻品夹藏夹带的查验力度；开展即决查验工作，2021年9月，在分析关区进出口货物查验查获情况并经报关领导批准后，在马尾海关率先试点进一步深化试点开展即决查验工作，组建专门的即决查验队伍，取得良好效果。2021年11月开始，逐步指导其他隶属海关参照马尾海关模式结合关区实际持续深化开展即决查验工作。2021年，共实施即决查验37票，查获24票，查获率64.86%，有效强化了海关正面监管威力。

▲2021年10月29日，马尾海关关员在监管现场开展查验工作

【邮快件及跨境电商监管】开展邮递物品监管改革，建设完成邮件集中作业场地区域设置、分拣线改造等软硬件设施，通过邮递物品监管子系统实现进出口邮递物品100%信息化申报，启用金关二期邮递物品监管子系统邮袋转关模块实现邮袋境内转关信息化和实物流监管，2021年1月福州海关邮递物品监管改革通过总署口岸监管司考核验收。2021年3月开展邮递渠道业务模式创新，将跨境电商电子商务零售一般出口（9610）业务监管与传统"邮路"监管相结合，电商企业可通过邮政企业作业系统采用分单作业模式直接申报跨境电商电子商务零售一般出口（9610）货物，解决中小电商企业出境物流通道问题，助力关区中小电商企业的发展壮大。2021年1月推进C类快件纳入货物一体化通关新模式作业试点，成立工作专班，设立业务和科技保障小组，明确职责分工，指导试点企业开展申报测试，实现新模式作业按时启动。支持福州、莆田跨境电商综试区建设，推动出口跨境电商（9610）业务继续拓展，2021年指导关区3个跨境电商出口监管作业场所新开展跨境电商业务，支持综试区内50家电商企业应用"简化申报、汇总统计"便利化举措。开展打击跨境电商进口走私"断链刨根"专项整治行动。制订福州海关专项整治行动工作方案，组织召开工作推进会议，落实各项工作行动任务。共验核各类电商企业数量1,460家，移交风险部门问题企业数量598家。办理跨境电商违规案件15起，案值

2,458.48万元，漏缴税款51.14万元。

▲2021年6月18日，平潭海关现场关员开展跨境电商进口商品监管

【行李物品监管】受新冠肺炎疫情影响，2021年福州海关仅福州长乐国际机场开展空运旅检业务，主要监管往返日本、印度尼西亚、中国香港、中国澳门等国家和地区的客运航线，以及不定期的分流航班及客运包机。2021年，福州海关紧跟疫情形势变化和党中央、国务院及总署要求加强境外疫情监测、重点航班风险评估，使用出入境检疫旅客通道和国际货运机组专用通道双通道、改造负压采样间6间、增配红外测温闸机通道2套，保障疫情防控常态化和旅客行李物品通关工作。实施健康申明卡核验工作，实现进境旅客健康申报电子化率100%。推动福州海关旅客行李物品智能化监管创新工作，成立福州海关行李物品智能化监管创新领导小组，下发《福州海关旅客行李物品智能化监管创新实施方案》，形成上下联动的工作机制，有力推进了关区行李物品智能化监管创新工作，顺利完成进境托运行李先期机检、出境行李"一次过检"改革。开发"海关作业系统之福州海关旅检口岸VR物联网系统"，在福州长乐国际机场部署VR机器人远程应用项目，利用"5G+VR直播"辅助远程管理。2021年累计监管进出境航班3,207架次，监管进出境人员8.35万人次，查获象牙、红珊瑚等濒危动植物产品8批次（2.164千克），查获动植物禁止进境物256批次（198.02千克），查获特殊物品3批次（5千克），检出有害生物疫情80种次，移送缉私或法制部门立案31起。

【场所场地监管】福州海关组织开展关区冷链查验场地的提升改造，督促和指导相关企业限期开展建设，在确保相关场所建设持续符合设置规范的基础上，规范设置清洁区配置区、半污染区、污染区，进一步落实落细各项防控措施，切实筑牢防线。落实落细《海关监管作业场所（场地）巡查"双随机、一公开"实施细则（试行）》要求，运用海关监管作业场所（场地）管理系统场所（场地）巡查模块，实现场所（场地）巡查双随机，全年共开展场所巡查270次，发现问题48个，对巡查发现的异常情事制发整改通知书15份，相关巡查情况均在福州海关门户网站公示。进一步规范关区指定监管场地管理，组织开展对关区25个各类指定监管场地全面梳理和自查整改，助力福州港江阴港区通过总署专家组验收，纳入进境肉类指定监管场地清单。2021年完成福州港口岸松下港区元洪作业区、宁德港口岸三都澳港区漳湾作业区等口岸扩大开放验收相关工作。

▲2021年5月20日，宁德海关关员巡查海关监管作业场所

【智能审图】开展智慧机检创新工作，组织实施关区货运渠道智慧机检（"先期机检+智能审图+集中审像"）专项工作，在马尾、江阴建立分布式集中审像中心，突破隶属关区限制，实现关区所有H986设备的联网集中审像，解决马尾海关长期未接入集中审像系统导致图像无法传输至查验管理系统中的问题和关区机检查验科室存在的人力资源问题，为今后实现全关区H986设备智能审图打下基础。通过在平潭、福清试点先期机检，解决部分机检现场长期以来货运量不足导致的H986绩效不达标问题，同时扩大智能审图图库，全年共过机集装箱图像22,708幅，其中先期机检13,421幅。7月16日，总署总检验师赴我关集中审像中心调研，对我关智慧机检工作给予肯定。

【扫黄打非】贯彻落实全国"扫黄打非"工作部署，全年制订下发福州关区当年度"扫黄打非"工作方案、专项工作实施方案等文件15份，细化工作举措，建立健全工作机制。加强全渠道管控，将"扫黄打非"工作切实部署到邮件、快件、跨境电商、货运、旅客进出境等各个渠道海关监管岗位，2021年在一般贸易、快件和跨境电商等非行邮渠道均实现福州关区首次查获。针对国内最新形势变化和福州关区业务特点，重点加强对相关国家和地区进出口违禁印刷品及音像制品的查缉。针对敏感时期和重要节点，加强对重点国家和地区进出境印刷品及音像制品监管力度，收集"扫黄打非"查缉案例，总结提炼相关特点整理信息50余篇，及时报送上级部门加强国内预警。加强与总署监控办、福建省"扫黄打非"办公室、福建省民族与宗教事务厅、福建省公安厅等部门的联系配合，形成齐抓共管、联合封堵的工作合力。推动海关职能部门、海关现场监管和缉私执法、公安机关多部门参与、联动协作，提高查办案件效能。2021年福州海关共查获违禁印刷品22,349件，同比增长3.2倍。全国"扫黄打非"工作小组授予福州海关口岸监管处2021年全国"扫黄打非"工作先进集体称号，榕城海关驻邮局办事处陈金辉同志2021年全国"扫黄打非"工作先进个人称号。

【海关口岸监管环节反恐】贯彻落实习近平总书记关于反恐怖工作的重要指示精神，落实总体国家安全观，围绕建党100周年等重要时间节点，强化口岸监管环节反恐维稳工作，全年共查获非成套枪支散件39件并进行后续处置。福州海关连续两年被评为福建省反恐怖工作先进单位。建立常态化反恐体制机制，制订并下发了《福州海关2021年度口岸反恐怖工作方案》《福州海关口岸监管环节涉恐突发事件应急处置演练工作规范》，签订《福州海关反恐怖工作责任书》，加强与省反恐办日常联系，走访省生态环境厅，建立突发事件应急处置联系机制。梳理关区各口岸反恐设备的配备以及使用情况，实地检测固定式核辐射探测设备以及便携式核生化监测设备116台，形成设备基础台账。推进固定式核辐射探测设备联入总署核辐射探测应用系统，共24台设备完成联网工作。结合专业背景、工作经历等，对关区反恐业务骨干"优中选优"，建立监管环节核辐射、生物、化学专家库，发挥专业队伍在涉恐事件监测、预防和处置方面的作用。联合福建省生态环境厅、福建省辐射环境监督站、马尾区公安局、马尾区卫健局在马尾海关开展进口货物环节口岸核与辐射突发事件应急处置联合演练。以"践行总体国家安全观，统筹发展和安全，统筹传统安全和非传统安全，营造庆祝建党100周年良好氛围"为主题，开展口岸反恐宣传教育。通过实地督导、视频检查等方式强化口岸监管环节反恐作业规范。

【平潭对台小额商品交易市场监管】福州海关贯彻落实习近平总书记在福建考察时重要讲话精神，推动福建省人民政府、总署合作备忘录议定的"支持平潭、大嶝对台小额商品交易市场发展"落实落地，关党委多次接见来访的平潭综合实验区管

▲2021年10月29日，福州海关、福建省生态环境厅、福建省辐射环境监督站、马尾区公安局在马尾青州港开展口岸核与辐射突发事件应急处置联合演练

委会领导，听取地方对平潭对台小额商品交易市场发展规划以及需要海关支持的事项，组织开展政策研究，促进市场业态创新。规范平潭对台小额商品交易市场岗位操作流程，建立日常巡查、常规核查以及卡口值守制度。推进平潭对台小额商品交易市场围网面积变更场所建设工作完成验收，完成市场1号免税商场业态整合签约。开启台湾农渔产品"绿色登陆通道"，实施"从平潭口岸进入平潭对台小额商品交易市场的台湾水果免于提交植物检疫证书"等一系列惠企惠台便捷措施，实现台湾农渔产品3小时内便捷通关目标。2021年平潭对台小额商品交易市场进口货值35,529.24万元，销售总额36,025.96万元，购物人次48.21万人次。加大对市场内货物的进出转存购销整体脉络的梳理，着力化解监管风险，全年共办理"两简案件"8起，移交刑事案件线索6起，一般行政案件线索6起（其中立案3起），查获不合格情事8票。

统计分析及政策研究

【概况】2021年,统计分析处深入落实"统计+研究"工作要求,全力推进完成各项工作任务。创新提出"四同四提升"工作法,成效显著,经验做法在总署《政治工作简报》推广;立足主责主业,着眼小切口、聚焦企业需求,为促进福建茶产业发展建言献策获多位省领导批示,切实解决企业急难愁盼问题。《中华人民共和国数据安全法》学贯有力,开展专题研究,完善制度规程,强化安全保护,总结提升创新,3次获总署点名表扬。2021年共审核统计数据记录150余万条,有效保障关区统计数据质量。落实"全员打私",共移交报关单数据记录765条,涉及金额1.14亿元,案件线索转化实现突破。参与总署重点商品调研和审稿工作,成果通过时任倪岳峰署长审定,获上级领导批示。完成全国性进出口监测预警信息28篇次,编发关区进出口监测预警信息168期,获上级部门采用10篇次。政策理论研究文章被各类载体刊发19篇次,为我关历年来最好成绩。《海关政研》刊登3篇,处于全国海关领先水平。全员协作、全力保障,圆满完成总署交办的专项工作。年内共计承接总署专项工作30项,参与各类集中工作60余人次,作为牵头部门或组长单位参与多个专项工作,获总署通报肯定7次,有力提升福州海关统计分析工作影响力。

【统计调查】组织福州关区样本企业完成出口先导指数调查。每月按时组织37家样本企业开展出口先导指数调查,撰写相关监测运行报告,其中2篇被《福建信息》《政讯专报》采用。组织福州关区样本企业完成各类专项调查。根据总署部署,完成"进口货物使用去向调查""跨境电商试点调查""跨境电商全业态统计半年调查""海运集装箱运力运价"等7个专项调查调研任务,撰写相关调研报告。落实"放管服"改革优化营商环境措施。收集整理出口先导指数、运力运价等调查调研任务中企业反映的生产经营中遇到的78个困难和问题,及时反馈相关部门。开展统计调查专项培训。根据要求,组织海关统计制度方法、统计调查、国际服务贸易统计制度等内部培训,进一步提升统计调查专业技能；组织进口货物使用去向调查说明会，现场解答企业问题。加强各项调查后续管理。针对样本企业清查阶段出现失联、填报中出现拒不配合调查、数据质量严重差错等情况，向企管部门制发联系单3次，建议对29家相关企业开展注册信息、生产情况等后续"多查合一"核查监管，向风控部门制发联系单1次，建议对3家企业加强风险分析和布控，确保统计调查工作严肃性。及时总结反馈经验。根据实际调查工作总结经验，积极向总署提出优化统计调查系统、完善制度等建议共5条，被统计司采纳1条。

【贸易统计】认真贯彻落实总署《维护海关统计数据真实准确工作责任制规定》，牢固树立统计数据质量责任意识，层层压实数据质量主体责任，确保海关统计数据质量。建立日常监控与专项审核相结合的管控机制。建立在每日统计数据审核基础上的进出口数据常态化监控机制，同时加强异常数据专项核查，进一步落实落细各项措施，并于8月下发《福州海关关于加强进出口贸易统计数据审核工作的通知》，确保贸易数据审核工作有序开展，全年共审核数据记录120余万条，共下发联系单87份，包含数据记录1,902条，进一步加强了统计数据质量管理。加强内部职能部门之间的信息共享和联合处置。与风控分局建立四项机制，强化贸易安全风险一体化防控和多元化治理，定期开展联席会商，加强双方联动配合，落实落细风险防控及处置具体措施，先后组织白银手镯、胶原蛋白、鞋靴等商品异常进出口情况开展专项核查，及时向总署报送核查情况，提高风险监测和防控能力。

【业务统计】逐月按时组织完成业务统计数据月度审核上报工作，全年共计审核约15万条记录，发现并整改差错记录29条；完成2020年业务统计数据集中审核工作，主要对逻辑检控提示记录、综合辅助检查提示问题、历史数据比对异常记录以及以往审核发现的易错问题进行复核，共计审核约15万条记录，发现并整改差错记录149条。完成总署下发的业务统计数据核查。全年共完成数据核查6次，涉及"检验检疫入境货物不查验不合格""'一带一路'进出监管船舶大于监管运输工具船舶"、邮递物品快件异动、监管进出境飞机架次异动等相关内容。开展统计基础工作调研。对当前海关统计基础工作存在的突出问题和面临的主要风险、新时期海关统计基础工作的职责定位与发展方向、关于完善海关统计制度的意见和建议等内容开展调研，并形成相关调研报告。服务领导决策编制统计业务专刊。2021年共编制11期《统计业务专刊》，涉及进出口情况、出口经理人指数、进出口货运量、报关单数、税收、集装箱、运输工具等14个关区主要业务统计指标的月度、季度、年度增减变化，供领导及时了解关区各类主要业务发展情况。开展业务统计运行分析。2021年共撰写9篇业务统计分析报告。

【统计数据管理】积极跟进总署业务数据安全分类分级工作进度，加强全关业务数据使用的安全管理，规范高效为相关部门和机构提供海关统计数据。积极参与总署业务数据安全机制工作。作为总署数据安全工作机制成员单位，多次参与总署专项工作任务，对海关业务数据管理办法及配套制度进行多轮修订，完成管理办法征求意见，同时对署内20余份制度性文件提出数据安全审核意见。开展数据安全治理课题研究。由关领导牵头指导开展业务数据治理关级重点课题研究，课题研究成果《推进海关业务数据治理体系建设的思考》在总署《海关政研》刊发。加强数据安全管理职能指导。严格数据管理制度落实执行，完善关区制度规程和安全保护措施，强化数据系统安全前置审核，结合专项审计和督察工作，实时开展数据安全管理的督导检查。抓好审计落实，做好总署专项审计任务的及时传达，针对2份审计资料清单及3份审计取证单及时提交所需资料，并做好职能指导工作。

【统计服务】增强统计服务的主动性、互动性、针对性和有效性，打造具有福州海关特色的分层统计服务体系，更好地发挥统计"数库"作用。增强统计服务的主动性，提升对外宣传水平。针对地方经济和外贸发展热点加强监测分析，第一时间提供信息服务供领导决策参考，全年获省委省政府《八闽快讯专报》《今日要讯》采用7篇次。增强统计服务的互动性，提升联系配合水平。分别与福建省商务厅、省农业农村厅、省海洋与渔业局3家单位签署统计信息共享协议，建立联络员制度和信息交换制度，强化信息交流与共享，并与省海洋与渔业局就福建水产品出口联合开展重点课题调研，建立了良好的外部合作基础。增强统计服务的针对性，提升服务决策水平。围绕经济发展大局优化数据提供，积极参与地方政府疫情防控等专项工作，根据联防联控工作要求，就出口防疫物资、进口冷链商品及高风险非冷链集装箱信息等开展专项监控，并按月向相关部门报送数据，积极助力地方政府疫情防控。同时围绕地方政府需求拓展服务领域。加强与省内各相关部门的业务联系，不断加大对外提供统计服务数据量，除福建省外贸统计数据外还涉及各类专项统计资料，不断拓展统计服务领域，除规范提供福建省外贸统计数据外还涉及各类专项统计资料，助力"六稳"、"六保"、优化营商环境等各项工作，每月定期提供数据次数和报表数量分别同比增长1.6倍、1.1倍。增强统计服务的及时性，提升数据共享水平。加大内部信息化系统建设的指导力度。按照总署最新规范指引，共对关区11个应用项目的业务数据申请进行审批，积极助力关区科技创新和信息化建设。挖掘与职能部门业务的融合深度。定期为相关部门开展业务监控提供数据支持，并联合开展重点课题调研，同时与风控分局建立四项机制，强化贸易安全风险一体化防控和多元化治理，贸易渠道专项稽核查移交案件8起，共计案值7,750万元，非贸渠道2起，案值1,266万元。提升对接基层单位需求的服务温度。创建"基层单位需求数据库"，确保数据的及时性和准确性，持久有效为基层单位业务分析服务，向各职能部门及隶属海关提供数据次数和报表数量分别同比增长3.5倍、3.2倍。

【政策研究】2021年，首次成立福州海关理论政策研究工作领导小组，统一领导关区理论政策研究工作。制定《福州海关关于进一步加强理论政策研究工作的通知》，召开关区理论政策研究工作专题部署会议，推动理论研究多点开花，2021年的福州海关理论政策研究成效明显，成果转化收到成效。全年，关领导撰稿或指导的理论研究文章被刊发19篇次，为历年最好成绩；11篇优秀论文获得福州海关学会推荐，在中国海关学会评选中获评优秀论文2篇，在广州分会的评选中获得一、二、三等奖各2篇，8位关领导撰写的理论文章被通报表彰。《福关政研》刊发35篇政研文章，其中《海关推动探索闽台融合发展新路的思考》《锚定碳达峰、碳中和目标在推进福建生态省建设中实现海关更大作为》《推进海关业务数据治理体系建设的思考》等多篇文章被总署、福建省委的重要刊物采用。落实省领导要求，完成全省口岸发展、产业发展两项研究报告。落实省委"三再"活动要求，结合进出口贸易情况精准调研，先后提交调研报告47份，其中《"三智"视角下推进福建"海丝"核心区建设的一些思考》被省委刊物采用，福建新能源汽车动力电池出口情况专项调研、福建省与中东欧农产品贸易、茶叶出口高质量发展、中欧班列（武夷山）问题研究等多项调研成果，获福建省委、省政府办公厅相关载体采用。参加总署、福建省重点课题共10余项，其中课题组参加总署专项商品调研，完成《蒎烯调研报告》等3篇共15万字研究报告，获得总署的肯定；参与撰写《进出口监测预警速报》获5位署领导签批。2021年共立项关级16项、部门级课题29项，共45项课题，均按时结题，提交研究报告。理论政策研究工作组组织开展课题评审工作，对报送的69篇理论政策研究文章及课题报告，按照严格标准、实事求是、客观公正的原则，评出特别奖6篇；关级课题一等奖2篇、二等奖3篇和三等奖5篇；部门级课题一等奖2篇、二等奖3篇、三等奖5篇，鼓励奖13篇。

【监测预警】积极参与总署重点商品调研工作及集中审稿工作，成果通过署领导审定和肯定。牵头或参与"2021年我国外贸分析研究"工作专班、《"十三五"期间中国对外贸易发展报告》、《新能源汽车产业发展报告》、《东南亚疫情反弹对全球产业链供应链的影响及应对研究》、对台政策等多个署级课题研究，获上级领导肯定3篇次，获总署统计司专文通报肯定6

次。积极承接总署重点监测分析任务，开展粮食进口、两岸贸易等全国性进出口监测分析31篇次，参与每季度全国外贸进出口新闻发布会的材料准备及舆情监测，参与总署全球贸易监测中心工作，编审《全球贸易监测日报》15期。围绕对外开放大局，结合海关统计数据开展分析研判，每月开展福建省、福州关区外贸进出口形势分析，常态化跟踪监测福建省与东盟、美国、中国台湾地区、"一带一路"沿线国家和地区等主要贸易伙伴的贸易往来情况，应地方政府部门需求提供经济分析材料16篇次，有力地辅助了政府决策和企业开拓市场。立足福建省省情，撰写促进福建省产业高质量发展、新能源产业、茶叶出口、对中东欧农产品贸易等调研分析报告，从海关角度提出促进外贸保稳提质的政策建议。其中，《我省茶叶出口现状分析及对策建议》一文获多位省领导批示，并促成地方政府出台促进茶叶出口专项扶持政策。结合外贸发展面临的新情况、新问题，开展对疫情对外贸影响、集成电路进口、猪肉进口、劳动密集型产品出口等跟踪监测分析，开展企业调研15次，及时反映企业生产经营情况、市场供需变化、形势发展影响等，为政府决策制定贸易政策提供科学依据。全年共编发进出口监测分析信息168期，获上级部门采用10篇次，总署采用16篇次，省委省政府信息载体采用62篇次。加强对福建省外贸进出口的正面宣传，召开新闻发布会4次，接受央视、福建电视台等媒体采访5次，新闻稿件先后被央视新闻、东南卫视、《福建日报》、"学习强国"等媒体广泛采用，为外贸保稳提质提供有力舆论支撑，取得良好的宣传效果。

▲2021年，统计分析处党支部荣获福建省直机关第一批"达标创新"支部

企业管理和稽查

【概况】2021年，福州海关企业管理和稽查部门坚决贯彻落实上级决策部署，围绕"建设强关、打造样本"总体目标，统筹发展和安全、监管与服务，以信用管理为基础，以智慧企管为抓手，以企业认证、保税监管、稽查核查为支撑，以打造样板为关键，着力提升治理能力，打好"三年建强企"收官战，奋力推动福州海关企业管理和稽查事业跨越发展。

落实习近平总书记重要指示批示精神，对原进口固体废物加工利用企业和进口再生金属企业实现专项稽查"两个全覆盖"，对海关特殊监管区域和保税监管场所开展安全隐患再排查，守牢安全底线。

释放加工贸易新政策利好，在综合保税区全面推广"四自一简"（企业自主备案、合理自定核销周期、自主核报、自主补缴税款，海关简化业务核准手续）改革举措，关区综合保税区年度进出口货值32.59亿元，同比增长32.98%。落实企业集团保税监管模式改革试点，支持地方建设保税仓储场所，推广跨境电商零售进口退货中心仓模式，全年监管加工贸易进出口总值1,081.19亿元，同比增长19.42%。

开展跨境电商"断链刨根"专项整治行动，摸排检查企业1,460家，规范完善267家企业备案信息，核查发现30本账册盘亏情事，依法下调3家相关违法违规企业信用等级。

强化创新引领，推进"智慧企管"建设，"智慧企管"工作室揭牌，"智慧企管"信息化建设通过总署自贸创新举措备案审核，5个应用子系统完成测试运行。

▲2021年12月15日，福州海关"智慧企管"工作室揭牌

【资质管理】2021年，福州海关落实"证照分离"改革部署，取消报关企业注册

登记许可管理，实现报关单位备案全程网上办理。强化报关单位营业执照注销、吊销状态管理，提升注销便利化程度。2021年，全关区共办理报关单位备案2,659家、信息变更2,662家、注销1,531家。强化企业注册信息核对，共开展核对215家。2021年，关区注册登记和备案企业24,210家，其中高级认证企业49家（含1家分支机构）、失信企业33家，共动态调整企业信用等级114家次。推动食品生产企业特别是老区山区食品生产企业扩大出口，组织线上专家组对产业链重点企业开展相关国际标准远程指导，线下实地考核组对持续符合情况实时验证。2021年，关区出口食品备案企业628家，其中新增80家，新增对外推荐注册企业114家次。

【信用管理】2021年，福州海关着力构建以信用管理为基础的新型监管格局。细化分解5大类22项《海关认证企业管理措施目录》，扩充关区企业协调员队伍至71人，企业协调员收集并解决企业问题251个。执行新修订的《中华人民共和国海关注册登记和备案企业信用管理办法》，落实失信企业新认定标准，重新认定企业信用等级200家。开展"信用单兵"认证作业试点，应用单兵设备开展作业9次。强化信用培育和认证辅导，先后与福州报关协会、宁德市商务局等单位联合开展政策宣讲和对企培训，共70多家企业200多位人员参加。关区新增6家高级认证企业，较2020年增长数翻一番。

▲2021年，关领导为相关企业颁授高级认证企业证书

【保税监管】2021年，福州海关支持跨境电商业务健康发展，核批新增电商专用仓库面积9,000平方米，"网购保税+线下自提"业务于2021年2月落地实施，关区首个跨境电商退货中心仓于2021年11月落地运行。协调总署将平潭综合实验区成功接入金关二期海关特殊监管区域管理系统，保障区内企业享受优惠政策。推动实际投资7亿元项目落户福州综合保税区，实现保税研发"零突破"。对海关特殊监管区域和保税监管场所开展安全隐患再排查，推动安全生产监管举措有效实施，未发现安全生产问题。

【企业集团加工贸易监管改革】2021年2月，开展企业集团保税监管模式改革，关区4家企业集团的9家企业参与试点，享受在集团内自主存放保税货物、自由流转保税料件、便利调配不作价设备，免于办理外发加工备案手续和全工序担保等诸多便利。2021年参与试点集团企业加工贸易进出口总值83.67亿元，共为企业减免保证金（保函）约1,650万元，节省企业物流、报关等费用600多万元。

▲2021年，基层关员查看企业集团加工贸易监管模式货物存储管理情况

【国际矿石保税场所建设专班】2021年，福州海关发挥保税监管场所政策优势，便利国际矿石进口储备，核批增加罗屿港保税仓储场所面积5.8万平方米，推动罗屿港9号泊位靠泊40万吨级散货船舶，提升保税监管场所混矿作业和对台转口能力。2021年关区铁矿石一线入库924.98万吨，同比增长28.94%，保税出库834.21万吨，同比增长16.42%。

【稽查核查】持续开展禁止"洋垃圾"进境专项行动和进口再生金属行业专项稽查行动，对原进口固体废物加工利用企业和进口再生金属企业100%开展专项稽查。开展主动披露作业56起，同比增长5.2倍，减免滞纳金103万元。加快推进"互联网+核查"，开展网上核查9起。推动跨部门协同监管，联合市场监管部门、税务部门开展出口商品"双随机、一公开"跨部门联合抽查，选定核查执法事项5个，开展联合抽查23起。按照总署企业管理和稽查司委托，率先开展拓展委托第三方机构助力核查适用领域改革试点，选取榕城海关、宁德海关、南平海关作为试点单位，顺利完成委托第三方（海关公益二类事业单位）协助开展境外通报核查试点工作。组织开展进境大豆后续监管专项行动，共核查进口粮食加工企业4家，主要查发相关企业落实防疫制度不到位、工作记录不完善、场地设备配置不符合要求3类问题。2021年，办结核查作业数590起。

【稽查业务改革】2021年11月，落实稽查业务改革部署，树立以查发为导向的稽查理念，取消常规稽查，对27家企业实施径行稽查。强化对新型贸易业态以及传统保税业务等领域专项稽查，拓展稽查领域，积极组织开展对特许权使用费、航运附加费、钢铁行业价格、葡萄酒原产地等专项稽查行动。牵头负责3省区加工贸易领域贸易调查，为开展全国性专项稽查行动提供决策参考。

【稽核查作业"网上电子审核"】2021年，福州海关开展稽核查作业"网上电子审核"改革，在宁德海关、南平海关开展试点，组建虚拟集中审核中心，审核人员运用稽核查业务管理系统（以下简称作业系统），根据稽核查人员在系统中上传的稽核查及主动披露执法过程中收集的主要证据材料、制作的法律文书、录入的执法程序等电子数据信息，对执法的合法性、规范性进行审核，提出审核意见，直接在作业系统中完成审核流程。

【属地查检】2021年,福州海关推动属地查检改革,参与总署属地查检业务管理系统建设专班,摸清关区属地查检工作情况,建立福州关区属地查检人才库,制定出台《福州海关过渡期属地查检工作机制（试行）》,理顺各部门职责分工。2021年,关区进出口属地查检申报191,597批、现场查检9,582批、送检1,695批、出具证书43,587份、查发不合格294批次。其中进口属地查检申报3,624批、现场查检3,624批、送检1,025批、出具证书5,030份、查发不合格191批次;出口属地查检申报187,973批、现场查检5,958批、送检670批、出具证书38,557份、查发不合格103批次。

查缉走私

【概况】2021年，福州海关坚决贯彻习近平总书记重要指示批示精神，严格落实总署关于打私工作部署要求，坚持总体国家安全观，聚焦"中央关注、社会关切、群众关心"走私突出问题，将禁止"洋垃圾"入境作为重要政治任务，锲而不舍严打象牙等濒危物种、防疫物资疫苗及"水客"走私。2021年共查办走私"洋垃圾"案件13起，走私濒危物种案件60起，打掉"水客"走私团伙3个。牢记打私主责主业，克服疫情困难，勇于担当作为，全力以赴打好"国门利剑2021"总战役，全年共刑事立案135起，案值66.33亿元，同比分别增长3.05%、40.08%，在全国排名分别为第12位、第6位，10起刑事案件被总署缉私局列为一级挂牌管理案件。行政立案927起，案值12.89亿元，同比分别下降11.04%、44.1%，在全国排名分别为第16位、第13位。全员打私合力不断增强，出台加强打击走私工作措施，海关各业务现场移交成案线索440条，其中刑事案件线索同比增长超5倍。综合治理不断深化，联合海警、烟草等部门破获多起案值超亿元大要案。查获走私毒品案件12起、走私制毒物品案件5起，查证走私制毒物品4.3万吨。

【打击涉税走私】2021年，福州海关缉私局共立涉税刑事案件97起，案值63.58亿元。其中，（1）"12·27"香烟走私案。联合海警部门破获"12·27"香烟走私案，打掉走私香烟团伙3个，查获走私香烟约61.8万条，案值达11.08亿元。该系列2起案件被总署缉私局列为一级挂牌管理案件。（2）"4·27"走私活鲜案。成功打掉走私活鲜犯罪团伙2个，案值达6亿元。该案件被总署缉私局列为一级挂牌管理案件。（3）"11·10"走私普通货物案。按照总署缉私局的统一指挥部署，福州海关缉私局在广州、厦门海关缉私局和地方公安的支持配合下，在福建福州、厦门、平潭等地同步开展打击走私普通货物查缉收网行动，成功打掉走私团伙3个，抓获犯罪嫌疑人17名，现场查扣涉嫌走私化妆品、运动鞋、疑似淫秽书刊、IC电子元件、旧手机主板等涉案货物47柜约200吨，冻结涉案款项1,500万元，该系列案件案值5.5亿元，其中1起案件被总署缉私局列为一级挂牌管理案件。（4）参与总署缉私局组织的打击"水客"走私统一行动，打掉走私团伙3个，案值约3,012万元。（5）"6·16"走私酒水系列案。现场查获酒水2个集装箱，获取大量涉案证据，一举打掉2个走私酒水团伙，案值约5,000万元。

▲2021年7月，福州海关缉私局办案民警在侦办"12·27"走私香烟案件中开柜查看涉案香烟

【打击非涉税走私】2021年，福州海关缉私局共立非涉税刑事案件43起，案值3.72亿元，其中，坚决以习近平总书记重要指示批示精神为号令，将禁止"洋垃圾"入境作为重要政治任务，锲而不舍严打象牙等濒危物种走私，深入开展"蓝天2021"等专项行动。全年查办"洋垃圾"案件13起，其中刑事立案6起，查证走私旧医疗设备418台，行政立案7起，查获涉案固体废物174.824吨，并均已全部退运出境；共办理走私濒危物种案件60起，查扣象牙、犀牛角、海马干、沉香木等濒危野生动植物制品54.1千克和缅甸蟒皮制品18件；查获涉案非医用一次性口罩20.18万个。严打涉枪涉毒、淫秽物品走私。组织开展"国门勇士2021""使命2021"等专项行动，全力做好建党100周年、冬奥会等安保维稳工作。2021年共查获涉枪案件13起，查获枪支2支，枪配47件；查获涉毒案件17起，抓获犯罪嫌疑人12名，查扣各类毒品4.62千克，查证走私制毒物品氯化铵4.3万吨；参与总署缉私局"5·06"专案统一收网行动，查获非法出版物48,000余册，其中淫秽书刊9,000余册。

【水上缉私】2021年9月16日，根据《海关总署缉私局关于开展原缉私警察身份人员回流安置接收工作的通知》（缉私局便函〔2021〕843号），福州海关缉私局完成海警队伍原缉私警察身份3名人员回流安置工作。2021年9月22日，福州海关缉私局派员参加2021年全国公安机关海关缉私部门水上缉私实战大练兵比武考核，与江门、汕头海关缉私局组成联队荣获团体三等奖。加强与海警就水上缉私工作的联系配合，沿海缉私分局与属地海警部门签订《联合打击违法犯罪活动合作备忘录》。

【智慧缉私】2021年，福州海关缉私局紧紧围绕公安大数据建设应用战略部署，依托"海关总署（福州）打击走私专项情报中心""打击濒危物种走私智慧研判系统"，进一步升级福州海关缉私合成作战系统，主动争取公安相关数据资源，提升智能研判和大数据应用水平。积极推进专项情报中心濒危研判建模工作，加强与国际野生动物保护学会（WCS）、国际爱护动物基金会（IFAW）等组织合作，搜集濒危走私情报线索，掌控濒危物种走私态势；编辑发布《濒危物种非法贸易新闻摘要》45期、濒危物种走私态势分析5篇，情报动态产品提供方面居全国前列，指引广州、昆明、合肥等兄弟海关缉私局查获象牙、犀牛角等珍贵动物制品约6千克，抓获嫌疑人5人。2021年4月，福州海关缉私局在全局范围内开展"智慧缉私我先行"创新项目比武评选工作。2021年8月，福州海关缉私局上报的《巧用智慧现勘系统 助推缉私勘验规范化》在总署缉私局《缉私工作研究》刊发。

【国际地区执法合作】2021年，福州海关缉私局开展国际执法合作4次。在境外公司资料调取，境外海关报关单证、境外运输工具调查取证和境外人员追逃方面与韩国、马来西亚、新加坡等国家和地区开展深度执法合作。2021年4月6日，福州海关缉私局民警与德国海关驻华联络官Martina女士开展座谈交流，双方就加强打击野生水生动物走私进行深入交流，并会商相关案件境外取证事项。

【刑事法治建设】2021年，福州海关缉私局共刑事立案135起，案值66.33亿元，采取强制措施407人次，执行逮捕94人。法制部门落实刑事案件统一审核、统一出口"两统一"工作机制，完善与办案部门的分工协作，突出审核重点，规范刑事案件审核标准，移送审查起诉案件50起（其中10起为总署缉私局一级挂牌管理案件），移送起诉127人，法院判决151人，比2020年分别上升20.95%、88.75%。刑事执法办案质量考评在全国海关缉私系统位列全国第6名。福州海关缉私局办理的"张某某等人涉嫌走私洋酒案"入选《最高人民法院、最高人民检察院、海关总署打击"水客"走私犯罪典型案例》。建章立制方面，重新修订福州海关缉私局刑事案件审理委员会工作规程，施行刑事案件告知制度，维护当事人合法权益，保障严格规范公正文明执法。加强执法指导方面，福州海关缉私局二级网站开设了"缉私法苑"专栏，2021年共编发执法提示11期，判例共享34条，法规指引8篇，供办案单位和办案人员参考。加强执法监督方面，构筑"网上巡查、专项督查、年度检查"的"三查叠加"执法监督模式。福州海关缉私局年内围绕刑事执法中常见问题和短板，强化执法视音频记录机制、三个规定告知制度、查封扣押冻结涉案财物、异地执法办案协作等制度的落实，并开展专项检查。

【行政处罚】2021年，福州海关全年共行政立案927起，结案695起。其中缉私部门立案办理普通程序案件494起，结案262起；海关业务现场立案办理简易程序案件与快速办理案件433起，结案433

起。全关共办结 2 起报总署审批案件，未产生新的积案，未发生行政复议和行政诉讼。福州海关在全国海关行政处罚案件指标考评中列第 6 名。开展行政案件专项清理工作，在全关区开展行政案件专项清理，在规定时限内分类逐案清理案件 234 起，建立积案全流程监控机制，全方位加强行政积案防范，保持行政积案零记录。推行"网上巡查预警监控"机制，开展行政处罚执法监督和指导，发布《行政案件超期预警监控情况通报》2 期，及时发出各类风险提示 32 条。做好法规政策宣传，联合福州报关协会开展法治宣传活动，派员以"海关行政处罚和贸易合规审查"为主题为福州报关协会培训班作专题现场授课。组织一线关警员学习 2021 年修订的《中华人民共和国行政处罚法》主要内容和重点问题，邀请福建省高级人民法院行政庭高级法官进行专题解析。发布《执法提示》，对总署修订《中华人民共和国海关办理行政处罚案件程序规定》（2021 年 7 月 15 日起施行）的主要内容进行解读、提示，供全关执法单位和人员参考。

【综合治理】2021 年，福州海关缉私局推动地方政府落实反走私综合治理主体责任，加强与地方公安、海警、烟草等部门的协作配合，形成齐抓共管的打私合力，全力做好建党 100 周年、冬奥会等安保维稳工作。2021 年，福州海关移交地方冻品归口处置 428 吨，并联合地方公安、海警、烟草及其他海关缉私部门先后查获"12·27"走私香烟案、"4·27"走私活龙虾案、打击"水客"走私统一行动和"4·09"打击易制毒化学品专案等，跨警种合成作战、深化"陆海联动"打击模式取得显著成效。联合福州报关协会通过"钉钉"视频会议系统召开座谈会，向关区约 50 家进出口企业和报关企业开展法治宣传；各基层分局通过深入重点乡镇开展普法推广，评选反走私示范村，参与地方反走私综合治理督导等，不断强化"打防管控"机制建设。加强反走私新闻宣传，多起案件被央视、人民网等主流媒体刊播，其中打击旧医疗设备走私案被央视《新闻联播》采用，结合"6·26"国际禁毒日、"12·4"国家宪法日等开展系列普法宣传活动，通过设立宣传展板、陈列毒品样品、现场解答、发放宣传品等方式，进入校园、社区、市场广泛开展普法宣传，提升民众守法意识，形成共同防范打击走私违法犯罪的良好氛围。

▲2021 年 6 月 25 日，福州海关缉私局联合榕城海关结合"6·26"国际禁毒日开展禁毒公益宣传活动

国际及港澳台合作

【概况】2021年，福州海关坚持以习近平外交思想为指引，把牢海关国际合作根本方向，全力服务海关外事工作。坚持"三智"合作理念，围绕总署"三智"国际合作工作部署，结合关区业务工作，积极开展"三智"先行先试。遵循外事工作有关规定，完善外事工作机制，做好外事审批和行政互助协查。凝聚关区外事合力，重视外事人才骨干培养，选派业务骨干参与RCEP有关谈判、技术性贸易措施交涉应对等工作，取得一定成效。

【"三智"国际合作工作】2021年，福州海关参与海关"三智"工作先行先试，"'智慧企管'工程"创新举措在总署自贸司备案，福州海关"智慧企管"工作室揭牌；成立口岸智慧监管创新工作室，推动在关区货运渠道实施"先期机检+智能审图+集中审像"的机检模式；上线"智慧签证辅助应用"，并复制推广至福建省"单一窗口"；上线部署福州海关旅检口岸VR物联网项目，推进江阴港智慧监管项目在榕城海关试运行，推动人脸识别系统在长乐机场旅检口岸正式投入使用。围绕"三智"开展研究、政研等工作，正式立项关级课题1项《新海关口岸监管对标"三智"实践探索与创新》，立项部门级课题2项《以国门安全为要务构建新型"三智"海关监控指挥中心》《"三智"理念指导海关科技创新应用的思考》；成立"三智"应用项目研讨小组，持续跟踪总署推进开展的"三智"项目建设，联系福州大学等高校探索开展"三智"相关课题研究，《深度学习在口岸场所视频智能监管中的研究及应用》获批为2021年度福建省创新战略研究科研项目，《"三智"视角下推进福建"海丝"核心区建设的思考》《新海关口岸监管对标"三智"实践探索与创新》分别获《中国海关》杂志和《海关监管实务与研究》采用。开展"三智"工作宣传推广，在《中国国门时报》专版发表《智慧赋能"一带一路"越走越宽》；福州海关作为5个代表发言单位之一在总署智能审图专题研讨会介绍本关区推进智能审图应用工作的经验和做法。

【外事管理】2021年，福州海关严格规范管理外事工作，顺利办理2起外事活动,选派 2 名干部参加第 53 届世界海关组织(WCO)估价技术委员会会议和 RCEP 原产地工作组磋商;配合标法中心完成 4 起协查请求案件。推荐 1 名干部作为 2021 年总署海关外事工作业务骨干,支持业务骨干参与 RCEP 关税实施准备工作专班等工作。

【对台工作】为《平潭综合实验区第十四个五年规划和二〇三五年远景目标纲要》修订建言献策,支持打造"台胞台企登陆第一家园先行区"。持续落实《海峡两岸经济合作框架协议》,2021 年福州海关签发《海峡两岸经济合作框架协议》(ECFA)原产地证书 357 份,签证金额 4,438.3 万美元。与总署沟通反馈平潭需要海关支持的诉求事项,推动平潭纳入金关二期海关特殊监管区域管理系统管理。发挥海关保税物流功能,全面实施"先放后检""品质证书依企业申请出具""入区检验、出区核放"等创新举措,实现莆田港罗屿作业区对台大宗散货进出转存的全流程联网监管。2021 年监管罗屿作业区转口台湾铁矿砂入库 366.9 万吨,货值 6.5 亿美元,分别同比增长 106.7%、282.35%;出库 339.5 万吨,货值 5.67 亿美元,分别同比增长 30.8%、118.9%。助力平潭综合实验区打造农渔产品集散中心,用好金井港区进境水果、冰鲜水产品、种苗、食用水生动物"四合一"指定监管场地,拓宽台湾农业优质植物资源登陆通道。2021 年平潭口岸进口台湾水果 2.2 万吨、货值 3.73 亿元,同比增长 6.76%、52.5%。加快海西隔检中心二期建设,方便台湾农业优质植物资源就近便捷登陆。

▲2021 年 11 月 18 日,莆田海关关员在罗屿作业区开展转口台湾铁矿砂抽样检验工作

【技术贸易措施交涉应对】2021 年,福州海关建立技术性贸易措施交涉应对工作机制,制发技术性贸易措施工作管理办法。提出通报评议意见、贸易关注 10 条,其中与深圳海关联合组织关、企、机构、专家应对欧盟电池技术性贸易措施线上评议,获欧盟正式回应。在福州海关门户网站开设"在线服务>技贸措施咨询服务"专栏,负责收集、维护福州关区出口食品的相关国家和地区最新法律法规规定的变化情况,为企业及时提供相关资讯。加强技术性贸易措施相关信息报送,撰写的 40 篇技术性贸易措施信息被《中国国门时报》采用;《木耳如何走上国外餐桌》《技贸破冰与筑篱:我国按摩器具出口需警惕三方面风险》等多篇文章获总署 12360 海关热线公众号采用;《出口日本食品农产品需防止黄曲霉毒素含量超标》被总署《技术性贸易措施导刊》采用。

第五篇

政务及后勤保障

政务管理

【概况】 2021年，福州海关坚持系统观念，加强统筹协调、参谋辅政、督促落实职能，抓好应急值守、公文处理、信息宣传、督查督办、政务公开、保密档案管理等工作，保障海关政务高效运转。

【应急值守】 2021年，福州海关完善值班工作规范，进一步细化工作内容、规范处置流程、更新值班要求。派员赴总署值班应急岗跟班作业，参与总署应急值班系统测试工作。规范值班视频点名工作，启动场所装修设计和制定采购预算等前期工作。实行公共假期、重要敏感时期培训全覆盖，通过实地及远程培训值班员100余人次。组织关区开展突发事件应急演练，完善应急装备和器械，结合实际细化应急预案、优化应急流程、提高应急效能。全年报送各类值班信息272条，在关区发生本土疫情期间全天候保持应急状态，报送紧急排查和辖区处置信息93条。

【政务信息】 2021年，福州海关政务信息工作坚持围绕中心、服务大局，紧跟国际经贸形势热点，结合福建省特色产业，调研外贸企业发展面临的困境，发挥海关职能优势，通过信息渠道针对性提出合理化建议，为总署、福建省委、省政府决策及时提供参考。信息被总署采用24篇，其中1篇信息被总署《海关工作情况交流》采用，实现了自2018年海关机构改革以来"零"的突破；2篇信息获得总署领导批示；动态信息被总署采用98篇，连续三年"节节高"。报省委、省政府动态信息采用159篇，综合信息采用98篇。报总署信息得分在全国直属海关单位中保持稳定位置，报福建省委、省政府信息得分排名均保持前10名。获评2021年度省政府信息工作先进单位，省委办公厅、省政府办公厅分别发来感谢信。

【公文处理】 2021年，福州海关把精简公文数量、提高公文质效作为改进工作作风、为基层减负的重要内容。制定发文控制数，建立月统计、季度通报制度，对多发超发情况及时进行预警提醒，推进公文精简考核指标落实。加强公文质量把关审核，把好政治关、程序关、体例格式关，对重要文件实行两次审核，重点环节组织"双人唱校"，实现总署办公厅、省委省政府办公厅公文错情"零通报"。

2021年，福州海关实行"日审周核"机制，做好7个公文系统实时收发工作，及时接收、处理关级文件。落实机要值班制度，切实保障"八小时之外"非工作时间紧急收发文、传输和文印工作。强化内部公文处理培训，指导关区公文处理工作。完善发文、综合管理等HB2012子系统文件流程配置和发文代字维护，优化多份报署省公文模板。实行"三重审核"机制，报署报省报市公文"零差错"。

【督查督办】2021年，福州海关把习近平总书记重要指示批示精神作为行动号令，深化落实"第一议题"制度，持续完善"督查+评估+问效"闭环机制，坚持形势分析及工作督查例会制度，推动习近平总书记重要指示批示精神落地见效，抓好疫情防控、安全生产、禁止"洋垃圾"入境、打击象牙走私等9项重点工作。将历次会议研究确定的事项分解为任务清单，每月督查，强化督查落实。第一时间学习领会习近平总书记来福建考察重要讲话精神，出台15条工作措施。牵头迎接总署口岸疫情防控专项督查，及总署办公厅关于"第一议题"、整治形式主义为基层减负工作督查调研。

【建议提案办理】2021年，福州海关承办省人大代表建议7件，省政协提案3件，涉及服务外贸出口、"一带一路"、融入国内国际双循环、疫情下冷链食品安全管理等内容，办结率100%，获得人大代表、政协委员和省人大、政协、政府督查室普遍好评。

【保密管理】2021年，福州海关组织召开关区保密委扩大会议，邀请省保密局专家讲授保密专题课，推动各级领导高度重视保密工作。开展保密宣传教育，做好保密日、密码法实施等特殊节点的宣传引导，营造人人讲保密、人人会保密的良好氛围。组织开展2次专项检查，督促各项工作制度落地见效，形成执行、指导、检查闭环，压紧压实各级、各岗保密主体责任。开展"庆祝建党100周年"主题保密宣传，向总署报送作品13件，被采用2件。

【档案管理】2021年，福州海关完成2020年度档案归档工作，其中照片档案2册、文书档案2,342余件、文件汇编7册。接收2010—2013年度会计档案、基建档案共538卷3,567件。收集制作疫情防控专项档案，形成专项资料汇编3册。优化提升档案利用效率，全年关区档案线上线下查阅利用共745人次，查阅档案1,953件。开展1969—1999年（含）文书档案永久卷移交总署的整理工作，涵盖30个档案年度，加工文书档案约600卷、1万件、8万页。围绕"庆祝建党100周年"主题开展海关红色档案教育，组织开展系列征文活动，1篇获总署采用刊发。

▲2021年10月25日，福州海关办公室关员在档案室查阅资料

【政务公开】2021年，福州海关修订13,000余字关区依申请公开工作指引，研究制订本年度政务公开工作要点及任务分解和主动公开目录，不断夯实政务公开标准化规范化基础。组织开展隶属海关政务公开标准化工作专题调研，摸清福州海关基层政务公开底数，深入分析关区依申请公开业务态势，对关区依申请公开情况进行分析总结并提出应对措施。组织开展基层政务公开专题培训工作，对受理时限、办理流程、答复文书等规范性进行全面指导，提高依申请公开办理质效。

【信访工作】2021年，福州海关通过现场接访、关长信箱、"政企直通车"和12345政务服务便民热线平台等渠道积极响应群众诉求。全年关本级共受理信访件10件，及时答复率100%，同比增长150%，处置"12345"等渠道诉求221件，办理门户网站留言115件，及时答复率100%。制定信访事项依法分类处理清单，指导规范依法分类处理信访诉求事项。坚持信访舆情监测，注重风险排查化解，收集疑难信访事项并进行综合分析，针对群众来信来访反映的普遍性、突出性问题，研究制定解决办法，向办理单位（部门）提出改进建议。严格信访事项全流程管理，实施快速筛查分类办、迫切诉求当天办、建立台账跟踪办，对重大问题严格督办落实。

【新闻宣传】2021年，福州海关以增强传播力、引导力、影响力、公信力为目标，围绕口岸疫情防控、党史学习教育、建党100周年、十九届六中全会、习近平总书记来福建考察等重大主题组织新闻宣传工作，密切与新闻媒体的沟通交流，及时组织新闻发布会，邀请记者组织采访拍摄，展示福州海关各方面工作成绩，营造良好公众形象，写好"福关故事"，发出"福关声音"。2021年福州海关各单位各部门共在各类媒体刊发新闻稿件1,045篇次，同比增长14.7%，连续三年保持两位数增长。其中，在央视各栏目刊播22篇次，《福州海关破获特大二手医疗设备走私案》在央视《新闻联播》单条播出，该新闻还在《新闻直播间》《天下财经》《经济信息联播》等栏目重点报道，并被各大媒体广泛转载，引发热烈反响。在《中国国门时报》刊载各类稿件130篇，刊用篇数创历史新高。

财务管理

【概况】2021年，福州海关认真落实总署及福州海关两级工作会议精神，紧密围绕"五关建设"要求，强化政治统领，坚决贯彻落实习近平总书记重要指示批示精神和党中央、国务院决策部署，全面履行服务保障职责；严格依法理财，树牢"过紧日子"思想，科学安排预算，优化支出结构，增强保障能力；坚持保障与管理并重，着力推动财务管理提质增效，为福州海关事业发展提供精准有效的财务保障服务。

【税费财务管理】2021年，福州海关夯实基础，做好税费财务核算。审核各项税收信息，提高税费财务报表质量，确保应缴税费资金、罚没收入符合有关规定并足额上缴；落实"三金一款"对账工作，实行每月由业务、办案部门定期向财务部门提交台账，确保资金安全。2021年福州海关累计征收两税（关税和进出口环节税）238.03亿元，同比增长36.78%，首次超过200亿元。其中关税累计15.62亿元，进口环节税累计222.41亿元。修订税费财务岗位操作手册。梳理税费财务岗位职责、操作流程，对新旧政策、制度对比，结合实际，修订岗位操作规程，做到各岗位操作有据可查。协调启动跨境电商税款"零跑腿"缴纳模式。联系商业银行，积极配合在平潭海关启动跨境电商税款"零跑腿"缴纳模式，通过优化流程，方便电商企业缴纳海关税款，作为"自贸创新举措"被《福建日报》等媒体报道。

【预算管理】2021年，福州海关积极争取财政保障。围绕关区发展规划及重点业务改革，做实做细各项资金需求，提高预算编制的科学性和精准性，2021年总署追加预算规模同比增加90%，关区获地方政府补助金额同比增长28.34%，保障关区各项工作经费需求。向中央财政申报2014—2020年养老保险清算资金，结合关区提出资金统筹安排方案，拨付各单位2014—2020年养老保险资金，保障了全体关警员及老干部的切身利益。建立高效预算执行机制。通过实时监控、定期通报、重点提醒等管理措施，狠抓预算执行，进一步完善业务、采购、财务多部门协同配合的预算执行机制，大力推进重难点项目的执行进度，重视预算绩效管理，增强齐抓执行的合力。2021年福州海关总体预算执行率在全国海关单位中排第9位，位于优秀序列。严格落实"过紧日子"要求。紧密围绕"五关"建设和福州海关中心工作，把有限的财力优先保民生、重点保运转、精准保发展，并向基层、边关倾斜，统筹专项经费用于解决基层实际困难。同时有保有压，多轮调整压缩关本级包干经费，大力压减非刚性、非重点、非急需支出，降低行政运行成本，"三公"经费预算压缩2%，机关包干预算压减36.59%。加强审核，"拧紧"经费支出"阀门"，关本级一般性支出同比下降4.39%，培训费支出同比下降25.48%。关区用水总量较上年同期下降19.56%，用电总量下降2.06%。

【行政事业单位财务管理】2021年，福州海关执行国库集中支付制度。参照《授权支付信息码与摘要规范指南》防范财政资金支付风险，保障财政资金安全规范使用。加强决算工作。重视决算数据的真实、准确和分析利用，提高资金使用效益，主动做好决算公开。完善内部财务管理办法，执行各项经费开支标准，重点审核单据来源是否合法，内容是否真实、完整，使用是否准确，是否符合预算，审批手续是否齐全。做好单位内部往来款项管理。定期清理往来款项，严禁长期挂账。规范会计核算，严禁违规设置会计账簿，严禁使用不合规的原始凭证进行列支。执行公务卡强制结算，最大限度减少现金提取使用。

【企业财务管理】2021年，福州海关制修订有关事业单位监督管理委员会相关章程和规则，充分发挥监委会对所属事业单位重大经济活动事项的监督与管理作用，行使对福州海关本级所属事业单位的监督职权。认真核算监督。按照总署要求，每月组织各企事业单位完成企业经济效益快报、业务收入统计系统数据在线上报工作，组织开展福州海关企业年度决算报表编制汇总上报工作。牵头福州海关所属企业脱钩工作。统筹推进海关所属企业脱钩工作，制订工作方案，督促了解各单位脱钩工作进展情况，及时上报福州海关脱钩工作落实情况及进展情况。规范收费工作。按照总署办公厅要求，在福州海关门户网站设立"收费公示专栏"，统一集中公示《行政事业性收费停征政策文件》和《海关下属事业单位、社会团体经营服务性收费集中公示表》并及时修订。

【涉案财物管理】2021年，福州海关贯彻落实重大决策部署。深入贯彻落实习近平总书记重要指示批示精神，多次走访福建省打私办、福建省生态环境厅等部门，积极推动福建省打私办出台《关于非法入境固体废物移交处理工作的通知》，是全国海关首批落实非法入境固体废物由地方归口处置政策的6个海关之一。积极协调马尾海关退运氧化锌粉固体废物209吨。依法依规处置涉案财物，共处置涉案财物161批次，变价款收入同比增长54%。

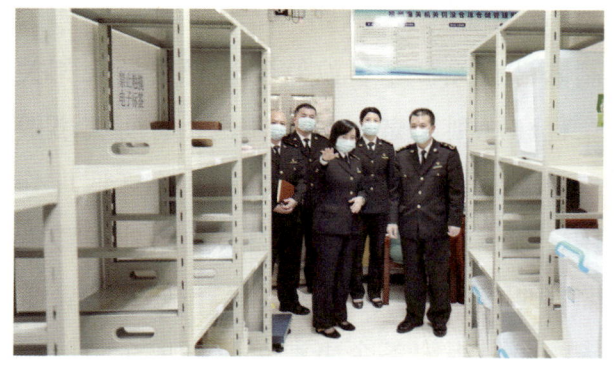

▲2021年4月7日，关领导开展涉案财物安全督导检查

【基建管理】2021年，福州海关深化落实"管建分离、分工负责"的工作机制。按层级组织完成5个福州海关关区基本建设项目总验收及竣工财务决算批复工作。完善内控机制建设。组织修订出台福州海关基本建设项目管理相关实施细则等，从源头规范基本建设项目管理行为。针对"质量、进度、安全"三个关键点，围绕审批资料、建设手续、资金使用、招标采购等方面强化管理。

【资产装备管理】2021年，福州海关持续加强国有资产管理。准确按时编制2020年度财政部和国管局年度报表，做到数字准确、分析全面、归档及时；根据《财政部福建监管局关于开展驻闽中央预算单位资产管理调研的通知》（财闽监〔2021〕121号）要求，梳理机构设置、人员分工、建章立制、内控建设和信息化建设等内部资产管理模式和资产处置情况，查找、分析、整改存在的问题，结合关区资产管理实际提出建议。强化疫情防控物资保障。采购防护物资65.83万件，发放42.66万件。建立防控物资报送制度，定期报送《全国海关单位防护物资存量报表》和《防护物资消耗量统计报表》；加强应急物资装备储备库管理，严把质量关，确保采购的防控物资符合国家标准和规范；对储备库开展日常检查，适时掌握动态库存情况，科学采储，定期更新，保障满足常态化疫情防控需求；加强物资发放保障，从严顶格配置需求，切实提高预防和处置突发事件能力。

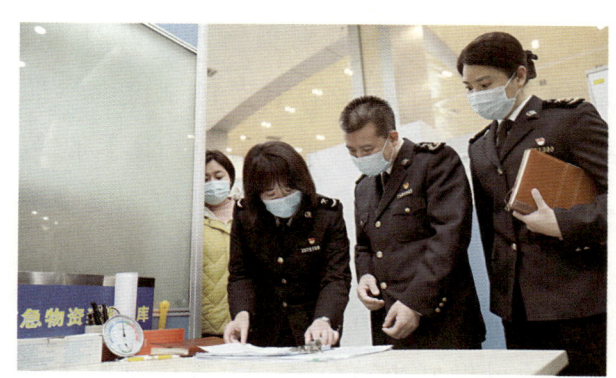

▲2021年3月8日，关领导带队调研福州海关疫情防控物资储备库

科技发展

【概况】2021年，福州海关成立"E芯网安"工作室，完成庆祝建党100周年网络安全保障。江阴港智慧监管项目等5个智慧项目建设取得阶段性成效，自贸试验区监控指挥中心等重点项目建设基本完成，科技人员跟班作业活动、"3000"科技服务热线等服务举措获得基层好评。主持承担13项省部级科研项目，1项科技成果获福建省科技进步奖三等奖。新建移动P2实验室，新增实验室仪器设备10台（套）。科技工作层级管理体系初步建立，关科技委和专业委进一步优化，组建完成福州海关第一批105名科技评估专家队伍，建立实验室检测人才梯队。

【信息化建设】2021年，福州海关信息系统应用推广迈出新步伐。署级信息化应用系统部署有效落实，H2018系统（新一代海关通关管理系统）3.0版推广应用试点、海关政务公开信息管理系统上线、旅客通关管理子系统卫生处置应用推广、海关风险管理子系统上线试运行、人事管理系统参数更新、商品归类应用2020版变更以及进出口商品质量安全风险管理系统、自贸区和海关特殊监管区域发展管理子系统、进境种苗检验检疫管理系统、稽核查业务管理系统3.0版、RCEP原产地管理信息化应用项目2.0版本等应用升级工作全部完成。重点完成智能审图信息化平台（2021版）部署应用，实现算法研发、优化升级、标注服务器数据上传总署汇聚服务器等新功能。关级信息化应用项目建设成效显著，发挥科技先导性作用，牵头引领江阴港智慧监管项目建设，按期完成项目上线部署试运行并积极推动项目二期建设，移动办公"食堂服务"模块正式上线运行，智慧企管完成系统测试，智慧签证辅助系统、VR（虚拟现实）物联网项目试点运行，核酸检测结果信息上报及系统接口对接改造成功，平潭二桥二线通道信息化项目优化完成，福州综保区特色功能项目建设、散杂货智能监控系统项目建设均取得阶段性成效。信息化支撑系统升级继续优化。顺利完成H4A（海关"认证、账号、授权、审计"平台）账号授权清理，署级信息化系统账号清理401个，关级信息化系统账号清理330个，域账号清理76个，及时下线、停用老旧应用系统13个。完成海关业务网邮件系统升级，配合总署做好邮件升级实施中历史邮件备份、清理以及系统停运、服务器状态监测、系统验证测试和应急预案等运维保障工作，切换后新邮件系统运行情况良好。完成域控制器操作系统升级、系统安装、防火墙开通和服务器的备份等工作，实现双机稳定热备运行，进一步消除信息系统运行隐患。

重点项目工程建设取得新进展。基础设施建设项目阶段完成，福州海关自贸试验区监控指挥中心基础设施项目建设基本完成并通过验收，共接入探头数为2,239路，完成15个重点场所建模，指挥中心网络接入及大屏显示系统、视频指挥系统、音频集中控制平台、中央控制平台、可视化决策系统、日常工作台账系统等软、硬件均已联调测试到位。语音系统改造工程顺利完成，联合中国移动福建公司抽调专家组建改造项目组，抓好技术攻关多轮次测试攻克固话业务跨平台迁移、固话号码即时回滚、接入设备在线热切换、移动短号数据在线更新等技术难题，累计完成3,224个固话号码的数据割接。提升用户体验，解决固话语音系统拨打移动手机接续时间长、回铃音异常等问题，为隶属海关固话语音系统与移动核心网对接提供可行性技术方案。

【信息化运维】2021年，福州海关信息化基础设施运维管理呈现新面貌。信息安全落实牢固，做好庆祝建党100周年网络安全保障，坚持权限最小化、规则最小化、风险最小化的原则，采取全方位加固措施，成立工作专班和应急处置小分队，科技干部带班7×24小时驻场值守，密切监控，迅速处置。持续做好关区信息安全管控，在总署科技司安全通报中病毒感染终端数量整体清零。设备保障精细规范，针对网络设备、通信设备、传输设备、安全设备、监控指挥中心设备、视频会议设备六大类核心设备的使用年限、维保情况数据进行梳理、归纳、分析，结合信息化设备需求调研表及设备在库数量，制定调拨分配清单做好网络接入交换机资产调拨及设备配发工作。全面完成信息化前台设备专项清理工作，关区台式机数量、便携式计算机数量均达到定额配置标准规范，进一步提升办公效率。设施运维挖潜增效，完成福州海关信息化基础设施全面摸底，对设备运行情况、老化更新情况进行细致梳理，提出规划建议，在"过紧日子"背景下，为未来信息化基础设施把好脉、管好家。深挖设备潜能，加大异构服务器及存储的整合复用工作，对部分老设备进行了延寿提质工作，扩容云平台、云桌面和分布式存储等可伸缩式基础设施，实现设备增容60%和算力提升35%，完成各隶属海关业务网14条主用专线线路、5条备份专线带宽扩容，线路带宽提升10%~100%，在投资大幅降低的背景下确保基础设施的持续稳定发展。响应支撑快速及时，梳理61个重点系统，配置117类2,600余个关键监控指标，实现人工和自动相结合的巡检模式，提升重点基础设施、重点应用故障的自动化感知能力。对告警处置、关键设备配置完整、PUE（机房电能利用效率）值等关键指标形成巡查、交叉检查、阶段清查等多重核查流程，对信息系统的故障实现早发现早处理。推广"3000"科技服务热线，实行一线"统一受理、统一调度"，全流程专人跟单，二线团队专司专业服务的运作机制，确保单单有回复、热点有响应、堵点有措施、难点有支撑、痛点有服务，为关警员提供专业高效的科技支撑服务。热线开通后共为关警员提供1,500余次咨询，1,000余次上门服务，单日办结率达到98%，用户满意度100%。全年信息系统持续稳定运行，未出现故障，共发现处理告警4,300个，实现配置完好率100%，电能利用效率（PUE）值达标率100%。

▲2021年10月，科技人员对云平台服务器进行巡检扩容

【实验室管理】2021年，福州海关实验室能力建设取得新进展。以整体布局优化为目标，强化实验室建设，完成实验室业务开展情况全面摸底，优化整合关区检测资源，统筹撤销7个常规实验室，开展新冠病毒检测固定实验室建设需求调研，推进用于开展新冠病毒检测3个实验室改建工作，顺利完成移动P2实验室建设，推动地方检测资格备案，强化口岸传染性疾病控制的关键应急保障能力，同时继续推进关区固定P2实验室改造，完成实验室管理系统（E-lab2.0）切换工作，实现用户集中管理，提升法检项目全流程检测效率，进一步推进海关智慧实验室建设。以提升使用效能为重点，强化仪器设备配置，编制印发福州海关实验室大型仪器设备审查委员会技术论证相关管理规程，科学确定实验室仪器设备技术参数并采购配置2021年实验室仪器设备10台（套）。推进调剂关区仪器设备，统筹考虑全关区实际业务需求，确定重新调剂69台仪器设备，提高设备利用率。对实验室系统业务流程进行改造优化，保证检测结果准确、高效，覆盖管理人员481人，检测项目1.27万个。以精细化管理为抓手，强化实验室人才建设，开展实验室检测人才梯队建设研究探索，完成新冠病毒检测实验室检测人才队伍梯度建设保障方案制定，并按方案推动实施，共完成9人次、3轮次的实验室新冠病毒检测人员现场跟班学习培训，科学应对疫情防控突发情况。组织关区实验室专家就实验室生物安全管理、

人员安全防护和实验室制度体系建设等方面相互学习、交流，并参与进出境濒危物种鉴定实验室联盟等共11个实验室检测技术联盟，与福州大学、闽江大学等高校开展产学研合作等技术交流活动，共同促进关区实验室管理水平提升，确保新冠病毒检测实验室安全稳定运行。以建立安全长效机制为手段，强化实验室安全管理，持续关注实验室生物安全，组织开展关区36个实验室全面安全风险自查，派出专家进行现场督导检查96人次。成立"挑毛病"专家组，每季度组织一次督查，建立问题清单，并形成督查报告。牵头成立福州海关新冠肺炎疫情"物防"工作第三专家组，不定期对保健中心新冠病毒检测实验室开展飞行检查。

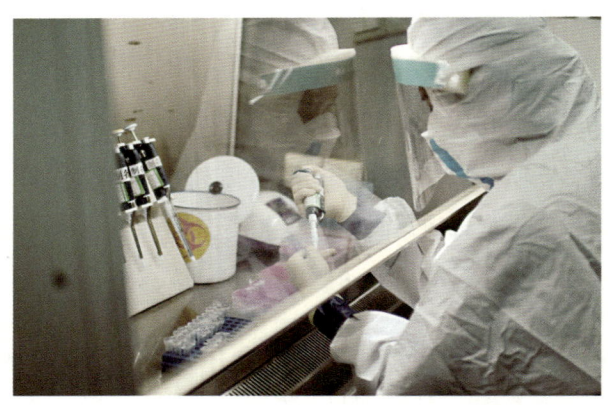

▲2021年6月，实验室检测人员正在进行新冠病毒检测

【科研管理】2021年，福州海关科研管理工作展现新成效。坚持前瞻谋划，加强顶层设计实现跨越发展，组建福州海关"十四五"科技发展规划工作专班和起草小组，向基层一线多轮征集"十四五"时期重大科技需求和对科技人才、科技体制机制建设意见，召开多场编制工作座谈会听取意见建议，"十四五"期间福州海关相关科技发展规划正式通过关党委审议并发布实施。规划从全面建成智慧海关、打造高水平实验室、提升科研创新水平、完善科技体制机制等四个方向提出重点工作任务17项。组织制订"十四五"期间福州海关科技相关发展规划年度行动方案（2021—2022年），共确定具体工作任务52项，确定实施时间表，汇聚全关科技力量，推进规划的落地。坚持规范管理，加强精耕细作提升引领能力，承担重点科研项目能力大幅提升，组织开展海关业务共性技术、前沿引领技术研究，7项科研项目获批为总署科研项目、6项科研项目列入福建省科技计划项目立项计划，均创2018年机构改革后最高水平。继续搭建关级科研项目平台，20项科研项目列入立项计划，在全关范围内形成良好的科学研究氛围。一批科技成果脱颖而出，6项科技成果获得总署科技成果登记。主持完成的《蜗牛分类修订与重要种关键检测技术研究及应用》成果获2020年度福建省科技进步奖三等奖，通过科研工作输出的技术标准、实验室检测方法、发明专利等成果提升了实验室检测能力和检测效率，严守国门安全。规范管理水平进一步提高，参与多个科研相关的总署顶层文件和管理性文件制订工作，出台福州海关的科技成果评定办法，鼓励在科技创新中作出突出贡

献的集体和个人，推荐7项科技成果参与首届总署科技成果评定工作，对3项关级科研项目组织函审验收，对本年度应完成的20项国家级、省部级和关级科研项目开展进度检查，已到期科研项目100%按期完成。坚持创新生态，加强人才建设营造良好氛围。对关科技委和专业委进一步优化调整，在科技委中增设技术专家类科技委委员11名，调整增设专业委1个，专业委委员总数由100名增加至110名。组建完成福州海关第一批科技评估专家队伍，105名专家入选，进一步优化科技专家结构。发挥科技委专家参谋咨询作用，全年共安排135人次科技专家参与关区21场项目评审会。推进科技交流合作，与省科技厅等建立常态沟通协调机制。坚持以学促做，强化全员科普带动作用。充分发挥科技职能管理作用，凝聚全关科技工作合力。建立层级管理，增强科普动力，明确各单位各部门科技工作分管领导，建立科技联络员机制，探索形成科技管理网状层级结构，编制完成《福州海关科普知识手册》，开展"人人上讲台"科普活动，录制系列科普知识讲座20余期，发动征集科技微创新项目5项，在各类信息载体刊发科技宣传信息179篇。丰富交流学习，提升科普水平，组织开展关区科普讲解选拔赛并推荐优秀选手参加"百年回望：中国共产党领导科技发展"全国海关科普讲解比赛，在全国海关41个单位101位参加选手中脱颖而出，取得第13名的好成绩，获得全国海关优秀科普讲解员称号。深入基层一线，实施跟班作业，充分发挥科技引领作用，聚焦基层一线存在难点、堵点，组织人员赴基层单位开展海关科技人员跟班作业活动，共协调派出16批、51人次科技人员开展跟班作业，收集问题建议91条，问题的办结率和满意率均为100%。

▲2021年2月，国家软体动物检疫鉴定重点实验室科研人员进行陆生蜗牛研究鉴定

督察内审

【概况】2021年，督察内审处坚持以政治建设为统领，以推动党中央、国务院重大决策部署、总署党委和关党委工作部署贯彻落实为工作主线，围绕中心服务大局，全面履行督察审计监督职责，提升监督质效，持续深化内控机制建设，不断完善执法评估体系，推动督察审计监督与其他监督贯通融合，充分发挥督察审计在推动重大决策部署落实、服务海关改革发展中的保障作用。

【督察监督】根据总署部署在全关区组织开展进出口危险化学品监管措施落实情况及严格进境高风险货物风险监测和预防性消毒措施落实情况督察，围绕促进外贸稳中提质措施落实情况、强化企业管理和稽核查工作措施落实情况、持续强化口岸卫生检疫措施落实情况及加强数据管理和网络安全管理措施落实情况等开展关级督察。改进督察方式，强化督察业务数据分析，统筹运用书面督察、视频检查、电话了解、后端数据采集、交叉检查等方式开展远程督察，提高督察效率，试行数个督察项目集中开展实地督察，为基层减负。全面督促落实整改，将督察发现问题整改情况纳入被监督单位考核考评，压严压实整改责任，增强做好整改工作的政治自觉。落实督察整改台账管理、跟踪督导、绩效考核、"回头看"检查等工作机制，积极协调推动相关职能部门关注和解决问题，着力完善制度机制、加强管理、规范执法。有效推动关区滞港固体废物清理处置，督促2018年3月入境的209吨固体废物完成退运出境。

【内部审计】完成配合总署对福州海关主要负责人开展的经济责任审计。根据2021年关区审计工作计划，对涉及调整离任的马尾海关、南平海关、宁德海关3个隶属海关的原主要负责人实施离任经济责任审计，完成对保健中心主要负责人的任中经济责任审计，稳步推进平潭海关主要负责人任中经济责任审计。4月15日至7月15日，历时3个月完成对关区重大决策部署落实、强化监管优化服务、落实中央八项规定及其实施细则精神3方面的专项审计，采取"全面自查+延伸核查+重点检查"的组织方式，按照《2021年度专项审计核查重点操作指南》，明确11个业务领域共55项自查内容。根据总署部署要求，围绕"规划布局、能力建设、效益效率、收费管理、内部管理"等5方面18项审计调研重点，组织对2019年1月以来关区5家总署批复的海关检验检测机构、原设有实验室检测机构的隶属海关开展专项审计调研。紧盯问题整改，落实审计问题台账管理、跟踪督导等工作机制，督促加快问题整改；同时加强审计成果运用转化，推动相关部门、单位举一反三，着力完善制度机制、加强管理、规范执法。积极推动审计监督与其他监督贯通融合。

【内控建设】推进内控节点岗位清单制管理，将内控节点逐一分解到146个业务执行岗位，将近年督察审计查发的90个重点问题作为内控评价的关注重点，推动形成业务现场常态化自查自纠和职能部门定期监控复核的工作机制。对关区283个风险点开展常态化监控，并通过内控信息化平台实行电子台账式管理。积极推动内控措施要求与改革措施、制度规定以及信息化项目"同谋划、同设计、同部署"，将内控要求提前落实到关区业务领域各风险节点，开展内控前置审核11项，提出复核意见建议15条。立足职能定位和海关业务监管实际，厘清监管边界，规范工作行为，做好制度机制的废、改、立、修，为规范执法行为和内部管理提供制度保障，通过HLS2017内控平台督促健全完善规章制度12项，取得各类专项成果116篇。总结介绍福州海关内控十年工作经验及成效的《固本强基抓落实 提质增效促规范》一文，被总署刊发在《中国海关内控机制建设回顾与前瞻》一书中。加强内控意识培育，通过背靠背通报、点对点提醒、面对面宣教等方式，深入推进和健全各层级内控措施落实。组建33人的关区内控专业骨干队伍，累计接受基层海关内控咨询80余人次，答复解决系统问题80余项。坚持"以评促建"，内控办选取100个内控节点，组织对关区2021年内控节点落实情况开展内控评价，业务涉及卫生检疫、口岸监管、税收征管及采购管理等22个业务领域，深入查找、梳理、评估海关业务及管理工作中的各类风险，深入分析问题背后的制度漏洞和执法风险。从评价结果来看，关区总体落实率达到100%。

【执法评估】开展关区"两步申报改革成效""进口矿产品监管效能""综合保税区发展情况"专题评估项目3个，组织各类座谈调研，发放企业调查问卷，运用云擎平台开展数据分析、创建评估模型12个。积极探索"数据+指标+调研+分析"的评估方法，对相关领域的进出口贸易情况、海关监管情况等进行分析阐述，查找在政策制定、现场执行、管理效能等方面存在的问题和风险，有效发挥执法评估的宏观评价、服务决策和内部监督作用。积极配合总署要求，开展进口粮食监管、综合保税区监管、技术性贸易措施、稳外贸稳外资措施、食品安全监管5个署级专题执法评估项目的书面调研、实地调研、评估分析等工作。协助总署在我关开展执法评估系统建设集中工作，固化完成出口规模、"两步申报"、"两段准入"、价格水平、汇总征税 5 类 22 项评估指标模型。积极参与督审司组织的"送教上门"活动，采用线上教学的方式为全国海关督审部门工作人员开展授课。

福州海关学会工作

【建党百年专题征文活动】 2021年上半年，福州海关学会联合总署政工办开展庆祝中国共产党成立100周年征文活动。精心筹划、协调推动征文工作，联合政工办赴关区基层单位开展庆祝建党百年理论文章征集调研，开展与基层关员及论文作者的交流座谈。征文活动声势浩大，基层参与面广，广大关警员在开展建党百年理论研究活动中汲取养分，深化教育，升华理想。全关共征集论文110余篇，总署编印的《庆祝中国共产党建党100周年征文集》共入选57篇论文，福州海关入选3篇。

【主题类、综合类征文工作】 年度主题类、综合类征文工作继续踊跃开展，结合署、关改革发展重点认真谋划布置，通过开展现场调研辅导、座谈交流、举办论文写作视频讲座等方式扎实推动，向理论骨干重点约稿，建立与论文作者常态化互动沟通机制；联合风控分局开展"海关风险管理高质量发展"征文活动，从酝酿筹划、评审沟通、论文转化、择优上报等环节全过程参与征文活动；组织关评审委认真评审关区年度优秀征文，择优选送关区各类征文参加分会、总会评审，对年度优秀论文进行奖励和表彰。全年征文工作取得历史最好成绩：在中国海关学会"海关在总体国家安全观中的历史使命与责任担当"主题征文中，选报的《践行总体国家安全观之贸易管制海关执法责任担当》《落实总体国家安全观 推进海关业务数据治理体系建设的思考》2篇论文入选全国海关最佳30篇优秀论文，入选篇数在广州分会片区13个直属海关单位中位列第一（并列）；在广州分会年度评审中，共获得2篇一等奖、2篇二等奖、2篇三等奖，8位关领导独立撰写的论文获评领导干部优秀论文。

【福州海关学会换届工作】 福州海关学会于5月启动换届相关工作，回顾总结福州海关学会第六届理事会工作，统筹考虑悉心酝酿，广泛征求各单位意见，认真做好换届筹备相关工作。11月18日，福州海关召开福州海关学会换届会议，产生新一届学会理事、常务理事及学会领导班子，换届工作顺利完成。关党委高度肯定几年来的学会工作，指出学会工作是海关工作的重要组成部分，学会第六届理事会成立4年多来，理论研究工作氛围浓厚，成效显著；志书编纂任务不负重托，圆满完成，对我关改革发展发挥了重要作用，并对新一届海关学会提出了"政治统领，把握方向；围绕中心，以文辅政；齐心协力，开创新局；多方协调，争取支持"的工作要求。

【海关志书编纂工作】《福建省志·福州海关志》交付出版。该志书2020年高质量通过省委验收，全稿经过两轮次的进一步打磨完善，年内交付出版，继续做好《福建省志·福州海关志》交付出版后的校对等相关工作，填写评议与审定验收表等后期归档相关表格资料报省委党史方志办。工作中与省委党史方志办保持常态化沟通，落实细节任务要求，进一步跟踪交付出版后的补充、校对、整理等事宜，跟踪落实出版进度等。此外，成立《福建省志·检验检疫志（福建局辖区篇）》工作专班，做好《福建省志·出入境检验检疫志（福建局辖区篇）》验收稿成稿等相关准备工作，该志书于2月通过省委党史方志办验收，其后对该志书全稿进行进一步打磨完善，形成交付出版稿。

第六篇

各隶属海关

榕城海关

【概况】 榕城海关于2019年1月挂牌成立，是隶属于福州海关的副厅级机构，内设办公室（党委办公室）、综合业务一处、综合业务二处、口岸监通处、企业监管处、人事政工处（党委组织宣传部）6个正处级处室。下设驻邮局办事处、驻快安办事处、驻福清办事处、驻罗源湾办事处4个正处级办事处以及事业单位综合技术服务中心，共有58个科室（行政51个、事业7个），截至2021年年底，有行政人员395人、在编事业人员71人。设有机关党委和机关纪委，下属1个办事处机关党委、3个党总支和45个党支部，共有党员308人。榕城海关辖区覆盖福州市鼓楼区、台江区、仓山区、晋安区、福清市、闽侯县、连江县、罗源县、闽清县、永泰县行政辖区，马尾区（不含福州综合保税区）、长乐区行政辖区属地及长乐区松下港口岸等，辖区业务涵盖一般贸易、加工贸易、对台小贸、特殊区域进出境、进出区以及跨境电商业务等。其中福州江阴港综合保税区是全国首家在综保区港口作业区以智慧监管手段实施内外贸同港作业的海关特殊监管区域；江阴港区作为福建省"两集两散"海西港口建设规划的集装箱码头之一，是福州关区唯一汽车整车进口口岸；罗源湾港是福建省最大的大宗散货进口口岸；松下港区正形成以粮食为主的散杂货仓储、物流、加工等集散地，是福建省最大的粮谷进口口岸。2021年，榕城海关共受理进出口报关单16.1万单、监管进出口货物4,363.9万吨、货值1,103亿元，征收关税和进出口环节税80.9亿元；监管进出口集装箱49万标箱，监管出境人员4.7万人次，监管进出境运输工具3,891辆（艘）次，监管进出境邮递物品963.7万件。

【政治建设】 榕城海关坚持强化政治机关建设，深刻领会"两个确立"的决定性意义，持续增强"四个意识"、坚定"四个自信"、做到"两个维护"。严格落实"第一议题"制度，2021年共召开党委会33次研究部署和推进落实习近平总书记重要讲话和重要指示批示精神，出台贯彻落实习近平总书记来福建考察重要讲话精神15条措施、34项重点任务。对"第一议题"事项实施周通报制度,共开展48次督促落实,推动习近平总书记关于严厉打击象牙及濒危物种走私等重要指示批示精神落实落地落到位。2021年共查发疑似象牙等濒危物种及其制品26起、2,200件,其中疑似象牙制品15件、海马干1,944件、沉香木238件;全面禁止固体废物进口,坚决杜绝"洋垃圾"入境。深化理论武装,2021年共召开党委理论学习中心组(扩大)学习14次,按照总署党委和福州海关党委要求,召开榕城海关党史学习教育动员会,建立健全领导机构,制订工作方案,分阶段推进党史学习教育,把党史学习教育贯穿全年始终。2021年各级党员领导干部和各基层党支部深入开展党史学习教育研讨700余次,现场教学68次,专题党课53次,撰写心得体会和理论文章216篇次,其中1篇文章入选《海关研究》海关史首期专刊,推动"理论课堂""红色课堂""实践课堂"成为特色。组织庆祝建党100周年系列活动,《唱支山歌给党听》快闪视频在中国海关强国号和金钥匙微信平台刊播,共有130篇次党史学习教育新闻稿被《中国国门时报》、中国海关强国号等媒体刊载。组织2支代表队参加福州海关党史学习教育知识竞赛,分获一等奖和三等奖。选派人员参加福建省"学史明理 福建有你"党史知识竞赛,分获线上比赛第一和线下决赛第二。深入开展"我为群众办实事"实践活动,党委带领各级党组织聚焦企业急难愁盼问题,确定97项"我为群众办实事"项目并全部落实到位。

▲2021年6月25日,榕城海关开展庆祝建党100周年《唱支山歌给党听》快闪活动

【口岸监管】牢记强化监管是海关的根本职责,筑牢国门安全防线。加强有害生物口岸监管,严防各类重大疫情疫病传入传出,2021年累计检疫非洲猪瘟疫区船舶803艘,封存猪肉及猪肉制品14,797千克。截获检疫性有害生物26种、758种次,一般性有害生物438种、10,357种次,截获种次数占福州关区截获总量90%以上。在全国范围内首次截获浅翅番红花蛾、小木蚁、弗吉尼亚虎蛾及步甲,在1批拟出口中国台湾、日本的扇贝货物样品中检出镉超标,在2批进口货物木质包装中检出松材线虫。2021年累计截获外来物种禁止进境物349种次、111种类,占福州关区截获数85%以上,18个外来入侵物种案例入选总署截获外来物种案例汇编,在全国海关案例入选排名中位列第二。综合运用专项稽查、核查、贸易调查等手段开展特许权使用费、特殊关系转移定价等

研究分析，开展固体废物及再生金属专项稽查、低报漏报航运附加费风险排查、大豆后续监管专项行动取得实效。2021年实施进口铁矿质量安全风险监测339批、46.08亿美元，协调解决水运进口铁矿固体废物排查工作问题隐患，2021年累计检出不合格重点敏感商品63批次。贯彻总体国家安全观，推进安全生产专项整治三年行动，压紧压实危险品全链条监管责任；与福州市应急管理局签订《进出口危险化学品安全监管协作机制》；组织开展危险化学品及其包装检验监管业务实践技能培训，共46人获危化品及其包装检验监管资质，1人入选全国海关危化岗位练兵"百强"；加强口岸监管环节反恐维稳，组织开展辖区反恐怖防范自查工作；开展"安全生产月"活动，组织对辖区开展安全隐患大排查，及时排除各类安全隐患。

【查缉走私】保持打私高压态势，深化反走私综合治理，2021年共刑事立案11起、案值10.3亿元。配合福州海关缉私局查获全国首次涉嫌电信网络诈骗通信器材案；支持福清海关缉私分局侦办走私国家禁止进出口货物案，得到上级有关单位通报表扬。开展打击跨境电商进口走私"断链刨根"专项整治行动，组织对跨境电商平台企业、跨境电商企业开展验核，对跨境电商监管场所开展排查，查获跨境电商零售出口商品侵犯北京2022年冬奥会品牌商标专有权案件。强化寄递渠道非法进出境物品的查缉力度，2021年查获各类枪支配件16起、38件；邮件渠道查获福州关区首起新型"邮票"毒品案；截获违禁印刷品及音像制品5,725件，"扫黄打非"工作获评全国先进；"两简案件"绩效指标量质并举，提前完成全年指标。

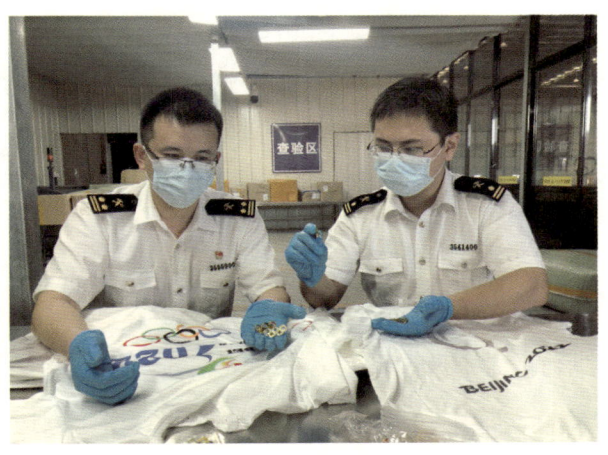

▲2021年9月7日，榕城海关查获侵犯北京2022年冬奥会标志专有权商品

【疫情防控】落实"外防输入、内防反弹"总策略，牢记坚持就是胜利，始终做到想得全、行动快、落实细、检查实，推动常态化疫情防控措施落实，确保"打胜仗、零感染"。机制建设方面：健全完善榕城海关疫情防控工作指挥部架构，2021年共召开22次工作指挥部会议，推动各工作组、各工作专班以及各部门各单位主要负责同志切实落实责任。关党委坚持靠前指挥，践行"一线工作法"，成立封闭管理工作专班、口岸船舶登临安全防护视频监控专班和进口冷链食品监管安全防护视频监控专班，采取"四不两直"等方式开展现场督查及视频督查98人次，查发并督促整改问题31个，推动规定动作100%落实落地。完善工作机制，加强与

地方政府和边检等其他口岸部门的联系配合，强化联防联控机制。外防输入方面：强化船舶登临检疫，2021年累计在入境船员中检出新冠病毒核酸阳性数量占福州关区水运口岸阳性病例数的80%以上。完成国务院、福建省、福州市及总署、福州海关口岸疫情防控督导检查迎检工作。强化"人、物、环境同防""多病共防"，监督口岸相关企业、第三方消毒处理企业等单位落实主体责任，强化工作场所消毒和涉疫垃圾处理监管。督导一线防疫人员严格执行个人防护作业指引，严禁降低防护要求，严禁不按程序脱卸防护装备，避免造成的意外暴露。落实"岗前检查、工作巡查、全程督查"和"双人作业、互相监督"等一系列安全防护监督制度，入境船舶风险评估做法得到国务院口岸疫情防控督导检查组肯定表扬。内防内控方面：严格落实总署总关及属地防控政策要求，制发20余份文件指引，建立高效协调机制，制订详细工作要求，加强人员管理，强化业务培训，举办疫情防控应急演练16次，疫情防控培训57期、344人次参训。发挥工作专班作用，加强对封闭管理的组织领导，科学调度人力资源对一线支援，针对一线船舶登临检疫和进口冷链食品新冠病毒核酸采样人员实施28批、299人次的封闭管理。高效应对本土疫情，迅速反应，及时开展全员排查和全员检测，严格外出报备审批，确保人员安全。贯彻新冠病毒疫苗接种策略，组织干部职工做到应接尽接。加强人文关怀，开展心理疏导，核发一线工作人员临时性工作补助52批次，涉及2,642人次。开展一线干部职工参保122人次，为封闭管理人员送温暖，保障关员身心健康。

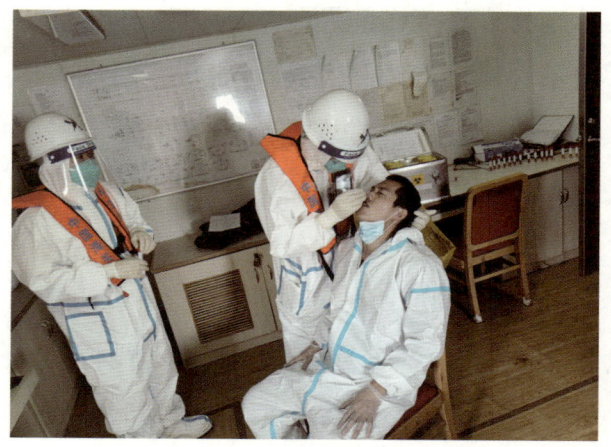

▲2021年5月11日，榕城海关开展入境货轮登临检疫

【改革创新】持续深化自贸试验区海关创新，2021年新增自贸创新和业务改革项目4项。推进企业集团加工贸易监管改革试点，启动进境粮食专班工作机制，强化业务联动协作，推行"两段准入""附条件提离"监管模式，实现检疫作业、放行调度、港区库容、企业物流等环节无缝衔接。主导制定1项国际标准获国家标准委确认；开展全国认证单兵作业系统试点应用。完善视频监控室建设，实现临时监控室自主控制作业现场探头。修订完善口岸运行监控建设工作方案和视频监控工作规程，健全运行监控。上线江阴港智慧监管应用，打造出全国首个综保区内的内外贸同港运作样本，成为福州关区首个数字化海关监管作业场所。

【服务发展】践行"3820"战略工程思想精髓,与福州市委、市政府同频共振、同心同向、同力同行,为福州实施强省会战略、加快现代化国际城市建设提供助力。出台16条措施贯彻落实总署倪岳峰署长在福建调研时提出的优化口岸营商环境新要求。落实落细新一轮《署省合作备忘录》,最大限度加强关地合作、工作协同,推动福州市进出口贸易和县域特色外贸产业加快发展。发挥福州海关进口医疗器械质量安全风险监测点作用,服务福州国家区域医疗中心建设,查验医疗设备114批次、3.5亿元,保障福建医科大学附一医院滨海医院、福建省妇幼保健院五四北院区如期开诊。紧盯共建"一带一路",落实RCEP政策红利,统筹自贸试验区、综合保税区发展,深化系统思维和集成改革,推进业务创新和模式创新。支持福州江阴港综合保税区顺利通过总署验收,帮扶江阴港进口肉类指定监管场地通过总署远程验收,推动福清元洪国际食品展示交易中心设立进口肉类指定监管场地获总署批复同意。推进中国—印度尼西亚"两国双园"项目建设深化中国—东盟经贸合作,助力中国福清江阴—印度尼西亚雅加达"两国双园"海上大通道正式开通,成功帮助福州市破解远洋渔获上岸难题,顺利保障首批1,870吨、300万元渔获上岸通关,得到福州市委、市政府充分肯定。争取并促成省政府专门致函国务院关税税则委员会和总署,推动增设白茶税号。稳步推进企业集团加工贸易监管改革试点,进一步顺应加工贸易企业发展需求,激发市场主体活力。不断创新服务模式,对大宗矿产品散货和红土镍矿等实行"即报即验""即查即卸即放""两段准入"和"船边直提"等监管模式。不断扩展"两步申报""提前申报"等便捷通关措施应用范围,精简监管证件和随附单证要求。支持进口汽车口岸完善配套设施设备,助力国六标准实施后口岸平行车进口,累计43台平行车顺利办结海关手续。指导帮助企业用足用好国家减免税政策,为企业减免税款17,274.28万元。创新"1+3+3"的AEO协调员机制,支持福州数字经济建设,助力辖区5G企业享受集团式培育认证、支持高新产业集群发展,入选全国海关信用管理十大案例,辖区新增高级认证企业2家,总数达26家。在疫情防控形势不断变化、外贸压力持续增大的情况下,2021年榕城海关主要指标持续推进,进、出口整体通关时长分别较2017年压缩92.42%、94.28%,助力福州市全国营商

▲2021年7月13日,榕城海关助力中国—印度尼西亚"两国双园"海上大通道正式开通

环境评价"跨境贸易"指标连续两个年度成为全国标杆。

【队伍建设】 坚持强化"书记抓、抓书记",深化"四级书记抓党建"机制,持续拓展"强基提质工程",关党委7次赴基层开展支部建设专项调研,推进党支部品牌创建。组织开展"四强"支部创建经验交流会,1个支部被评为省直机关第一批"达标创星"示范党支部,1个支部被评为省直机关先进基层党组织,2个支部被授予福州海关基层党建示范品牌,4个支部被授予福州海关基层党建培育品牌;2个书记项目被列为关级试点项目。完善"四级书记抓防控"机制,疫情防控封闭管理模式实施后,党员干部以身作则,冲锋在前,带动全体干部职工投入艰苦的疫情防控战斗。加强准军事化海关纪律部队建设,开展"内务规范强化月"活动,发布通报12期。提升政务公开工作水平,上线党风政风热线,政务服务"好差评"工作收到企业五星好评率达100%。树立正确选人用人导向,坚持在基层一线培养选拔干部,多人次得到职务职级晋升。2021年共评定年度考核优秀91人,其中执法一线科长考核获评优秀等次13人,占执法一线科长总数的31.7%;个人三等功10人,个人嘉奖82人,通报表扬事项4项;推荐2人参评2021年度全国海关"百名优秀执法一线科长"(其中1人由福州海关向总署推荐参评),进一步鼓舞士气,激发干部队伍活力,浓厚干事创业、担当有为的氛围。顺利通过第七届全国文明单位参评资格申请,多名干部获"福建省最美家庭"等省级以上荣誉。开设劳模工作室和"道德讲堂"暨"学史·铸魂"海关红色讲坛、百场公益讲座,推出"四个一"关心关爱举措,完善职工之家硬件设施。落实培训计划,14期459人次参训,实现年度培训计划完成率100%,全员参训率、学时学分考核达标率均达100%,人均完成388学时、170学分。先后3次组织梳理摸排全关专业资质人力资源情况,建立专业资质人力资源专家库,累计新增进出口危险货物及其包装检验监管等3项资质人员64人次,提升干部队伍专业素质、专业能力和专业技能。

【党风廉政】 关党委作出"五项承诺",从自身做起带头落实,把真管真严、敢管敢严、长管长严落到实处,"四责协同"推进全面从严治党向基层延伸。制定细化45项全面从严治党年度重点工作任务,明确责任人和工作内容,层层压实各级领导班子主体责任。定期召开与第一派驻纪检组的会商通报会,完善与第一派驻纪检组的会商通报、日常监督、常态化谈心谈话等工作机制,出台加强对"一把手"和领导班子监督细化措施,强化对各级领导班子落实"两个责任"的督促与推动。坚持正风肃纪与教育治本相结合,强化纪法教育和警示教育,采取"三会一课"、处(科)务会等形式,组织全员学习法律法规,及时通报总署"10+3+3"

及"3+15"典型案例、福州海关2012年以来查处的5起违纪违法案例；采取观看警示教育片、赴廉政教育基地开展现场教学等形式强化学习教育。推进"现场监管与外勤执法权力寻租"专项整治，对队伍开展全面自查和体检，运用监督执纪"第一种形态"9人、"第二种形态"1人，协助运用"第二种形态"2人，问责3人，并加强以案说法，针对性开展廉政警示教育。对驻署纪检监察组专项整治工作第六检查组反馈的4个问题采取13项措施，全面整改落实到位。强化风险研判，提升党风廉政暨思想动态分析会的质量，梳理分析全关思想动态，发现苗头提前防范。深化新海廉平台运用，处置异常数据取得成效362条，获福州海关通报肯定。强化对海关权力运行特别是一线执法权力的制约和监督，完善内部控制管理体系，优化内控节点。落实海关工作人员外出执法廉政监督办法，深化简政放权，行政审批执法更加透明、程序更加精简，权力寻租空间不断压缩，从严从实一体推进不敢腐、不能腐、不想腐。

福州长乐机场海关

【概况】2021年，福州长乐机场海关深入贯彻落实习近平总书记重要指示批示精神和党中央重大决策部署，抓紧抓牢总署总关工作要求，锚定"跨越发展年"工作目标，积极融入福州市强省会战略，凝心聚力抓党建，全力以赴战疫情，统筹推进谋发展。2021年，共监管进出境航班3,209架次；受理报关单8.21万份，监管进出口货物1.67万吨，货值16.07亿美元，征收税款2.67亿元；监管B类进口快件11.76万票，跨境电商9610出口1,286.9万票；办理"两简案件"52起。旅检岗获评国家级和省级青年文明号、团支部获评福建省五四红旗团支部标兵。

【党建工作】党委带头党史学习教育28次，深度研讨14次，各党支部开展集中学习共计336次。开展现场体验式教学19场涉及637人次。丰富活动形式，组织"学史·铸魂"海关红色讲坛、"我与党旗合个影"、"我在红色教育基地打卡"等系列活动，征集党史廉洁诗书画30幅，完成"我想对党说"、《唱支山歌给党听》等红色歌曲和视频录制。机关党委获评"福建省先进基层党组织"，2个支部分别复核通过2021年度全国海关党建示范和培育品牌，1个支部获评"省直机关先进基层党组织"。旅检岗获评国家级和省级青年文明号、团支部获评福建省五四红旗团支部标兵、刘珏玲劳模工作室获评福建省示范性劳模工作室。

【纪检监察】规范权力运行，制订2021年度全面从严治党工作计划，所辖年度重点任务38项。落实"三重一大"决策制度，集体讨论事项52个。高标准开展"现场监督与外勤执法权力寻租"专项整治，悬挂举报箱、粘贴公告，多渠道发放《致企业的一封信》，开展全面风险排查4轮，深入查摆风险点252个；把纪法学习和警示教育纳入各支部周学习计划，编制专项整治"应知应会"手册，组织考试6轮；协助开展违规事项个人申报、谈心谈话，起底近三年285起"两简案件"，逐件梳理排查，提升办案质量。主动查摆风险，每季度召开党风廉政形势分析会，聚焦"三大风险"，查摆问题66条，拟定整改措施116条。

配合做好总署经济责任审计、选人用人检查,同步开展巡视巡察长效整改,对所涉及的问题项,第一时间整改到位。凝聚监督合力,与第二派驻纪检组建立沟通协作3项机制,主动开展会商通报7次,形成两个责任同向发力、同频共振。对队伍中的苗头性倾向性问题,运用"第一种形态"开展谈心谈话3次。聘任第四届特邀监督员7名,走进服务对象,开展调研30余次。

【关税征管】 深挖税源,两税入库2.67亿元,逆势增长16%。加强综合治税合力,密切跟踪海航破产重整与福州航空有关的涉税业务和税款债权,三轮核算近300项数据,查实特殊支付,积极向海南高院主张税款债权796万元并被确认。研究上报《无色光学玻璃块料》等税则建议2条。破解福州航空以租赁贸易方式进口飞机发动机难题,解决福晶、高意等企业5G光学元件产业"偏振片"归类困扰,累计为企业减负近300万元。

【口岸监管】 助力新兴业态发展,全面落实RCEP项下空运进口快件商品6小时通关要求,4万多票RCEP缔约国B类进口快件快速放行,票均时长仅72分钟。备战"618"和"双11"电商大促,7×24小时保障,全过程"即报即审即验即放",活动期间监管跨境电商9610出口包裹超过42万个。服务保障重大活动,在世界遗产大会、奥运会期间,优化摄像器材验放流程,为98名赴东京奥运会采访的新华社记者提供通关便利。总结经验提升对2个定点酒店跟班监督,核定食谱,完成ATP农残、中心温度、添加剂样本检验80件,保障了数字峰会600余人次的用餐安全。全力支持航空货运发展,协助开通往返菲律宾马尼拉的定期全货机亚洲国际航线,2021年在飞客改货、全货机等货运航线达11条,其中全货机线5条,往返9个国家和地区。全年累计监管货运航班2,755架次,境外货邮5.18万吨,比增65%、180%。

▲2021年7月19日,福州长乐机场海关关员加班验放出口欧洲的检测试剂包机

【业务改革与发展】 深化"放管服"改革。"两步申报"报关单占比43.02%,位居福州关区第一。进口整体通关时间22.3小时,同比再压缩16.82%。指导场所升级改造,督促推动旅检、货检脱卸区、入福建澳门航班独立通道等场所硬件问题改造;其中旅检脱卸区于7月13日完成整改投入使用,国内国际入境区域于8月底实现物理隔离。货物核酸采样区9月15日完成改造,10月13日国际货运机组

专用通道启用，入福建澳门航班独立通道已完成方案敲定。此外还投入100多万专项资金，采购紫外线灯、消毒机等设备，开展6间负压采样间更换，增设3条智能测温闸口等设施。推动"智慧旅检"建设，试点启动进境托运行李先期机检查验模式，完成人脸识别系统安装，配合推进旅检口岸VR物联网系统建设。

【查缉走私】办理"两简案件"52起，行政案件26起。货运渠道首次查获侵权案件2起，跨境9610出口渠道查获侵权案件518起848件，较同期大幅提升。首次立案处理入境航空器未按时限申报案件15起。提升打私效能，查获东免免税品店员工违规销售免税商品，连续查获3票寄递类物品伪报为一般贸易货物出口情事，货值近6万美元。旅检现场查获"走私轩尼诗等瓶装酒案"被最高法、最高检列入打击"水客"走私犯罪典型案例。强化全链条监管，扎实开展"国门绿盾""龙腾行动"等2021年专项行动，查获芦荟、辣木籽、向天果种子、肉豆蔻种子等植物种子种苗37批次，重量42.63千克。

【卫生检疫】制订《内部工作人员感染事件应急处置预案》等内部防控方案3份，开展个人安全防护、职业暴露感染等书面和实地演练4次、80余人次，提升应急处置能力。持续完善修订封闭管理工作制度，形成文件12份，建立工作台账5个，涉及突发事件应急处置预案、封闭管理期间新冠病毒核酸检测等内容。构建免疫屏障，推动疫苗接种应接尽接、存量清零；全关已接种181人，一线人员接种率100%；理清接种底账，推动"第三针"接种，完成加强针接种165人，占符合条件人数的96.5%。同时按照"应检尽检"要求，按规定频次开展全员核酸检测1.74万人次。从严措施落实，加强境外疫情监测、重点航班风险评估；在做好"三查三排一转运"等要求的基础上，坚决做到"四个必严"。在印度尼西亚某航班中，检出阳性病例，触发熔断条件；在巴布亚新几内亚某航班中检出双抗体阳性，防控成效显著。按规定对高风险非冷链进口货物核酸采样173票，抽样检测样本4,822个，检测结果均为阴性。

▲2021年8月6日，福州长乐机场海关关员对货机实施登临检疫

【政务管理】抓牢安全责任，深入学习习近平总书记关于安全生产重要论述，宣传贯彻新修订的《中华人民共和国安全生产法》《中华人民共和国数据安全法》，结合建党100周年网络安全保障，保密自查自评等专项排查，开展涉案仓库、机

房、用车安全不定期检查。做好政府信息公开工作，完成政协委员提案答复件1份（罗枫委员所提《关于加快提升我市国际空运物流竞争力的建议》——市十五届人大五次会议第1219号）、政务信息公开申请1件，按时完成福州长乐机场海关政府信息公开2021年报。

【财务管理】依规开展涉案财物处置，规范资产设备报废，共计206件。压减"三公"经费，水、电和汽油费支出较同期下降7.2%、6.6%，9%，办公用品支出下降33.82%。带头"过紧日子"，集中财力纾困民生、办大事。加快推进口岸应对重大疫情卫生检疫基础设施建设项目合同履约，安排扶贫专项资金6万元，提前完成"扶贫832"平台采购任务。

【科技发展】立足海关本职工作，完成智慧卫检、旅检机房改造、电子关锁自动施解等"我为群众办实事"实践活动31项，完成率达100%。完成通关中心改造搬迁。

【重大项目】落实好《署省合作备忘录》，多次派员赴福建省、福州市发改委、福州市交投集团等单位沟通协调，从项目可研、初设、评审、审批各个阶段参与福州长乐机场二期扩建工程建设。8月25日，华东民航局和省发改委联合批复新建6层办公用房1.5万平方米，结束了福州长乐机场海关没有自有办公用房历史。推动福州空港综保区首期0.7平方千米封关启动建设，结合临空经济区发展，撰写关级课题1篇，开展调研5次，指导中航油申请保税航油业务。成为省政府新成立的福州长乐国际航空城指挥部成员单位，在省发展研究中心研讨会、福州民航高质量发展论坛上献言献策。

马尾海关

【概况】马尾海关成立于1987年6月,是福州海关关区设关最早的隶属海关,2018年机构改革后,按授权负责马尾区、长乐区行政辖区内海港口岸(除长乐区松下港外)和马尾区行政辖区内海关特殊监管区域海关各类管理工作。马尾口岸具有总署批准的原木、水果、种苗指定进口口岸资质,进口商品主要为汽车配件、机电设备和水产品等,出口商品主要为机电产品、木制家具、纺织服装等。2021年,马尾海关全年共受理报关单18.4万票,监管进出口货物786.5亿元、873.8万吨、47.1万标箱,两税入库27.9亿元;共有7,323家进出口企业、126家代理报关企业在马尾海关办理进出口通关业务,马尾海关签发各类检验检疫证书1.1万份。

2021年,马尾海关把贯彻习近平总书记重要指示批示精神作为党委工作的"第一议程"、工作例会的"第一议题"、督查督办的"第一事项",走好践行"两个维护"的"第一方阵"。党委第一时间学习习近平总书记来福建考察重要讲话精神、"七一"重要讲话精神和党的十九届六中全会精神并研究制定贯彻落实措施。加强对进口"洋垃圾"、濒危物种及其制品走私打击力度,共查获进口固体废物8批、440.1吨,批次位居福州海关隶属海关首位,依法监管退运锌灰209.31吨;截获濒危鱼种2批、濒危蟒蛇制品2件、濒危刺猬紫檀木椅10把。

▲2021年7月13日,马尾海关查获禁止进口固体废物EVA片(再生)51.54吨

【党建工作】2021年,马尾海关认真开展党史学习教育,组织党委理论学习中心组学习27次,研讨9次,专题读书班5天。以"百年雄关新征程"党建及文化创建为载体开展"四史"教育,与党史学习教育片区单位开展系列共建活动,把党史

学习教育与缅怀革命先烈结合起来，与文明创建结合起来，与廉政教育结合起来。探索党建量化考评"书记项目"，提炼出最能体现重点、难点、特色工作且可以量化的指标建立考核指标体系，通过共性基础工作考核夯实加强党的全面领导、落实全面从严治党基础，通过重点工作考核推进重点业务工作序时推进、创新突破。深入开展"我为群众办实事"实践活动，推进"再学习、再调研、再落实"活动，"破解远洋渔获上岸难""云通关"等特色项目获得多方好评。发挥基层党组织战斗堡垒作用和党员先锋模范作用，2个支部通过2021年度全国海关党建示范（培育）品牌复核认定，获评省直机关优秀共产党员1人，选派驻村第一书记1人。

【疫情防控】2021年，马尾海关保持指挥体系高效运转，确保规定动作、规定程序全链条、全环节100%执行到位，全面强化口岸检疫查验"四个必严"，坚决落实"人、物、环境同防"和"多病同防"，严格实施进口冷链食品和高风险非冷链集装箱货物监测检测、预防性消毒监督和后续处置工作；全年共检疫进出境船舶1,512艘次，采样送检3,843人次，检出有症状人员6名（疱疹病毒阳性1例），监测进口冷链食品2,884票、3,113个集装箱、采样6万个，截获阳性货物11票。强化人员安全防护，建立"岗前检查、工作巡查、全程督查"和"双人作业、互相监督"的安全防护监督制度，建设三级专兼职安全防护监督员队伍。坚持以强化责任管总，以强化认识管心，以强化机制管事，以强化队伍管人，以强化监督管行，从5个方面强化整体防控系统化管理；以意识和操作规范化管理、口岸卫生检疫规范化管理、进口冷链商品风险监测规范化管理、安全防护规范化管理、封闭管理规范化管理为重点，从5个方面强化口岸防控的规范化管理；应急管理突出"快"，健康管理突出"准"，机关管理突出"严"，动向管理突出"实"，延伸管理突出"细"，按照"快准严实细"五字诀要求强化内部防控精细化管理。

【打击走私】2021年，马尾海关强化党委对打击走私工作的集中统一领导；完善区域打私综合治理工作机制，推动形成海关组织、有关部门齐抓共管、全链条打击的工作格局。马尾海关缉私分局对地方党委政府实行重大案件"一案一通报"，积极参与地方海防工作并建立常态化联系机制，先后与马尾烟草所、马尾海警工作站签订打击违法犯罪活动合作备忘录。马尾海关成立反走私（行政执法）工作组，共办理"两简案件"100起、涉检案件13起。马尾海关缉私分局全年共刑事立案15起，行政立案176起，"孙某等人涉嫌走私活龙虾案"被总署缉私局列为一级挂牌管理案件。

【安全生产】2021年，马尾海关成立安全生产工作领导小组，组织开展涉危监管作业场所（场地）安全生产隐患排查等6

个专项工作。与地方建立安全生产、疫情防控联系工作机制，深入推进与海事、边检、港口等单位的配合，严厉打击匿报、谎报、夹带。督促海关监管场所制定安全生产制度并落实主体责任。通过视频监控、联网核查、实地巡查、库存核对加强场所监管，推动海关监管作业场所滞留危险品货物排查和清理。加强与马尾消防救援大队工作联系，联合开展消防培训和演练。开展公共设施安全专项检查和改造，排查和整改消防系统、天然气管道系统、电力设备系统隐患，加强食堂卫生安全管理。

【口岸截获】2021年，马尾海关共在口岸截获有害生物82种类、249种次，包括红火蚁、咖啡果小蠹等检疫性有害生物6种次；制定马尾海关国门安全生物监测管理办法，设置38个固定监测点开展监测。截获辐射超标砂矿1批，开展核与辐射突发事件应急处置联合演练。截获申报出口危险化学品——"松焦油"1批、16吨并做退港处理。持续推进进口食品"国门守护"行动，共查获不合格进口食品56批，销毁退运24批。认真开展"龙腾行动"，查获侵权货物及物品467批、5.4万件。

【风险防控】2021年，马尾海关探索"数字化、模型化、智能化"的"数据分析+机动查验"新模式，通过"大数据分析+人工复核"方式对已放行单证开展筛选，布控18票货物并查发案件线索12起。督促场所安装车辆卡口识别系统，采集进出卡口车辆数据，保证场所监管数据完整性、可追溯性；在泊位、技术用房、围栏等重点敏感区域设置高清探头，强化场所视频远程巡查。探索进口空箱"物流辅助系统+空箱检测系统+随机抽查"智慧监管，加强监管场所规范运营，提升进口空箱监管智能化、科技化、规范化水平，共在进口空箱中截获8起夹带情事。探索转场重箱智慧监管，利用电子关锁和北斗系统加强途中监管，推行智能卡口系统采集数据、后台验核并在指定范围内自动解锁电子关锁。

【保稳提质】2021年，马尾海关落实"六稳""六保"各项举措和《署省合作备忘录》，新增军航码头，扩大融达通福州综保区跨境电商监管中心，参与的"通关掌上查"项目获评福建省第二批优化营商环境工作典型经验做法。落实福厦两关跨关区全业务领域一体化改革，压缩经厦门口岸转关货物的整体通关时间，深化外贸集装箱水水转运模式应用。支持3,821头进口智利种牛在马尾口岸上岸，助力西

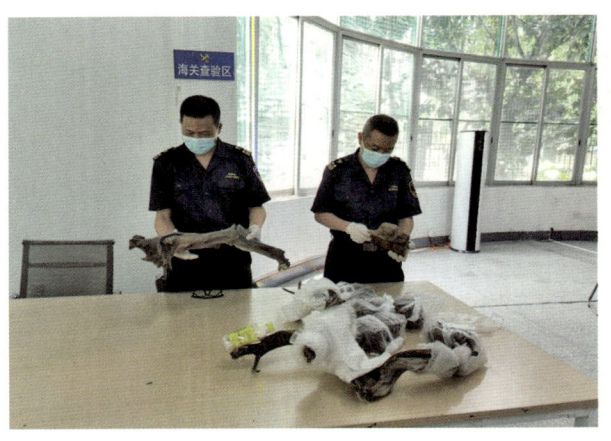

▲2021年9月15日，马尾海关首次移交寄递渠道查获原木类禁止出口商品线索

部农业扶贫项目。建立海关、地方政府、行业协会常态化联系配合机制，全年无休做好入境渔船检疫，开辟远洋渔获受理专窗，省市远洋渔业发展促进会两次专程递交感谢信。推动福州综合保税区正式封关运作，帮扶优你康省重点项目落地，支持企业开展一般纳税人资格试点和仓储货物按状态分类管理业务，设立福州关区首本保税研发电子账册。

▲2021年9月16日，福州海关成立进境种牛监管工作临时党支部开展种牛检疫监管

【跨境电商】推行"靠前监管＋智能预判＋多组查验"监管举措，推动跨境电商9610出口货物快速通关。推行"仓储企业质检＋海关实物查验＋海关单证确认"监管，推动关区首个跨境电商退货中心仓监管模式落地，助力跨境电商1210进口业务持续健康发展。强化跨境电商出口智慧监管，对接企业ERP系统研发关企信息交互平台，结合视频监控系统在线完成日常巡查、抽核等监管工作，利用该平台抽查包裹11,336件，退运、暂扣包裹804件，查获侵权包裹5,369件，多次在跨境电商出境包裹中截获筹码等涉赌用具。推进打击跨境电商进口走私"断链刨根"专项行动，对辖区内已备案的86家跨境电商相关企业开展专项梳理并进行后续处置。

【科技创新】2021年，马尾海关《进出口水产品智能识别辅助系统研究》被列为署级科研项目，《基于"区块链＋数据交换"技术的跨境电商海关监管模型研究》被列为关级科研项目。探索"智慧签证辅助系统"应用，实现证书数据自动采集、业务档案电子管理，提升证书签发时效性规范性；探索通关服务"云服务"；协助推进关区旅检VR物联网系统开发工作。

【专项整治】2021年，马尾海关认真开展"现场监管与外勤执法权力寻租"专项整治，探索现场监管与外勤执法"1234"工作模式。坚持党委全面领导和全面从严治党主线，推动主体责任和监督责任贯通协同、一贯到底；以制度和科技为两翼，共制订或完善相关工作机制50项，探索通关现场风险"三化"精准防控模式，实现智能查找案件线索、精准生成布控指令；强化事前、事中、事后3个环节监管，围绕云擎系统开发针对性风险监控模型，开展机动查验试点，依法依规开展后续处置；综合应用量化考核、一案双查、警示教育、外部监督四种手段。

【全面从严治党】2021年，马尾海关加强党委对党风廉政建设和反腐败工作的集中统一领导，压紧压实处科两级行政领导"两个责任"，强化思想动态分析和管理。研究制定全面从严治党责任清单以及对"一把手"和领导班子监督细化措施，落实"四责协同"机制，支持派驻纪检组履行监督职责，落实会商通报制度，合力打通全面从严治党"最后一公里"。持之以恒落实中央八项规定精神，驰而不息反对"四风"特别是形式主义、官僚主义。加强对党员干部"八小时之外"的监督管理，紧盯关键岗位和"关键少数"，始终保持反腐败高压态势，一体推进不敢腐、不能腐、不想腐的"清廉海关"建设。用好党风廉政暨思想动态分析会载体，持续加强纪法教育。

宁德海关

【概况】 宁德海关于1993年3月18日正式开关；2018年4月20日，宁德出入境检验检疫局管理职责和队伍整体划入宁德海关。机构改革后，宁德海关内设办公室（党委办公室）、人事政工科（党委组织宣传部）、综合业务科、监管科、查验一科、企业管理和稽查科、查检科7个内设科室以及驻漳湾办事处（副处级）1个派驻机构；负责管理福州海关技术中心驻宁德海关科、福州海关后勤管理中心驻宁德海关科2个事业单位。2021年，宁德海关征收两税（关税和进出口环节税）入库69.49亿元，比增51.57%，首次跨越50亿元大关；进出口报关单量10,397票，比增11.09%，首次跨越10,000票大关。截至2021年底，宁德海关正式在编人员85人（其中行政编制人员69人、事业编制人员16人）。2021年，参加宁德市平安单位考评获评"一类单位"，绩效考评获评"优秀"等次，获评地方政务信息工作先进单位。2021年，领导班子年度考核获评优秀等次。

【政治建设】 2021年，宁德海关持续加强政治建设，严格落实"第一议题"制度，结合实际制发习近平总书记在福建考察时重要讲话精神34项贯彻落实措施，一以贯之抓好疫情防控、安全生产、打击象牙等濒危物种及其制品走私等工作的督查督办、跟踪问效。扎实推进党史学习教育，成立领导小组，制定工作方案与指引，落实好党史学习教育规定动作，用好"下党乡""福海关"等红色资源，推动党史学习教育走深走实，制定"我为群众办实事"实践活动项目清单并均已完成。树牢"抓好党建就是最大政绩"，完成党总支副书记增补以及部分支部换届选举等工作，扎实推进"强基提质工程"和"四强"支部建设，1个党支部顺利通过全国海关党建培育品牌复核，2个基层党组织、10名党员获得福州海关"两优一先"表彰，1名党员获评省直机关优秀党务工作者，1名党员参加"党在我心中"党史知识竞赛获得团体二等奖。

【全面从严治党】 2021年，宁德海关深化全面从严治党，修订"三重一大"议事规则，完善党委议事清单，严格落实民主集中制；制发并落实全面从严治党工作重点任务分工方案，切实履行主体责任。定期与福州海关党委第四派驻纪检组会商通报全面从严治党工作。用好党风廉政形势暨思想动态分析会载体，加强风险防范和工作监督，运用工作例会等载体，常态化开展纪法教育和警示教育。高标准严要求完成"现场监管与外勤执法权力寻租"专项整治工作，强化结果运用，全力防范化解"三大风险"。加强廉洁文化培育，推动党员领导干部"政策法规先学、警示教育先看、廉政党课先讲、廉政讨论先谈"，营造风清气正的政治生态。

【队伍管理】2021年，宁德海关强化准军事化纪律部队建设，深化"内务规范强化月"活动，抓好准军事化集训，下大力气提升关容关貌；结合工作实际开展各类培训，加强思想淬炼、政治历练、实践锻炼，提升工作能力水平，锤炼素质过硬队伍，做到内强素质，外树形象。积极为干部搭建干事创业平台，开展人力资源状况和干部职工思想动态调研分析，在干部梯队建设、年轻干部培养、人力资源统筹、疫情防控保障、队伍能力提升、惠民举措落实等方面制定工作措施，营造干事创业浓厚氛围。选配业务专家和年轻干部，以老带新，成立政企服务小组、业务研究小组，集成智慧团队，防范业务风险隐患、提升业务运行效能。严格落实福州海关党委选人用人导向，营造"以关为家、素质全面、成绩突出、群众认可"的工作导向，在福州海关党委的关心下，做好推荐、选拔任用处科级领导干部及职级晋升工作。1个部门获评"福建省五一先锋号"。

▲2021年10月8日，宁德海关举行庆祝国庆升旗仪式

【优化口岸营商环境】2021年，宁德海关不断优化口岸营商环境，指导漳湾作业区整合港区资源，完善查验配套设施，打造集约化、自动化、智能化监管平台，支持宁德港三都澳港区漳湾作业区扩大开放于2021年12月23日正式通过国家级验收。切实落实《署省合作备忘录》，有序推动保税物流中心（B型）开工建设。推动内外贸集装箱同船运输试点业务于2021年6月23日顺利开通。支持新业态健康发展，开展宁德市跨境电子商务出口试点工作，助力宁德市跨境电商（9810）实现首票出口。对进口铜精矿实施"随卸随检"，对进口不锈钢原材料施行"提前申报、担保验放、船边直提"快速通关模式，推广应用"同业联合担保"等汇总征税模式，保障产业链供应链稳定畅通。"一企一策"主动帮扶涉农企业对接出口国家准入要求，

指导企业生产精深加工、高附加值产品，实现饼干、料酒、黄酒、黄鱼松等精深加工食品首次出口。积极引导辖区企业运用"两步申报""提前申报""担保验放"等快捷通关模式，2021年宁德口岸进、出口整体通关时间为20.92小时、1.22小时，较2017年压缩近80.67%、88.54%。

▲2021年7月26日，宁德海关关员监管出口上汽宁德基地首票内外贸同船货物

【疫情防控】2021年，宁德海关慎终如始抓好疫情防控各项工作，强化口岸卫生检疫，严格落实上级各项技术方案、操作指南、布控指令、文件制度等疫情防控工作规范，制定入境人员卫生检疫岗位工作人员封闭管理工作方案和管理制度，第一时间落实封闭管理要求，累计监管进出境（港）船舶1,239艘，其中登临检疫536艘，妥善处置发现发热人员、非法入境、船舶应急抢修、船员临时申请就医等突发事件，实现"零输入"。强化进口商品风险监测，制发工作方案，规范现场操作。强化内部疫情防控，理顺内部疫情防控职责，加强日常督查，严格外出报备审批，做好疫情防控经费物资保障、封闭管理保障、心理援助等各项工作，关心关爱一线人员。强化应急处置，组织新冠病毒职业暴露、口岸核辐射应急处置等应急演练，完善内部应急处置机制。

【检验检疫】2021年，宁德海关筑牢国门生物安全防线，截获医学媒介生物8种；截获13种类有害生物（其中检疫性有害生物1种次），封存来自动物疫区猪肉137批次、15.56吨，严防埃博拉病毒病、中东呼吸综合征、拉沙热、沙漠蝗、非洲猪瘟等疫情疫病传入，坚决防止疫情叠加，切实维护国门生物安全。严把进出口食品安全关，落实进出口食品化妆品安全监督抽检及风险监测，完成抽样检验1,036项次，其中不合格3项次。严把进出口商品安全关，检出不合格进口设备等11批次，禁止出口3批次，退运1批次。

▲2021年4月2日，宁德海关关员到寿宁县下党乡滴水缘农业专业合作社联合社茶园指导茶叶种植

【安全监管】2021年，宁德海关持续推进安全生产专项整治三年行动，制订年度实施方案，组织新修订《中华人民共和

国安全生产法》学习宣传，以"落实安全责任，推动安全发展"为主题开展安全生产系列宣传活动，建立问题隐患和制度措施"两个清单"，运用"监管+科技"的方式，完成风险隐患排查整改。抓紧税收征管，3篇税收调研报告获总署税管局采纳；强化税收风险防控，做好对重点税源商品镍铁、铜精矿审价工作。积极参与稽查网上审核试点。

【业务改革与发展】2021年，宁德海关首创"关务协助团队"模式服务外贸发展，分别与宁德时代新能源科技有限公司和青拓集团有限公司签订《关务团队协作协议》，帮扶宁德时代顺利通过高级认证企业复审。对宁德时代出口危包使用鉴定探索实施"产品线"安全监管合格评定模式，将监管重点转向质量安全不合格率较高、新设计研发产品的质量安全监管，该模式被列入2021年福州海关自贸创新和业务改革项目。与宁德时代签署全面合作协议，引导企业将危险货物包装安全管控纳入企业绩效管理，指导企业加强质量安全问题追溯体系建设，帮扶企业突破3立方米以上储能电柜海运安全技术难点，实现净质量35千克以上锂电池全国首次空运出口。

【查缉走私】2021年，宁德海关深入开展"国门利剑2021""蓝天2021"等专项行动，严厉打击象牙等濒危物种及其制品走私，实现"洋垃圾"零输入。共刑事立案17起，案值11.71亿元；行政一般案件立案47起；"两简案件"办理37起。侦办的"12·27"走私香烟系列案件共查证走私进境香烟价值金额11.08亿元，该系列案件中2起被总署缉私局列为一级挂牌督办案件，案件获中国新闻网、网易新闻、新浪网、中国反走私等多家新闻媒体报道。

【政务及后勤保障】2021年，宁德海关坚持统筹兼顾，做好财务、科技、法治、后勤等要素综合保障工作，修订"三重一大"决策制度实施办法，严格关改造项目、政府采购项目等经费审批；严格落实中央八项规定精神，强化财务绩效管理和预算执行，勤俭办事业。农食水实验室顺利通过国家认监委和认可委"二合一"扩项评审；电机实验室检测容量扩至600kVA。以法律小组成立为抓手，提升全关依法行政水平；1人参加总署"十四五"法治规划专班，1人获评"2016—2020全省普法工作先进个人"。完成全部1年以上库存涉案财物处置工作，启动符合条件的固定资产报废工作。开展78号办公区网络改造、办公场所优化等工作，有序推进关区改造项目施工。

▲2021年6月1日，宁德海关关员对出口锂电池实施出口危险货物包装使用鉴定

三明海关

【概况】1989年10月，国务院批复设立正处级三明海关。1993年7月18日，三明海关正式开关运作。三明海关内设7个科室和1个事业单位，分别是办公室、人事政工科、综合业务科、企业管理科、查检科、稽查科、查验科及综合技术服务中心。截至2021年年底，三明海关行政编制53人、实有47人，事业编制11人、实有8人。

2021年，三明海关推进"五关"建设，跟进三明革命老区高质量发展示范区建设，完成"首次大批量引进种猪""陆地港出口转关直通业务"等重点工作。

【党的建设】2021年，三明海关深入学习贯彻习近平总书记来福建、来三明考察重要讲话和重要指示精神，研究出台5个方面13条具体举措，定期跟进督办。将党史学习教育作为本年度最重要的政治理论学习内容，制订实施方案，细化形成41项党史学习教育任务清单和34项学习计划，完成必读书目学习及规定动作。扎实开展"我为群众办实事"实践活动，与动植处联合打造的服务国家种业振兴战略，支持中央苏区种畜产业升级项目入选总署第一批14个"百佳项目"。结合"再学习、再调研、再落实"活动完成6篇调研报告，为地方外贸发展建言献策。丰富主题党日活动形式，组织参观红色展馆、祭扫烈士陵园、诵读红色家书、唱响红色歌曲、党建摄影比赛等。引荐三明市"风展红旗 如画三明"红色故事宣讲团赴福州海关开展宣讲，有效扩大三明革命老区的影响度。建立结对帮扶机制，开展"四强"支部创建、评级定星工作；制定基层党组织抓党建工作责任清单，完成年度基层党建"书记项目"。

▲2021年6月22日，三明海关党总支赴三明市精神文明建设展览馆开展主题党日活动

【队伍管理】2021年，三明海关定期召开党委会、党总支委会专题研究全面从严治党工作、清廉海关建设工作等。每季度召开党风廉政形势暨队伍思想动态分析会，向派驻纪检组报告队伍建设、廉政建设等重要事项。常态化开展警示教育，紧盯节假日"关键节点"。扎实开展"现场监管与外勤执法权力寻租"专项整治，做到信访举报渠道全面畅通、违规事项申报不漏一人、业务风险排查扎实精准、全员谈心谈话深入高效、纪法警示教育持续深入、心得体会从严把关、"两简案件"排查全面细致、自查评估严谨准确、实地检查主动配合，有效挤压权力寻租空间。动员干部职工参与无偿献血、文明交通督导、职工互助等精神文明创建活动，举办新春茶话会、书法培训、"全民健身"等文体活动，关领导带队走访慰问困难职工及退休干部。2个支部分获福建省直机关及福州海关先进基层党组织，8人获福州海关优秀共产党员和优秀党务工作者。1位党员干部获评"福建省五一劳动奖章"，1位共青团干部获评"省直机关最美青工"，2位干部职工获评"省直机关最美家庭"。

【税收征管】2021年，三明海关受理进出口报关单6,311票、征收税款7.53亿元，同比分别增长13.2%、2.3%；与莆田海关、武夷山海关签订合作备忘录，建立关际间税收征管及属地纳税人管理信息共享机制，合力提升通关效率。全年完成稽核查补税比增83.4%。

【动植物检疫】2021年，三明海关在福州海关动植处、人事处、口岸监管处等职能处室及兄弟海关的支持下，建成三明市首家进境种猪隔离检疫场，完成2,980头丹麦种猪的隔离检疫监管工作，有效推动生猪稳产保供。与技术中心协作在进境种猪隔离检疫监管中检出携带二类疫病的种猪113头。在三明陆地港、三明市进境种苗隔离企业监测到入侵生物红火蚁。

▲2021年4月7日，三明海关抽调兽医官对进境丹麦种猪开展隔离检疫监管

【商品检验】2021年，三明海关在进境棉花中检出品质不符合合同要求37批，重量不符合合同要求19批，助企对外索赔173万元；在1套进口木材防腐设备中检出1台随机空压机储气罐无特种设备制造许可证；在出口危化品及包装检验中检出10批危化品危险公示标签不合格或包装性能不合格；在出口食品检验中检出1批咖

啡粉标签不合格。

【查缉走私】2021年，三明海关与南平海关缉私分局建立联席会议机制，双方共同走访地方打私职能部门，不断提升打私合力。开展进口固体废物行业调研。牵头制订《2021年三明市跨部门联合抽查出口商品生产企业工作方案》。全年出动执法人员726人次，检查线下经营者322次，开展普法宣传324次，有效提高企业知法守法意识。完成"两简案件"16起、行政案件6起，同比分别增长60%、200%，移交刑事线索1条，实现"零突破"。

【业务改革与发展】2021年，三明海关口岸进、出口整体通关时间分别为13.69小时、0.9小时左右，位居福州关区前列。先后开通三明陆地港至厦门口岸、福州江阴、马尾口岸出口转关直通业务，每票与传统通关模式相比可节省清关作业时长8小时以上，每箱可节约物流合约成本300—500元，该业务被纳入福州海关业务改革和自贸创新典型案例。三明陆地港全年监管出口货物1,292票、货值5亿元、货运量2.8万吨、标箱2,691个，同比分别增长19%、55%、17%、24%，得到三明市领导、口岸办肯定和表扬。

▲2021年3月10日，三明海关成功开通陆地港出口转关直通业务

【企业管理和稽查】2021年，三明海关落实减免税、原产地等优惠政策，帮助辖区企业享受政策红利5,662.04万元。深化"放管服"改革，推广"互联网+海关""单一窗口"等平台，全年新增备案报关单位135家，共办理119家报关单位变更手续，完成153家企业注销工作。全年监管加工贸易进出口总值2.34亿元。强化信用培育和认证辅导，新增海关高级认证企业2家；跟进失信企业专项治理，失信企业数量由年初的17家降至2家。落实"网格化"帮扶机制，选定12名网格员对口联系55家重点企业，帮助解决各类问题125件。开展稽查作业17起，首次办理涉航运附加费主动披露事项；办结核查作业

▲2021年3月25日，三明海关关员赴出口茶叶备案基地调研

54起，100%按时办结，查发率53.7%；率先在关区内牵头开展跨部门联合抽查，查发率50%。

【政务管理】2021年，三明海关认真做好12360海关热线与地方12345热线归并工作，向福州海关12360微信公众号投稿14篇。加强政策研究，组织申报5项课题，其中《以沙县小吃产业为例探三明特色食品产业出口前景》等3项获福州海关立项；配合统计处，向总署报送《"十三五"期间中国对巴西贸易进出口报告》及《关于增列妥尔油子目并新增暂税的建议》；报送统计分析33篇，被总署采用1篇，被省委省政府载体采用7篇，被福州海关采用14篇。2名关员作为"食品安全信息罗丽智慧工作室"骨干，助力福州海关食品安全风险信息采用数居全国海关首位。1条新闻被央视新闻频道采用。

【后勤保障】2021年，三明海关建立健全安全保卫管理制度，持续推进"安全生产月"活动，获评"2020年度平安先进单位"荣誉称号。擦亮"节约型公共机构示范单位"名片，食堂支出同比下降3.2%，水费支出同比下降8.2%，利用光伏发电设备累计发电66,481度，节省电费4万元。配合三明市政府商圈项目建设要求，完成大门入口迁移、新保安室修建、机关院内道路拓宽、花圃绿化改造等工程。增设文体活动室、关史党建室等，拓展文化活动阵地。推进置换新大楼进入水电、消防、新风空调等项目的深化设计阶段。

【综合技术服务中心工作】2021年，三明海关申报署级、关级及地方科研项目7项，获批立项4项（3项获省部级立项，1项获地厅级立项），实现科研项目申报数量及立项数量双新高。实验室检测2,695份样品、30,871个项目；保健中心办理体检、预防接种等业务3,338人次。

莆田海关

【概况】莆田海关于1993年12月18日正式建关。2018年4月20日，莆田出入境检验检疫局成建制划入莆田海关。莆田海关下设11个内设科室（办公室、人事政工科、行财科、综合业务科、企业管理科、查检科、稽查科、保税业务科、运输工具监管科、查验科、仙游监管科）、1个副处级莆田海关驻秀屿办事处和1个综合技术服务中心（事业单位）。辖区范围为莆田市一县四区两个管委会（仙游县、荔城区、城厢区、涵江区、秀屿区和湄洲岛国家旅游度假区管委会和湄洲湾北岸经济开发区管委会）。截至2021年年底，莆田海关行政编制104人，实有111人，事业编制35人，实有33人。莆田海关属于福州海关所属的综合型隶属海关之一，现除关本部之外，另有荔城南大道、莆田港及仙游3个驻外办公区，拥有鞋类、林木2个国家级实验室，总署理化分析区域实验室和医学综合检测实验室2个常规实验室。

2021年，莆田海关统筹发展与安全、把关与服务、党建与业务，圆满完成各项重点任务，各方面工作取得长足进展，实现了莆田海关"十四五"良好开局。

【党建工作】2021年，莆田海关组织10个党支部开展党建品牌分类创建，扎实推进基层党支部标准化、规范化建设，4个支部被福州海关党委评为"四强"支部，5个支部被福州海关党委评为星级支部，2个支部品牌被福州海关党委评为基层党建示范品牌，1个支部被福州海关党委评为基层党建示范品牌单位，3个支部获评福州海关优秀基层党组织，11人被福州海关党委评为福州海关优秀共产党员，3人被福州海关党委评为福州海关优秀党务工作者。1个项目被全国海关党史学习教育领导小组办公室评为"'我为群众办实事'百佳项目"。1人被中共福建省委省直机关工委评为省直机关优秀共产党员，2名退休干部获"光荣在党50年"纪念章。

【纪检监察】2021年，莆田海关围绕"现场监管与外勤执法权力寻租"专项整治开展纪法教育、警示教育、开卷答题、撰写心得体会、党史专题学习、问题线索排查、研判重点关注单位和重点关注对象等，排查管理风险25条和廉政风险10条，征求意见建议26条并落实整改，开展全面督导和"回头看"，配合派驻纪检组做好谈心谈话、畅通举报渠道等工作。

【队伍管理】2021年，莆田海关深入开展"内务规范强化月"活动，巩固日常养成，强化准军风貌；生动开展"我们的节日"系列活动，广泛开展日常训练、户外拓展、志愿服务、体育竞赛，队伍的"精气神"日益焕发。2021年莆田海关获莆田市委、莆田市人民政府记集体二等功，被评为莆田市"双轮"驱动项目攻坚先进集体、莆田市2020年度绩效考评优秀等次，连续13年获评莆田市一类平安单位，综合业务科被福建省总工会评为福建省五一先锋号，1人获莆田市委、莆田市人民政府记个人二等功，1人被莆田市委、莆田市人民政府评为莆田市"双轮"驱动项目攻坚先进个人，1人被福建省委省直机关工作委员会评为福建省直机关青年理论学习标兵。

【综合治税】2021年，莆田海关税收入库43.11亿元，增长54.9%，其中关税0.92亿元、进口环节税41.8亿元、船舶吨税0.38亿元；莆田海关引导企业"提前申报""两步申报"，巩固时长压缩成果，进口通关平均24.41小时。助推"关银一KEY通"项目落地，原产地签证惠及出口货值57.68亿元。

【卫生检疫】2021年，莆田海关全面强化出入境人员卫生检疫，严格落实"三查三排一转运"，不折不扣做到"七个100%"，审批监管出入境船舶970艘次，登临检查492艘次，查验10,530人次、流调10,133人次，核查健康申明卡2万张，采样128艘次、1,124人次，查处首例外轮涉嫌隐瞒船员健康状况情事，妥善处理一起非正常死亡船员遗体入境事宜；参加海上防疫专班，协助完成入境隔离520人次、船员上船529人次，配合处置船员突发疾病下地送医2次；出入境体检1,907人次、预防接种3,024人次、社会体检人数5,668人次；2021年3月19日口岸防疫、内部防控采样样本纳入莆田市财政统筹集中免费检测范围。

【动植物检疫】2021年，莆田海关落实"国门绿盾2021"行动，成立外来入侵物种口岸防控工作领导小组，筑牢国门生物安全防线，截获有害生物112种、317种次，其中素色扎姆天牛和鞭蛛科有害生物为辖区首次截获；封存来自非洲猪瘟疫区的猪肉16批、2,361.4千克；出口竹木草制品6.52亿元、增长22%，帮助"仙作"家具首次出口澳大利亚；支持进境鳗苗隔离场建设，强化鳗鱼苗入境转运全程无缝隙监管，放行52批次，同比增长300%；推动福州海关首个业务实训点——进境木材检疫实训点落地莆田秀屿；优化监管服务，确保粮食供应链循环畅通，完成进境粮食安全风险监控6个样品，17个项目次的监控送样工作；2021年9月3日"黄玉"轮玉米靠港卸货，这是时隔6年后莆田港秀屿作业区首船外贸玉米。

▲2021年7月20日,莆田海关关员在莆田秀屿港对装载3.2万立方米的新西兰辐射松轮船进行现场检查

【食品检验检疫】2021年,莆田海关放行食品1,549批、8.84亿元,其中啤酒出口2.92亿元、增长21.05%,食用水产品出口5.25亿元、增长14.35%,未发生退货或不合格情事;指导仙游蛋制品出口企业开展对美国食品药品监督局(FDA)产品注册,服务茉莉花茶首次出口泰国。

【商品检验】2021年,莆田海关发挥国家鞋类检测中心"质量站台"作用,发布全国首个《建筑安全鞋》团体标准,共创"莆田鞋"集体商标,助推全市出口鞋靴3.3亿双、148.22亿元,分别增长40.2%、37.29%。做好进口商品质量安全二级风险监测点建设,推动煤炭、LNG二级风险监测点落地,检测煤炭1,395.34万吨、LNG 402.81万吨,分别比增45.5%和36.4%,退运超标煤炭16.5万吨、货值8,333万元,系我省首次检出氟含量超标情事;试行水运进口铁矿固体废物排查新方案,累计排查71批、680.3万吨;采取实施品质检验新模式验放进口铁矿219.88万吨,实现进口铁矿便捷通关。

【口岸监管】2021年,莆田海关监管运输工具991艘(辆),同上年相比增长27.2%;实际监管进出口货运量4,591.8万吨,同上年相比增长19.9%;实际监管进出口货值551.9亿元,同比增长67.6%。其中,进口4,591.8万吨,货值491.85亿元,出口4,120.1万吨,货值60.11亿元。2021年,莆田海关帮促莆田港罗屿作业区顺利获批40万吨靠泊资质并常态高效运行,成为全省首个、全国第六个可靠泊接卸世界最大散货船的港口,年内吞吐量1,310万吨,增长17.9%;完成罗屿保税仓库扩容许可审批,其静态堆存理论值达800万吨,满足淡水河谷公司海外混配矿基地需求;提供"先放后检""入区检验、出区核放"等便利,促进对台转口贸易规模提升,铁矿石中转入库366.9万吨,中转出库339.5万吨;试行跨境贸易电子商务(9610)转邮路叠加,实现电商包裹"当天运抵、同日放行"。落实"山海协作"合作备忘录,发挥海铁联运优势,验放闽北企业生产所需原料298万吨。

▲2021年5月26日,载有巴西淡水河谷铁矿石船首靠福建莆田罗屿港9号泊位

【企业管理和稽查】2021年，莆田海关报关企业备案制改革成功落地，深入推进"互联网+稽核查"，差别化稽查工作法打磨成形，在总署企管司优化核查标准化作业表专题研究、业务运行可视化平台远程测试中发挥积极作用；创新企业协调员制度，推行"网上办""预约办"，企业备案总数2,094家，其中高级认证企业6家；与莆田市市场监督管理局签署合作备忘录，重新培树自主知识产权企业2家；备案加工合同127份，备案进口总额11.5亿元，备案合同实际进口值60.79亿元，核销结案份数109份，内销征税税款5,460.5万元；办结稽查作业39起，办结核查作业73起，再创历史新高。

【查缉走私】2021年，莆田海关深入推进反走私综合治理，构建"海上抓、岸边堵、口岸查、市场管、处罚严"的立体式打私格局，推动地方出台支持海关打私10条意见。刑事立案12起、案值5,657.5万元，查扣旧医用胃肠镜、象牙、犀牛角等；移送起诉1起、案值6.6亿元；行政立案46起、案值2,305万元；审理行政案件31起、案值1.1亿元；海关业务现场办理"两简案件"37起。向省自然资源厅移交1.13吨猛犸象牙化石，是20年来省内之最；向福建省林业局移交扣押的沉香木、象牙、犀牛角等涉案涉濒动植物及其制品，共38起案件计430件227.10千克。

▲2021年1月22日，福州海关向福建省自然资源厅移交67件猛犸象牙化石

【政务管理】2021年，莆田海关坚决落实中央八项规定及其实施细则，印发改进会风文风14条，基层负担继续减轻；多角度挖掘信息，瞄准主流媒体加强策划，完成2021年信息宣传任务指标，协助完成《中国海关》纪录片拍摄；《守护》入选《金钥匙》杂志100个抗疫故事之一。参与减免税署级课题研究，上报调研论文3篇、统计分析10篇，5项税政调研建议获总署采纳。完成《福关法苑》《莆关法苑》多期，政策解读文章被主流媒体采用9篇。

【财务管理】2021年，莆田海关推动市财政局将原检验检疫类专项经费转为海关工作经费；"三公"支出逐年压减，过好"紧日子"，公用经费下降16%，项目经费下降48%；常态化开展节前安全检查和隐患排查，组织小型修缮30多次；物资采购协同高效，遵守政府采购程序，择优比价遴选供应商，规范采购物资135批次；加强涉案财物管理，推动建立查获冻品、涉案无法退运固体废物移交地方保管处置两个机制，移交涉案财物1,264件、3.96吨，实现莆田辖区在扣涉案固体废物、在扣涉案船舶、长期未处置涉案财物"三个清零"。

【科技发展】2021年，莆田海关通过全国制鞋标准化技术委员会验证实验室验收，成为全国制鞋标准化技术委员会指定验证实验室。向行业团体开放国家鞋类实验室，向小学生等群体开放国家林木实验室，举办多期科普知识讲座，选送的科普作品获关区主题讲解竞赛二等奖。

南平海关

【概况】南平海关于1996年11月15日正式建关，位于南平市延平区，监管面积2.35万平方千米，占福州关区的近三分之一，是福州海关辖区面积最大的隶属海关，定位为属地型海关。辖区范围包括延平、建阳、顺昌、浦城、光泽、松溪、政和、邵武、建瓯共9个县市区。2018年4月20日，南平出入境检验检疫局管理职责和队伍整体划入南平海关。南平海关下设1个副处级办事处：南平海关驻邵武办事处，2019年6月25日揭牌成立。2021年，南平海关以习近平新时代中国特色社会主义思想为指导，认真贯彻落实"两级"海关工作会议和全面从严治党工作会议精神，以获评第六届全国文明单位为契机，支持武夷新区建设加快南平全方位绿色高质量发展。截至2021年年底，南平海关行政编制52人、实有49人，事业编制6人、实有6人。

【党建工作】2021年，南平海关落实"第一议题"制度，第一时间研讨学习习近平总书记在福建考察时重要讲话精神并研究出台14项具体贯彻措施，针对福建省政府支持武夷新区建设研究出台13项贯彻细化措施。发挥辖区红色文化优势、廖俊波先进典型等强化党史学习教育，将习近平总书记给廖俊波同志母亲季平英同志的回信精神纳入党史学习教育，参观8处红色革命旧址，观看红色影片，举办"学史·铸魂"海关红色讲坛暨道德讲堂。深化"我为群众办实事"实践活动，紧扣"弘扬廖俊波精神 亮出品牌办实事"党建品牌提升工程，8个基层党支部建阵地、亮品牌，南平海关综合业务科党支部、福州海关党委第七派驻纪检组党支部获评2021年度福州海关"四强"支部，南平海关驻邵武办事处现场业务科、查检二科联合党支部（四星）、南平海关企业管理科党支部（三星）获评2021年度福州海关星级支部，南平海关综合业务科党支部党建品牌"情系闽北 服务先锋"获评2021年度福州海关基层党建示范品牌。获评福州海关优秀共产党员5名，优秀党务工作者2名，先进基层党组织1个，福建省五星志愿者1人。与中国银行南平分行党组织签订共建协议。

【队伍管理】2021年，南平海关坚持选人用人正确导向，规范有序开展权限内干部选拔任用和职级晋升工作，优化人力资源配置，强化干部监督管理，选拔任用年轻干部，为新进关员安排见习岗位和青年导师。结合实际出台各高级主办工作安排及部分人员岗位安排工作方案。首次开展"优秀科"评比，营造干事创业良好氛围。顺利完成离任审计工作，逐一对照整改问题清单。

【法治建设】2021年，南平海关稳步推进落实行政执法"三项制度"，进一步完善《南平海关"三项制度"工作方案》。结合知识产权宣传周、民法典宣传月、"8.8"海关法治宣传日、宪法宣传周，开展进社区、进乡村、进机关国门生物安全及民法典宣传等活动，营造良好法治氛围，提升海关法治宣传影响力。与南平市场监督管理局共同探讨建立知识产权保护合作机制，形成国内流通环节、进出口环节企业知识产权保护合力。加强辖区出口优势企业培塑，鼓励符合条件的企业做好海关知识产权企业备案，提升南平地区企业的创新及维权能力，截至2021年年底，辖区共有8家企业知识产权备案。

【优化服务】2021年，南平海关深化"放管服"改革，在优化营商环境上主动发力。与福建南孚电池有限公司、福建杜氏木业有限公司、福建圣农食品有限公司等3家企业签订《属地纳税人管理合作协议》，"一对一"开展印度官方进境植物产品检疫宣讲并助力通关，帮扶顺昌柑橘出口开辟"绿色通道"，协调邵武华电进口煤炭，协调解决格林木业口岸通关问题，推进新一代海关通关管理系统3.0上线，持续推广原产地证"智能审核"。报送建议南平市申请设立跨境电子商务综合实验区的报告，支持依托闽江航运和延平新港城区打造区域性多式联运型物流园区。参与并配合福州海关开展白茶税则调研，"取消低碱精炼铝合金出口暂定关税的建议"被国务院关税税则委员会采用。

▲2021年4月15日，南平海关开展《生物安全法》进社区宣传活动

▲2021年12月14日，南平海关围绕归类问题赴企业调研

2021年，南平海关受理进出口报关单11,718份，同比增长10.76%；签发各类原产地证书6,567份、货值16.8亿元，同比增长5.6%、21.1%；进口整体通关时间为26.18小时，同比压缩52.66%。

▲2021年9月26日，南平海关科技特派员助力闽北富硒稻丰收

▲2021年9月1日，南平海关推动南台融合重点项目同心保税仓库完成验收

【企业管理】2021年，帮扶辖区首家烤鳗生产企业实现对欧盟等5国和地区推荐注册，出口乌克兰等国49批次，货值9,952万元。有力培育龙竹科技集团股份有限公司获AEO认证。成立专班"一企一策"精准服务圣农集团发展千亿特色产业集群，支持圣农集团快速实现集团全链条出口计划以及圣农食品（政和）有限公司按照外商投资产业政策管理，办理圣农集团减免税20票，减免两税1,203万元。发挥2名省级科技特派员专业特长，助力长富乳业和闽北富硒水稻增产提质。推动南台融合重点项目同心保税仓库完成验收，并协调保障首批价值67.62万元的台湾进口商品运抵保税仓。

【安全监管】2021年，南平海关推进辖区安全生产专项整治三年行动集中攻坚以及2021年"安全生产月"活动，顺利获评2020年南平市一类平安单位。加强危险化学品执法队伍建设，规范开展危险品取样检验工作和安全风险监测工作，完成69种出口危险货物及包装风险等级评估，建立福州海关进出口危险品及其包装质量安全风险监测点。组织牵头完成输美熟制禽肉监管体系远程视频检查工作。强化国门生物安全监测，对邵武进口阿根廷大麦实施严密监管。抓好疫情常态化防控，加强值班应急管理，做好网络安全检查，落实业务数据安全，开展安全隐患排查。

【进境种牛隔离检疫】2021年，南平海关顺利完成3,821头智利种牛的隔离检疫监管工作。福州海关、南平海关两级党委高度重视，将此项目作为南平海关党建品牌提升工程内容之一。前期牵头协调，对内第一时间成立进境种牛隔离检疫领导小组，组建进境种牛检疫监管党员突击队。对外积极与口岸海关、货代等相关方沟通协调运输事宜，主动对接地方政府，推动市、区两级政府召开专题协调会，共同做好沿途生物防疫安全保障措施。推动落实到位，修订进境种牛检疫监管工作方案，制订押运、监卸工作方案等工作指引并组织演练培训，确保所有参与人员熟悉指引、操作规范，工作到位。举全关之力，押运卸运24小时不间断作业，减少种牛运输应激。隔离监管到位，做好新冠肺炎疫情和动物疫情双防控，严格审核企业驻场人员、运输司机等人的核酸检测报告、疫苗接种情况，做到健康有保障、人员可追溯。隔离期间通过采样送检和每日巡场等方式监测动物健康状况，督促企业开展疫苗接种，做好隔离期间消毒杀虫作业，阻断虫媒疾病传播途径。11月1日，该批种牛顺利结束隔离检疫，将运往内蒙古等地用于西部奶业振兴计划，助力西部畜牧业升级。

【关税征管】2021年，南平海关税收入库1.02亿元，同比下降24.86%，其中进口关税763.96万元，进口环节税9,425.91万元，同比分别下降83.42%和增长5.28%。

【查缉走私】2021年，南平海关推进"国门利剑2021"联合专项行动，强化全员打私意识，深入开展反走私综合治理，规范进出口企业行为。建立"闽北三关一局"季度打私案情线索通报分析会制度，加强部门联系配合，实施专项稽查，完成50%以上的稽查有效率。共办结刑事案件1起、一般行政案件4起，另立涉检案件1起，办结"两简案件"11起。

【政务管理】2021年，南平海关认真贯彻落实习近平总书记重要指示批示精神，以及总署、福州海关党委工作部署等，统筹疫情防控，推进重点工作落实。修订党委议事清单、"三重一大"决策制度等，细化完善新冠肺炎疫情内部防控工作职责分工，规范机关管理，形成靠制度管人、按制度办事的长效机制。严守机要保密档案规定，加强宣传教育，将保密法律法规列入党委理论学习中心组学习、支部"三会一课"学习内容，结合庆祝中国共产党成立100周年活动组织全员参与保密知识竞赛，做好印章管理和业务单证管理。做好日常值班信访工作，建立值班人员上岗报告制度，加强值班培训，不定期电话抽查或现场检查值班情况，做好"五一""十一"、全国两会等重要时间节点值班工作，完成12345政务热线平台转接工作。

【后勤保障】2021年，南平海关严格落实中央八项规定，认真执行财经纪律，全面节能减排采取措施控制水电油指标。提升保障水平，解决多年来历史遗留养老金缴纳问题，联系社区医院为全体关警员预订流感疫苗，组织支援口岸一线人员参加心理辅导讲座，新成立书画、手工兴趣小组，改善职工宿舍、周转房居住环境，用心做好改善食堂膳食等"暖心"工程。

平潭海关

【概况】平潭海关于2014年7月15日正式揭牌开关，是受福州海关直接领导，按授权负责平潭综合实验区行政辖区和平潭进出境动植物检疫隔离处理中心海关各类管理工作的执行机构，含10个内设科室、1个副处级办事处。业务门类包括进出口通关监管、属地后续管理、环岛监控巡查、旅检口岸监管等，贸易业态涵盖一般贸易、对台小额贸易等传统业态，以及跨境电商、两岸海运快件、对台小额商品交易市场等新兴业态。2021年，平潭口岸进出口货值280.97亿元，同比增长165.18%，外贸增速位居福建省第三。涉台业务比重大，其中对台贸易总值256.34亿元，占进出口总额8成以上，同比增长178.96%。自2011年11月对台客运直航航线开通以来，累计监管两岸往来旅客近百万，其中台胞约占6成。截至2021年年底，平潭海关在编人员88人（行政编84人、事业编4人）。

【政治建设】2021年，平潭海关坚持将学习贯彻习近平新时代中国特色社会主义思想、习近平总书记重要讲话和重要指示批示精神作为党委会、形势分析关务例会的"第一议题"，全面深入学习十九届六中全会精神，组织党委理论学习中心组学习27次、交流研讨13次、专题读书班6次，推送"指尖上的党课"等云端课程96期，出台贯彻落实习近平总书记来福建考察重要讲话精神12条措施，深入挖掘平潭红色资源和海关系统首个接受习近平总书记检阅的关史资源，开办"头雁课堂""指尖课堂""红色课堂""先锋课堂"4个课堂，开设"重走一条路"特色窗口面向各界宣讲253人次，领导班子成员和基层支部书记讲授专题党课35次、录制微党课视频6篇，举办红歌传唱等庆祝建党百年"五个一"特色活动，党员干部先后荣获全省党史知识竞赛二等奖、平潭青年讲党史故事赛三等奖，推动"我为群众办实事"23项落地，跨境电商企业"零跑腿"便捷缴税模式获得企业广泛认可，"创新跨境电商智慧监管综合模式"入选全国海关"百佳项目"。巩固深化"强基提质工程"，联合地方基层党支部打造"近邻党建联盟"品牌，形成关地结对帮扶、片区支部共建、线上线下联学等特色做法，

"一支部一品牌、一片区一重点"的岚关党建品牌影响力不断扩大，1个支部获颁省直机关"达标创星"示范支部，2个支部获评关区先进基层党组织，3个支部通过考核获评关区第二批"四强"支部，1名党员获得省直机关优秀共产党员、10名党员关区优秀党员、优秀党务工作者等荣誉。

【巡视巡察】 2021年，平潭海关做好巡视巡察"后半篇文章"，实施"一台账一清单"督办管理、对账销号，常规巡察和专项巡察"回头看"192项整改措施已整改完成188项，认领总署巡视反馈18个问题整改完成率97.41%。深入开展"现场监管与外勤执法权力寻租"专项整治，全面排查廉政风险高发点23项，将总署经济责任审计反馈3项问题纳入整改，督促制定并落实整改56条措施，组织完善15项制度。研究布置专项整治"回头看"暨正风肃纪警示教育活动，细化排查风险点27项、研究制定防范措施47项。

【疫情防控】 2021年，平潭海关按照总署警示通报要求，加强台湾地区进境船舶的登临检疫和消毒监督，对重点航行船舶实行"一船一案"，严格落实"四个最严""三查三排一转运"等有关规定要求，累计监管进出境船舶887艘次，实施登临检疫407艘次，监管进出境船员13,414人次。修订印发疫情防控工作指引和专项应急预案28份，参与制定《平潭公共卫生应急管理体系建设行动计划》，牵头组织联合应急演练8次，协调建立口岸突发公共卫生安全保障协调机制，结合口岸公共卫生核心能力建设，推进金井港区和澳前旅检码头开展常态化检疫通道改造，督促地方有关部门实施涉疫垃圾"日产日清"、场站"一作业一消杀"，合力推动港区落实内外贸搬运工人分离、有关作业人员实行封闭管理、"一天一检"。全面落实"五有"（有疫情防控指南、有防控管理制度和责任人、有适量防护物资设备、有属地医疗卫生力量支持、有隔离场所和转运安排准备）、"四早"（早发现、早诊断、早隔离、早治疗），"三件套"（规范佩戴口罩、保持社交距离、注意个人卫生）要求，不折不扣执行出差出行管理、扫码测温，办公场所和食堂、电梯等公共区域定时消杀，食堂错峰就餐等内部疫情防控制度，开展内部防控检查通报12次，收集日报信息365份、风险排查信息68份，做到排查、管控、监测"不漏一人"。开展"应检尽检、应接尽接"，累计开展全员核酸检测6,683人次。

▲2021年9月13日，平潭海关关员开展船舶登临检疫

【动植物检疫】2021年，平潭海关严防动植物疫情传入传出，截获有害生物21批、68种次，福州关区首次在进口台湾水果中截获可可花瘿病菌。强化进出口商品监管，建立福州关区首个台湾商品二级风险监测点，开展47大类842个食品监督抽核和风险监测，退运销毁不合格产品69批，出口产品连续6年保持境外官方"零通报"。深入开展安全生产专项整治三年行动，建立制度措施和问题隐患"两个清单"，及时排除监管作业场所风险隐患18项，435路探头接入总署视频监控平台，约占福州关区四分之一。

▲2021年4月15日，平潭海关开展全民国家安全教育日活动

【口岸监管】2021年，平潭海关率先推行上线落地配辅助监管系统，关区首次在跨境电商渠道查获管制刀具，查扣侵犯知识产权商品1,312批次、44,472件，分别同比增长10.31倍、4.94倍。深入实施企业主动披露制度实现"零突破"，开展专项稽查作业有效率达100%。综合治税成效明显，吸引异地税源回流4,500万元，征收税款5.16亿元创历史新高，跨境电商交易额超5,000万元企业首次达到17家。

【查缉走私】2021年，平潭海关出台贯彻落实缉私部门管理体制调整重大决策部署进一步加强打击走私的19条具体措施，主动向区管委会提出深化综合治理10条建议，扎实推进"国门利剑2021""国门绿盾2021"，缉私立案105起、案值30.6亿元，涉税12.25亿元，其中刑事案件23起，同比增长187.5%；行政立案82起、"两简案件"36起，与去年同期持平。海关业务现场移交成案线索30条，缉私刑事立案海关现场移送率超过50%，"断链刨根"专项整治移交"两简案件"及一般行政案件3起。查获蟒蛇皮制二胡11件、查获固体废物案件2起。

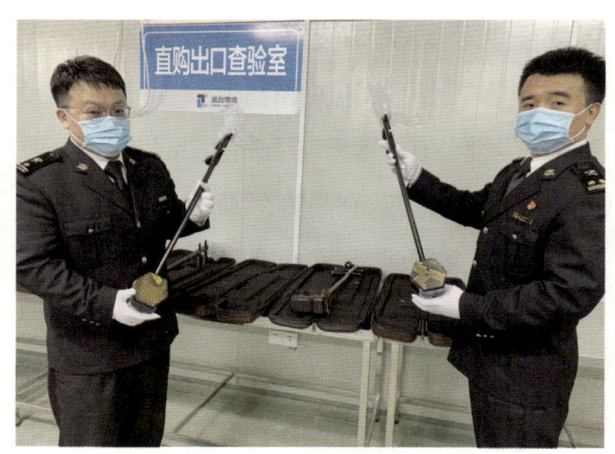

▲2021年1月15日，平潭海关关员在跨境电商直购出口环节查获涉嫌濒危野生动物制品

【业务改革与发展】2021年，平潭海关继续落实快速通关"14项做法"，推广业务改革"5项创新"，"两步申报"应用率30.21%、进口整体提前申报比例69.55%，分列福州关区第5、第1，进出口整体通关

时间分别为7.42小时、0.45小时，其中进口整体通关时效保持福州关区第一。实施减税、免税、保税、退税等举措，为企业减负590.82万元。在福州关区率先出台葡萄酒加工行业监管方案、标签审核工作指引，妥善化解进口酒加工业态行政争议，指导全省首个"网购保税+线下自提"项目落地金井商圈，核放跨境电商进出口清单2,930.31万票、货值88.88亿元，同比增长149.43%、257.1%，监管跨境电商网购保税进口占福州关区业务量六成以上，对台直购出口位居全国前列，"双11"单量连续三年全省第一。

【政策研究、自贸试验区制度创新】2021年，平潭海关着力拓宽"平潭—台湾—全球"多式联运黄金通道，推动平潭海峡二桥通过总署验收批复，支持辖区有史以来最大舱位集装箱船舶常态化运行，力促全国首艘以平潭为母港直航台湾本岛的集装箱货轮航班"鲁丰号"开航运营，助力金井港集装箱吞吐量达8.58万标箱、同比增长85.99%，对台集装箱船舶运力增长一倍以上。主动服务对台小额商品交易市场转型升级，组织专门制订市场业态升级改造监管方案，布置筹建进口台湾免税商品溯源体系，大力推进企业规范整顿专项行动，探索完善关地分工合作、齐抓共管的长效监管机制，全力支持地方将市场打造成两岸融合的示范平台。《署省合作备忘录》涉及支持平潭19项举措14项取得实质性进展，参与修订《平潭总体规划（2021—2035）》，指导全省第二个国际邮轮码头建成预验收，力推平潭纳入金关二期海关特殊监管区域管理系统，关地联合开展实验区海关特殊监管区域政策研究，形成调研成果获地方优秀政研课题一等奖，主动建言献策并配合争取适用综保区政策，首创跨境电商直购出口"预先申报、数据核销、快速验放"模式等自贸创新举措3项，助力平潭纳入海关特殊监管区与自贸区"两区"统筹发展。

▲2021年5月18日，平潭海关成功试点跨境电商企业缴税"零跑腿"快捷缴税模式

【政务及后勤保障】2021年，平潭海关制定《平潭海关规章制度目录》，完成54项制度"立改废"，发文同比减少25.27%，督查督办、档案管理、机要保密等工作稳中有进，新闻宣传亮点纷呈，在《中国国门时报》、福建电视台、"学习强国"等媒体刊用报道79篇，政务信息获署省采用19条，被福州海关关领导批示4条。项目建设稳中有进，推动隔检中心整体加快建设，口岸科技中心完成地块划拨重启建设。坚决过好"紧日子"，预算

执行进度位列福州关区前列，压减一般性支出10%。群团组织工作迈上新台阶，成立5个文体兴趣小组，协调解决干部异地医保体检、改善外包船员办公生活条件、干部职工子女就学等6个实际问题，帮助4名职工获得大病救助，1个科室获评省直级青年文明号，平潭海关顺利纳入全国文明单位培育对象。

武夷山海关

【概况】武夷山海关于1997年5月13日正式开关，是隶属于福州海关的正处级海关单位，内设办公室、综合业务科、旅检一科、旅检二科、监管科、查验科6个科室，编制40人。2021年实际在岗34人。武夷山海关下辖武夷山市1处辖区，主要负责辖区内进出口业务监管、企业管理，武夷山机场口岸进出境旅检监管，武夷山陆地港中欧班列监管等业务。

2021年，武夷山海关强化监管、优化服务，力促外贸发展，培养辖区130余家备案企业，年均出口茶叶、竹木制品、烤鳗等特色产品货值约5亿元。服务高水平对外开放，开通中国香港、曼谷2条进出境国际航线，保障中亚、中欧、中俄3条国际货运班列线路运转。全年监管中欧班列开行34趟次，出口货物2,852个标箱，货值7.17亿元。全年累计进出口监管货运量54.53万吨，进出口货值2.32亿美元。全年累计征税6,671万元，同比增长59.35%。查办"两简案件"2起。持续优化口岸营商环境，全年进口整体通关时长25.74小时，出口整体通关时长0.72小时，均优于福州关区平均水平。

【基层党建工作】2021年，武夷山海关以"百年一梦武关红"为题，落细百项党建任务分解。领会"七一"重要讲话精神内涵，刊发研讨文章1篇，形成理论文章2篇。掀起党的十九届五中、六中全会精神学习热潮，提出贯彻落实举措18项，撰写心得体会30余篇。引入闽北苏区"红色教材"，深入岚谷、大安等地挖掘红色历史。强化理论联系实际，组织参加关区党史知识竞赛获得二等奖。结合"再学习、再调研、再落实"活动，形成8篇庆祝中国共产党成立100周年理论文章、5篇调研成果。福州海关级"书记项目"试点圆满完成，11个"我为群众办实事"项目顺利收官。大力推进基层支部"达标创星"建设，1个支部摘得福州海关"四强"支部、四星级支部、先进基层党组织，2人入选福州海关优秀党务工作者，5人获评福州海关优秀共产党员，发展预备党员1人。群团工作齐头并进，旅检二科获评省直级青年文明号。

▲2021年6月15日,武夷山海关组织党员干部赴赤石暴动纪念馆开展主题党日活动

【党风廉政建设】2021年,武夷山海关制发全面从严治党工作重点任务分工方案,40项细化任务全部完成。召开廉政形势暨队伍思想动态分析会4次,整改各类风险隐患30余条。全力配合福州海关党委巡察组开展工作,全盘认领29条巡察反馈问题,逐项细化41条整改措施,"一题多解"实现问题清零。组织开展问题整改"回头看",防止出现反弹回潮。成立"现场监管与外勤执法权力寻租"专项整治工作领导小组,将纪法教育、警示教育纳入党委理论学中心组学习计划,认真完成畅通举报渠道、开展谈心谈话、组织个人违规事项申报、撰写心得体会等规定动作。同时采取制作宣传展板、召开企业座谈会等自选动作提高工作影响力和知晓度。深入贯彻落实反馈意见要求,针对3项自查风险及2项共性问题提出16条整改措施并已全部整改,形成长效机制。

【队伍管理】2021年,武夷山海关持续加强干部队伍管理,着力培养优秀青年干部。开展1名一线执法科长兼任党委委员试点,多名党员干部实现职务职级晋升。组织开展"内务规范强化月"活动,通过队列训练、重温《海关内务规范》、强化考勤纪律、每月不定期抽查等方式持续强化内部管理。

【疫情防控】2021年,武夷山海关组织8次疫情防控桌面推演、5次实操演练,协助上级部门开展国际疫情信息收集研判311期,7批次关员支援马尾海关、长乐国际机场海关开展进口冷链食品安全监管、卫生检疫,共计11人次,总时长193天,2名干部因工作突出,被总署抽调参与疫情防控集中工作。定期更新测试口岸疫情联防联控"一键直通"工作程序,18人次参与南平市疫情防控工作专班轮值。贯彻"日报告,零报告"制度,坚持全员"双打卡"常态化,开展内部疫情防控督查19次。

【中欧班列监管】2021年,武夷山海关持续推进中欧班列监管服务,开展实地调研,推动首趟"武夷山—阿拉木图"班列于2021年1月21日顺利启航。开展驻点办公,指导港区建设,监管中欧班列开行34趟次,出口货物2,852个标箱,货值7.17亿元。灵活运用"提前申报",进一步降低货物通关时长。贯彻"三智"合作理念,依托云擎系统加强异动数据监控分析,提升口岸监管布控精度、查验效率。会同福建省商务厅、南昌铁路局等7家单位举办中欧班列健康发展研讨会,促成武夷山中欧班列纳入图定。参与中欧班列开行推介会，吸引15家知名国际供应链及物流平台入驻陆地港。

▲2021年4月22日，武夷山海关保障首列"武夷山—莫斯科"中欧班列开行

【打击走私】2021年，武夷山海关贯彻福州海关反走私工作会议有关部署，针对武夷山国家公园丰富的濒危物种资源，形成《武夷山海关关于加强口岸濒危物种及其制品监管的调研报告》。开展打击走私执法联动，与南平市、武夷山市两级政府联合开展"清风行动"，累计抽调关员25人次，赴机场口岸等16处重点场所联合执法。全年向6家权利人发送知识产权确权通知，查办"两简案件"2起，查获侵权袜子1批次、7.98万双。

【综合治税】2021年，武夷山海关加大异地税源挖掘力度，主动联络福建省内重点外贸企业，促成税源回流超2,000万元，全年累计审核进出口报关单2,894票，同比增长152.53%，累计征税6,671万元，同比增长59.35%。持续强化税政调研力度，3人入选福州海关税政调研工作室专家组、骨干组和关区茶叶税政调研小组。上报税政调研5篇，3篇获总署二审采纳，其中关于人造关节进口暂定税率的降税建议获国务院关税税则委员会采纳实施。

【维护国门安全】2021年，武夷山海关对武夷山空港口岸商户实行动态管理，建立电子台账，定期组织巡查，核发国境口岸卫生许可证5家。有序推进卫生监督，开展国境口岸卫生监督34次，完成口岸食品安全实验室检测31批次，现场快检52批次，口岸生活饮用水卫生监督4批次，公共环境卫生监测4次，各项结果全部合格。加强关地国门生物安全联防联控，密切与武夷山农业农村局等部门联系配合，在口岸及周边地区布点30余处，实施加拿大一枝黄花、检疫性实蝇、红火蚁等有害生物监测与防控，监测发现外来有害生物38种次。承接福州关区鼠类智能化监测项目，为福州海关主持开发的物联网病媒生物智能监控系统测试收集数据，助其入选2021年福建自贸试验区第18批创新举措。

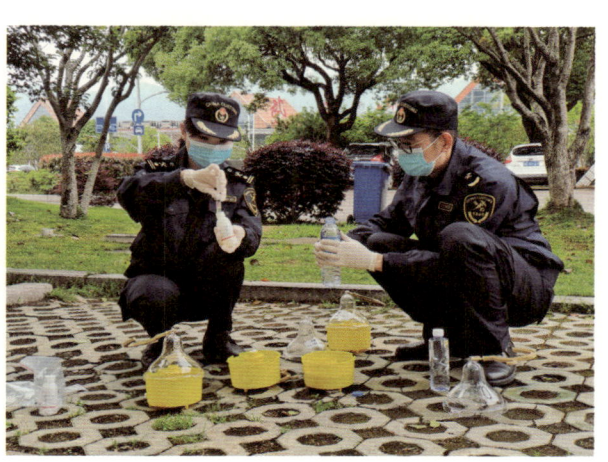

▲2021年4月12日，武夷山海关开展2021年度国门生物安全监测工作

【优化营商环境】2021年，武夷山海关持续推行"网上办公"，提供便捷出证服务，通过"单一窗口"等平台，多形式"零见面"便捷办理企业备案和行政许可事项，2021年累计为27家企业线上办理注册、变更、备案等海关业务。深化"放管服"改革，"双随机、一公开"落实到位，企业办理窗口业务实现"最多跑一趟"。推广原产地签证自助打印，2021年企业累计自助打印产地证172份，同比增长54.14%。推广业务改革"五项创新"，推进"两段准入"改革，"两步申报"应用率居福州关区首位，全年进口整体通关时长压缩至25.74小时，出口整体通关时长0.72小时，均优于福州关区平均水平。落实"三茶"统筹，为3家出口茶叶基地快速办理备案，搬建茶叶审评室，引导茶企开辟海外市场，全年监管茶叶出口货值超2,600万元。辖区竹木制品年出口额4.22亿元，冷冻烤鳗年出口货值迈过2亿元大关。

【关地协作】2021年，武夷山海关推进《署省合作备忘录》落实落细，撰写《武夷山市跨境电商发展展望分析及策略建议》《开展中欧班列回程列车进口业务的工作建议》《RCEP协议对闽北出口企业的影响研究》等多篇政研文章，深入出口茶叶基地指导绿色生态种植，支持地方产业发展。与中国人民银行武夷山市中心支行、中国银行武夷山支行通力共建，联名打造"一关两行"《促进贸易便利化综合金融服务方案》，15条措施稳构闽北新业态腾飞之基。积极了解地方产业需求，10条促进外贸稳增长措施有序发力。充分发挥企业协调员制度优势，组织开展AEO认证培训，确保企业信用管理制度调整期平稳过渡。密切关注对口挂点村的致富发展，调拨专项资金，以基建助力、贫困助学、农产助销为抓手，先后支援黎前村、黎新村建设，助力挂点村获评2020年度乡村振兴实绩突出村。大力支持市委、市政府工作开展，融入武夷山市争创全国文明城市大潮，切实履行"街长单位"职责分工，参与地方交通"随手拍"等活动，足额缴纳残疾人就业保障金，提升人民群众幸福感。

【安全生产】2021年，武夷山海关成立安全生产专项整治三年行动工作领导小组，建立问题隐患和制度措施"两个清单"，排查监管作业场所问题22项次，发出整改通知书7份，均督促整改到位。选派2人次参加福州海关安全生产专项检查，建立消防栓、灭火器专人管理制度，确保基建施工现场安全管理制度上墙、警示标语到位。先后8次对武夷山陆地港监管作业场所及保税仓开展安全生产检查，定期对消防安全、监控视频、海关人员安全防护等开展排查，及时消除安全隐患。

【财务基建】2021年，武夷山海关积极响应党中央"过紧日子"号召，实现办公用品开支节省37.92%，水电油开支节省23.06%，食堂采购开支节省10%。重新核实武夷山海关现有关产，与福州海关后勤管理中心签订《固定资产委托管理协议》。完成闲置宿舍修缮整合，培训机构改革有序推进，开展武夷山招待所资产清查审计。持续推进武夷山海关业务用房、职工食堂、单身及交流干部宿舍改造，完成大院路面改造、茶检审评室搬迁改造、临时犬舍拆除及地面绿化，改善日常办公环境。

【法治建设】2021年，武夷山海关把法治教育与法治实践相结合，通过教育培树科学治关理念，组织学习宪法、海关法等多部法律法规，营造学法用法的良好氛围。落实"谁执法谁普法"普法责任制，面向辖区企业、社区居民、武夷学院等持续普法，与武夷山市法院深度共建，参与庭审旁听，协助福州海关开展"福关律说"线上视频录制，将法治观念融于执法、深入人心。累计在《中国国门时报》刊登普法文章4篇，"学习强国"刊登普法文章3篇，在12360微信公众号上刊登普法推文2篇，协助开展"福关律说"线上视频录制，让依法行政、为国把关的理念深入人心。

【关史陈列室建设】2021年，武夷山海关将地方特色文化同海关文化建设有机结合，以"百年一梦武关红"为主题建成关史陈列室，将苏区历史、闽北文史、海关关史汇聚一堂，打造展现武夷山形象的生态文化窗口、关区内宣阵地、社会推介平台。

第七篇

事业单位

后管中心

【概况】福州海关后勤管理中心（以下简称后管中心）内设15个科室，其中，本部科室9个，分别是办公室、资产管理科、综合服务科、采购科、财务科、车辆管理科、物业管理科、经营管理科、安全保卫科，其余6个科室驻在福州长乐机场海关、马尾海关、宁德海关、南平海关、平潭海关、武夷山海关，人事关系在中心，日常管理单位为各驻在地隶属海关。截至2021年年底，中心实有事业编制51人（本部35人）、机关工人（行政编制）11人。中心机关党委设有基层党支部10个，中共党员65人（含预备党员1人）。2021年共提拔六级职员1名、七级职员1名、八级职员3名。6名优秀共产党员、2名优秀党务工作者获福州海关表彰。2021年12月23日，后管中心综合服务科以高分顺利通过省直机关巾帼文明岗现场核验。2021年，后管中心以科学管理为手段，以提高干部职工获得感和满意度为主线，不断创新服务理念、增强服务意识、规范服务标准、提升服务质量，凝心聚力做好疫情防控、服务保障、规范管理、安全生产和经营发展，努力打造专业化、规范化、精细化的后勤服务品牌。

【疫情防控】2021年，后管中心全力投入新冠肺炎疫情防控工作，确保江滨路、湖东路和五一路三个办公区及基地的防控安全。盯紧门岗防疫前沿阵地，守牢第一关口，动态调整政策，累计查核车辆129,655辆、人员155,243人次。落实错峰就餐，变更就餐方式，食堂新增8台移动消毒站和3台彩屏宣传防疫知识。对公共区域、通勤车辆进行通风消毒，组织消毒人员开展技能培训和实操演练，常态开展日常消毒及专业消杀。积极响应号召，组织人员参加口岸一线防控工作，共有5人到机场、码头支援工作。做好疫情防疫物资采购和应急物资储备库的管理工作，2021年共采购疫情防疫物资6批次、采购金额251.74万元，确保关区疫情防控的物资保障。2021年7月1日，后管中心亭江基地作为福州海关设置的离岗集中封闭管理隔离点开始运行，第一时间完成"三区两通道"设置和功能区改造，完善安防监控系统，配齐各类防控物资及设施设备，制定集中封闭管理工作手册，严格落实集中封闭管理有关规定。截至2021年12月31日，共完成36批228人次的一线卫生检疫人员离岗集中封闭管理服务保障任务。

▲2021年6月29日，关领导赴亭江基地检查集中封闭管理工作准备情况

【服务保障】2021年3月12日"智慧后勤—食堂服务"App正式在福州海关移动办公平台上线，实现食堂外卖、套餐等项目的网上预订，线下扫码取餐。推进完成职工食堂食材供应商公开征集，实现总关、湖东路、东街三个办公区日常食材供应的统一配送。配合机关直属工会共同成立机关膳食管理委员会，进一步推动机关膳食文化建设。全力提供多样化服务，丰富优化食堂早餐、午餐配置，增加花色品种，增加总关食堂传统特色食品供应。圆满完成总署倪岳峰署长等署领导来福建调研、地方领导调研等重大服务保障任务。认真履行采购政策规定、从严执行采购方式，2021年共执行采购122项，签订合同135份，有力地保障机关运转。

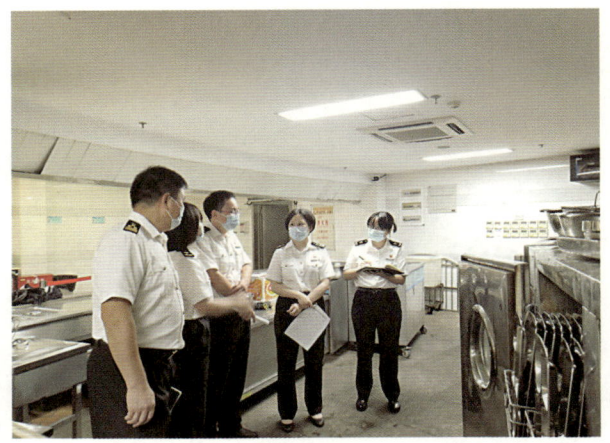

▲2021年8月3日，机关膳食管理委员会对食堂工作进行检查

【规范管理】2021年，后管中心不断完善制度建设，相继出台《住房补贴/级差补贴/住房货币补贴申领工作指引》等管理制度18份。全面梳理工作岗位职责，完善51个岗位操作流程，首次全面制定后管中心岗位操作手册。健全机关纪委工作制度，把监督要求融入业务工作中，制定《后管中心机关纪委日常工作监督办法（试行）》等4份机关纪委制度。完善《后管中心绩效考核办法（试行）》，将固定资产管理、内务规范、财务管理等重点工作纳入中心绩效考核体系，抓手作用不断增强。开展技能提升年活动，先后组织开展驾驶岗位、物业电工岗位、食堂厨师等岗位技能竞赛4场，政府采购、公文写作等岗位技能培训8场，有力提升一线业务人员技能。做好仓储管理，积极配合财务处完成259批、共3,495件的象牙等陆生野生濒危物种及其制品移交工作，受到相关部门充分肯定。落实"过紧日子"要求，规范财务内控管理和规范财务日常工作，

严格审批管理,严格执行经费开支范围和标准,规范会计核算,2021年一般性支出同比下降8%。

【资产管理】2021年,固定资产报废处置历经台账清查、实物核对、报废鉴定、财务审批、内网公示、集中存放和处置移交等七个阶段,共处置移交2,976件资产,其中关本级(代管)报废资产移交1,425件,中心级报废资产移交1,551件。完成6套公有住房拆迁异地安置。按照省市有关规定开展住房补贴申领材料审核,2021年完成住房补贴和级差补贴共21人、货币补贴共38人。

【安全生产】2021年,按时完成空调及电梯、配供电设备年检、维保,完成五一路大院入户电缆落地改造、总关大院电缆改造等风险隐患较大设施设备改造工作,共组织安全巡查50余次,完成零星维修1,000余次。配合鼓楼区、马尾区消防大队开展消防安全检查,着重抓好食堂、门岗、消防室、中控室、档案室、机要室等重点部位的检查,配齐监控探头,消除安全盲区。请燃气公司专业人员定期检查食堂燃气安全,安装燃气报警装置,对食堂油烟管道进行专项排查清洗。组织开展消防演练、电梯困梯处理、安全防护实操演练,完善应急处置预案。2021年度共完成车辆保障任务2,487次,累计安全行车里程16.9万千米,全年未发生交通安全事故。强化公有房产安全,整改6处住房及资产存在的安全隐患,维修54项房屋设施及设备损坏,确保公房安全和生活设施完备。迅速做好熏蒸药品仓库整改,并完成所有存放在码头仓库内的药品清理和搬运,彻底消除危险化学品安全隐患。

▲2021年9月14日,后管中心物业管理人员组织开展供电设备安全排查工作

【基建修缮】完成福州海关湖东路综合实验楼改造项目施工。该项目改造面积27,800平方米,包括装修改造、电气、给排水、暖通、消防、安防、弱电竖井和设备间、结构化布线等改造内容。项目于2021年2月开工,12月完成全部施工,2022年1月20日通过竣工验收。施工期间三次通过福州市建设工程质量监督站和福州市建筑文明安全监察站现场检查,反馈项目施工管理情况良好。

【改革发展】推进出资企业经营改革,完成福州海福咨询服务公司实施业务调整及人员分流改革;福建海诚服务有限公司2021年8月完成管理层换届并取得新的工商营业执照,积极推进公司利用资质开拓新业务;按照总署事业单位投资企业脱钩工作相关要求，福建中检东南检疫处理技术有限公司启动解散注销工作。按照总署统一部署，落实完成武夷山招待所资产清查工作并委托具备资质的会计师事务所对资产清查结果进行专项审计。创建节约型机关，完成总关大院空调集中控制系统安装，统一设置空调温度，组织开展节能宣传周和低碳日相关宣传活动，按要求开展垃圾分类工作，确保准确投放、源头减量，在2021年第一、第二季度连续获福州市直机关通报表彰。

信息中心

【概况】福州海关信息中心是福州海关的直属事业单位，具有独立法人资格，公益一类，财务独立核算，经费由财政全额保障，无涉企收费项目。主要工作职责为：承担福州海关信息系统核心结点科技应用项目与基础设施的运维管理；承担福州海关核心结点信息安全保障工作；承担福州海关大数据资源、平台的建设和管理、大数据应用及服务工作；承担福州海关核心结点的系统、网络等基础设施建设；承担福州海关机关二级监控指挥中心和视频会议系统的技术保障工作；协助科技处承办福州海关业务信息化项目建设，实施关级项目的项目建设和署级项目的部署；承担福州海关科技应用项目总集成管理、技术架构设计与管控、新技术研究与应用等工作；承担平潭海关信息系统核心结点科技应用项目与基础设施的运维管理；承担自身组织建设和队伍建设，按权限承担人员岗位聘任和日常管理考核工作。中心核定编制24名，下设7个正科级内设机构：办公室、技术科、运行科、应用科、网络科、安全科、驻平潭海关科。截至2021年年底，福州海关信息中心编制24人、实有17人。

【科技信息化管理】2021年，福州海关信息中心持续深入规划与课题研究，研讨总署《"十四五"海关发展规划》征求意见，3项意见被"高质量建成智慧海关"章节采纳。参与《"十四五"福州海关科技发展规划》编制，研究关级应用、技术研究等相关内容。组织并参与申报总署、省科技计划项目及政研课题5项，其中《深度学习在口岸场所视频智能监管中的研究及应用》获得省科技计划立项，《"三智"理念指导海关科技创新应用的思考》获得总关课题立项。全程参加海南自贸港海关智慧监管平台项目可研方案、需求分析和系统设计工作。紧紧围绕科技活动周"百年回望：中国共产党领导科技发展"主题，扎实开展"四个一"活动，即举办一次讲座、组织一次学习、开展一次研讨、召开一次座谈会。积极参加科普演讲比赛，何露华参赛的《5G智慧旅检》获得关区科普讲解比赛一等奖。

【信息化项目建设】2021年，福州海

关信息中心持续深入推进信息化重点项目，推动江阴港海关智慧监管项目、福州综保区信息化项目实施，做好环境部署、联调测试及试运行。配合做好保健中心体检智联网应用项目立项，研讨明确项目分期建设目标、业务与技术方案，指导项目建议书编写。跟进国际贸易"单一窗口"和特殊区域建设。完成集中审像、人事管理等系统升级9次。完成H2018新一代通关系统3.0版在关区切换的技术支持和适配改造。完成通关工作流监控系统的变更升级1次，全球质量溯源系统的迁移部署1次。配合总署做好新旧快件系统、集中审像、查管四期系统灾备切换保障3次。开展4个关级信息化项目建设工作。完成福州海关智慧签证辅助系统上线、试运行、验收工作，运行申报企业44家，申报单据1,501条。完成福州海关企管信息化管理平台关企e智通模块等模块开发，提交业务部门内部测试。完成VR物联网系统开发，配合系统部署联调及上线试运行。完成福州海关指挥中心业务运行监控辅助系统开发和上线。

【信息化运维保障】 2021年，福州海关信息中心完成福州海关基础设施整合及机房搬迁方案，完成湖东路机房综合布线及配电，江滨路机房气体灭火系统及视频监控系统扩容等多个基础设施改造。完善并规范运管平机房配置信息，完成机房环境监控系统模块升级。规范"3000"热线服务流程，优化运管平台服务请求流程，增加流程短信提醒功能，配合完成技术服务热线平台正式上线工作。完成运行管理平台权限账号梳理、安全漏洞修复及优云配置库安全加固工作，完善运行管理平台配置项。整合优化运行资源，完成虚拟化和数据库平台资源整合方案和存储扩容及数据库存储迁移工作，完成福州海关域控制器操作系统升级及业务网邮件系统切换工作，配合总署完成业务网域控制器架构扩张及业务网邮箱切换工作，完成重要应用系统的47套服务器、存储指标在运管平台的统一监控管理。严格监控指挥中心值班值守，实时监控网络线路和视频监控平台运行状况，为206场视频会议提供技术保障，确保总署总关指挥畅通无阻。做好旅客通关子系统卫生处置系统在关区推广应用的技术支持，协助排查解决实验室数据上传、机场海关扫描仪识别异常等问题3次，完成对接福州市新冠病毒核酸检测结果收集上报接口。完成全国两会、网络安全攻防演练、建党100周年、十九届六中全会、"双11"跨境电商大促等重要活动期间信息化技术保障工作。

【信息化安全管理】 2021年，福州海关信息中心做好总署信息系统安全管理中心日常监控、事件处置等工作，累计按时完成总署通告76个，安管中心告警处置数315个。完成2021年网络攻防演习期间安全保障工作，提交典型案例1份，获得总署点名表扬。做好360天擎离线安装包定期导出工作，持续跟进360天擎安装覆盖率，按时推送病毒查杀任务，查杀病毒记录数6,828条，提取特征病毒78个。实行"清单化"管理，梳理3个清单"在线运行信息化系统清单""账号权限管理清单""对外业务数据交换管理清单"，做到底账清。按照总署要求，完成门户整合和H4A整合，运用统一门户，动态更新在用信息系统清单，为关员单点登录提供快捷入口。实行系统准入准出管理，完成9个项目的上线合规性审查工作，做好11套关级系统的下线技术工作。安全加固对外接入局域网服务器53台、业务网服务器370台，全关客户端逾2,000台，停用不活跃互联网邮箱账户1,110个。完成数据导入导出工作577单，根据审批做好各单位各部门数据导入专用终端权限分配工作。

技术中心

【概况】福州海关技术中心为福州海关所属事业单位，内设17个机构，包括6个职能部门（办公室、业务部、技术管理部、风险监控研究部、人力资源部、财务部），8个检验检测部门（工业品化学检测部、环境及消费品检测部、机电产品检测部、食品理化检测部、食品生物学检测部、动物检疫部、植物检疫部、检验鉴定部）及3个冠名隶属海关的内设机构（驻宁德海关科、驻南平海关科、驻平潭海关科）。主要承担法定检验检测、经营性业务开拓和科研技术开发等三大职能。2021年，技术中心以习近平新时代中国特色社会主义思想为指导，深入学习贯彻党的十九大及十九届二中、三中、四中、五中、六中全会精神，全面落实总署和福州海关工作会议、全面从严治党工作会议部署，强化政治机关建设、坚定走好"第一方阵"，统筹推进疫情防控、全力以赴促外贸稳增长，履行技术保障职责、立足岗位守国门保安全，应对挑战变局、拓市场稳运营保安全，履行从严治党职责、严管厚爱强队伍，各项工作取得了成效。

【守护国门保安全】全年共截获进出境动植物濒危物种9种次。累计完成固体废物鉴定业务38批次。赴辖区企业调研EVA再生塑胶片后续使用流程，配合执法一线有效遏制"洋垃圾"进口。做好动植物疫情监测，全年完成3,128头丹麦进境种猪和3,830头智利进境种牛疫病监测实验室检测任务。从进境植物及其产品中检出检疫性有害生物262种次，在进境仓鼠饲料中首次检出"植物吸血鬼"菟丝子种子，《人民日报》就此专题报道。经技术中心鉴定上报的有害生物乳状耳形螺和玫瑰蜗牛，被农业农村部、海关总署增补列入《中华人民共和国进境植物检疫性有害生物名录》。全年共检测进出口食品、消费品3,414批，比增8.45%，检出不合格进口食品、消费品97批。

【统筹推进疫情防控促进外贸稳增长】驰援防控一线，抽调12名技术骨干、5台专用设备支持口岸防控一线。同步更新疫情内部防控措施指引至第7版，发布应急处置工作指引。举办2021年生物安全防护岗位练兵活动，做好进口冷链食品新冠病毒预防性消毒工作，为5个重点岗位接触冷链样品人员配置紫外消毒灯、生物安全三级防护物资。将大宗资源性产品制样实验室前移至码头，创立7×24小时"即卸即取，即送即检"工作模式和"全流程五步周期管理法"，完成铜精矿、铁矿、煤炭等法检业务512批次、2,496万吨，平均检测周期比规定周期大幅压缩60%以上，受惠企业多次送来感谢信、锦旗表示感谢。

【强化检测能力提升】开验256个标准、698个检测项目，接受2次CMA/CNAS"二合一"扩项+变更现场评审，164个检测产品类别、1,463个检测参数得到扩项并新增1个检测地点；接受CNAS 17020复评审+变更现场评审，共扩项3个领域、5类货物。1项科研成果获福建省科技进步奖三等奖，3项科研项目获总署立项，4项科研项目获福州海关立项，3项科研项目获福建省立项；主持或参与制定海关技术规范7项。获得总署科研成果评定三级2项，参与1项。

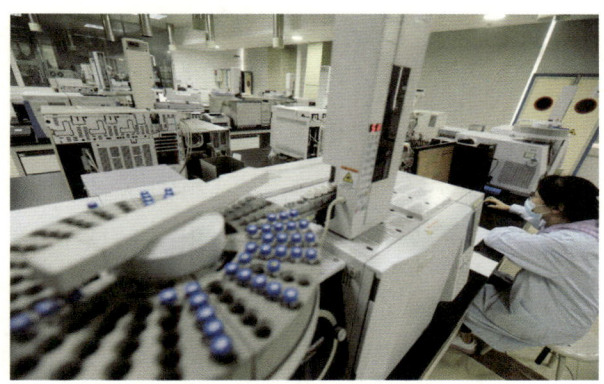

▲技术中心检测人员例行开展食品中农药残留批量检测

保健中心

【概况】福州国际旅行卫生保健中心（以下简称保健中心）是福州海关直属公益二类事业单位，主要承担出入境人员传染病监测、健康体检、预防接种、医学媒介监测鉴定及履行口岸卫生检疫技术支撑、防止疫病传播、医疗保健服务等职能。内设办公室、综合业务科、财务科、业务发展部、体检科、预防接种科、卫生检疫实验室、医学综合实验室、驻福州长乐机场海关科、驻马尾海关科、驻武夷山海关科11个科室（本部8个），全资控股福建国检医学检验实验室有限公司。中心本部现有办公业务用房7,500平方米，建有3个国家重点实验室（生物安全检测重点实验室、虫媒传染病检测重点实验室、毒品检测重点实验室）、3个总署区域实验室（结核病检测区域实验室、媒介生物监测区域实验室、HIV检测实验室）、1个福州海关常规实验室（卫生检疫综合实验室）和1个第三方医学检验实验室，拥有医学诊断设备、实验室检测设备等资产697台（套），总值6,417万元。截至2021年年底，中心本部现有正式在编人员31人。2021年，保健中心主要开展新冠病毒核酸检测工作和其他病原体检测工作，为福州海关口岸疫情防控提供卫生检疫技术支撑。同时依法履职，为出入境人员提供传染病监测体检、预防接种和国际旅行健康咨询服务。

【疫情防控】2021年，保健中心办理体检20,850人，预防接种5,084人、5,705针次，开展口岸新冠病毒核酸检测42,450例。开展入境商品新冠病毒核酸检测109,795份，经总署确认阳性的结果40份。开展关警员新冠病毒核酸普检工作3次，完成关警员新冠病毒核酸检测59,437人份。

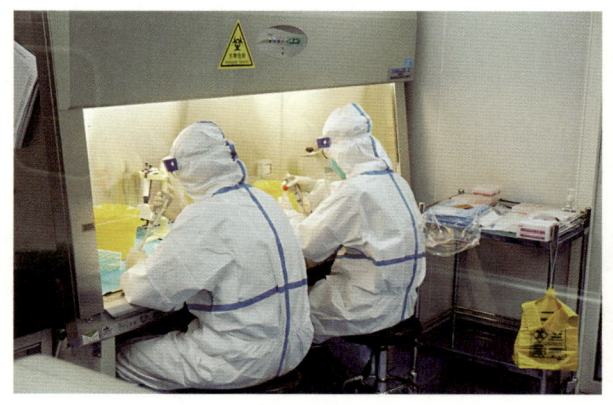

▲2021年2月春节，保健中心开展新冠病毒核酸检测

严格执行海关总署、国家卫健委各项技术方案、操作指南。先后修订、制定《新冠病毒检测实验室生物安全每日巡查制度》《医疗废弃物管理规定（试行）》《疫情防控期间实验室检测工作人员集中管理制度》《修缮改造项目施工期间新冠肺炎疫情防控工作方案》等，构建覆盖健康体检、实验室生物安全、内部防控等疫情防控全流程安全防护工作机制，确保有章可循、有据可依。

加强实验室监督巡查管理，在实验环节设立兼职安全防护监督岗，指定安全防护监督员，将现场管理、个人防护、污染控制、废弃物处理等重要控制节点纳入安全防护监督员日常工作中。新冠病毒检测实验室做到"每日巡查、每周被查、每月自查、每季度督查"，排查风险隐患。同时实行实验室人员相对集中管理，缩短新冠病毒核酸检测间隔时间，强化实验室生物安全管理。

改建国家生物安全检测重点实验室（福建），强化实验场所生物安全，提升实验室检测能力。取得移动P2实验室的新冠病毒核酸检测资质备案。

【业务开展】2021年，保健中心投入使用高端体检区，新增CT检查项目，优化体检流程，提升服务质量，共办理体检、预防接种等业务65,805人次。按照疫情防控要求新增核酸采样点，提供"5+2"无假日核酸采样服务，满足关警员核酸检测需求。为全国职工职业技能大赛福建省代表队、中国（福建）第十九批援塞内加尔医疗队提供体检与核酸检测服务。为远洋渔业、劳务企业提供体检上门服务，解决企业发展难题。为群众提供体检报告解读、综合分析等健康咨询服务，开展科普讲座与实验室开放日活动。2021年，从出入境人群中检出汉坦病毒核酸阳性2例、HIV确证5例、乙型流感2例、鼻病毒感染2例、水痘—带状疱疹病毒感染1例。推进国家毒品检测重点实验室建设，制定完善司法鉴定质量控制等制度31项，参加司法部组织的司法鉴定能力验证的3种基质41个项目均获得满意结果。2021年参与申报1项国家"十四五"重大专项，主持和参与的2项总署科研课题顺利结题，参与的NQI项目顺利通过专家验收，1项总署科研课题获得立项，1项福州海关科技项目获得立项，授权实用新型专利3项，申报软件著作权1项，以第一作者或通讯作者正式发表论文3篇。

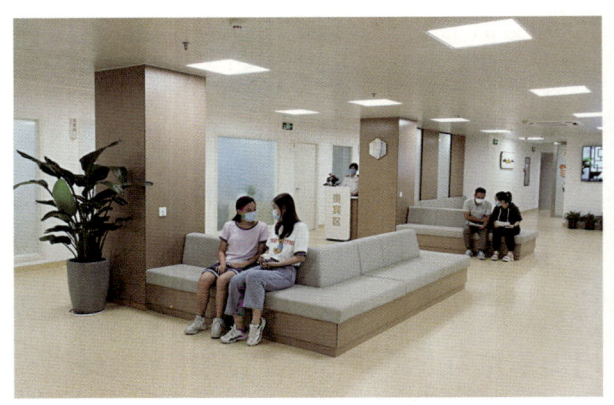
▲2021年5月，保健中心新投入高端体检区

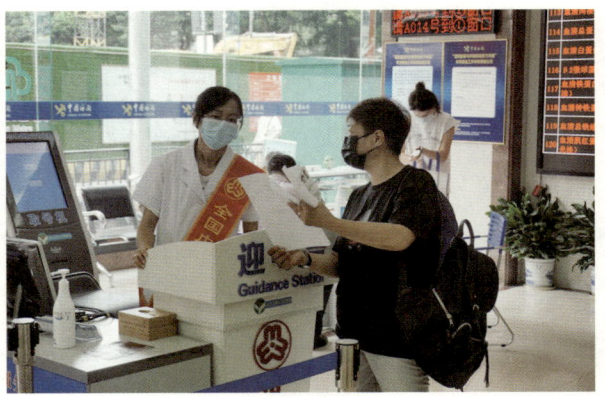
▲2021年10月，保健中心为中国（福建）援塞内加尔医疗队开展旅行医学服务

数据分中心

【概况】中国电子口岸数据中心福州分中心（以下简称数据分中心），为中国电子口岸数据中心设在福州的分支机构，同时作为福州海关的直属事业单位，具有独立法人资格，公益二类，财务独立核算，经费自理。根据《中国电子口岸数据中心福州分中心主要职责、内设机构和人员编制规定》，数据分中心主要工作职责有8项：承担福州海关电子口岸应用项目及联网企业的技术支持、操作培训、热线值班；协助做好福州海关中国国际贸易单一窗口标准版推广运维工作；协助承担海关信息系统项目开发建设、运行维护职责；承担福州海关电子口岸系统运行、维护管理；承担电子口岸专网分中心节点的网络系统和信息安全保障工作；承办福州海关电子口岸政务卡、企业卡入网的身份鉴别、录入、制作等项工作；参与地方电子口岸应用项目建设，做好相关技术支持；参与地方国际贸易"单一窗口"应用项目建设。数据分中心核定编制10人，内设2个科室。现有在编人员5人，其中，副主任2人，加上临时牵头负责人，共同组成领导班子；科级干部1人；取得副高级职称资格1人。现有1家下属企业，全称为福州达远电子科技开发有限公司（简称达远公司），属全资控股，具备企业法人资格，现有员工63人。

【做实电子口岸业务】2021年，数据分中心推动电子口岸业务平稳高效运行。支持"单一窗口"建设，在"单一窗口"新应用、新模式上线期间，为关区企业提供技术保障，协助解决企业对接总署数据中心、总关业务部门技术问题，做好福建"单一窗口"专题调研工作，走访关区有代表性的外贸企业，整理形成调研报告供领导参考。2021年，数据分中心共服务关区企业4,495家，为2,117家新企业办理入网，受理变更、注销、更新业务3,743起，累计制作发放电子口岸卡6,001张。持续优化400热线服务，共接听电话答复咨询6,008个，热线邮箱答复企业咨询2,272个，主动呼出联系企业协调解决各类问题801个，处理省"单一窗口"客服转交服务请求17个。大力推行电子口岸业务网上办理，通过线上方式服务企业1,084

家，邮寄方式服务企业681家，网上办理业务占比39.26%。为关区企业提供技术支持和保障，解决企业账册问题、系统HS编码问题、数据交换通道对接等问题，2021年先后获得省电子口岸服务中心、菜鸟网络、考拉海购等单位感谢信2封、锦旗3面、牌匾1块，为保外贸稳增长，提升关区企业获得感贡献力量。筑牢安全屏障，严格落实关领导指示精神做好庆祝建党100周年暨护网行动网络安全保障工作，风险分析、流量控制、强化监控、人工巡检多措并举，期间值班55人次，人工处置互联网攻击事件77次，封禁互联网IP地址6.87万个，圆满完成工作任务。

【优化口岸营商环境】2021年，数据分中心将深入推进"关银一KEY通"项目作为践行外贸稳增长和"我为群众办实事"的重要举措，着力优化口岸营商环境。2021年1月8日，数据分中心与建设银行福建省分行签署战略合作协议，就"关银一KEY通"项目开展全面合作。项目的顺利落地，被人民网、"学习强国"、新浪福建、新华财经等多家媒体报道。4月7日，林跃飞副关长会见建设银行福建省分行副行长黄汾，就推进项目合作进行深入交流。数据分中心积极落实关银领导项目交流调研会议相关工作部署，在首批2个代理点运行顺畅基础上，继续与建行沟通第二批授权设立合作代理点等后续合作事宜。结合隶属海关分布，依托建行网点资源，科学研判分析，在拟设代理点的选择上实现关区科学化覆盖，最大程度便利企业。派员会同建行人员赴宁德、莆田、平潭等6个拟建代理点实地考察，进行人员培训，顺利完成验收评估和授权。截至12月，已有126家企业在合作代理点办理入网业务65起，增补卡业务54起，更新解锁业务25起，共制发电子口岸"共享盾"181张。项目的深入推进，为企业提供了实实在在的便利，大大降低企业的"时间成本"和"脚底成本"，进一步优化了口岸营商环境，得到企业广泛肯定与好评。

【保障跨境电商大促】针对2021年福州关区跨境电商业务量大幅上涨的客观情况，准确预判，提前部署，有效保障跨境电商数据交换业务平稳运行。成立"618""双11"运维保障工作组，分中心一把手担任组长，相关人员按照各自运维角色和职能，做好保障整体规划，确保责任落实到位。与省"单一窗口"运营体及菜鸟、融达通等关区内较大电商平台企业进行座谈，提前对接业务情况，了解企业保障需求，部署应急处置举措。开展电子口岸二级节点及核心物流库优化升级，通过引入集群技术、扩容上行带宽、上线大数据监控平台等多项优化措施，处理速率达到关区历史最高水平。建立"内外双线"扁平化快速沟通机制，对内联合口岸监管处、科技处，对外联合省电子口岸服务中心、网络运营商，组成联合技术保障工作小组，全力应对监管高峰。数据分中心相关人员在电商大促业务高峰期间24小时通宵值班，实时监测电子口岸申报和核心物流库放行状态，高效现场处置。据统计，6月1日至18日，福州关区共放行跨境电商进出口清单513.3万票，同比增长超4倍；11月1日至11日共放行361.4万票，同比增长近1倍，业务量跃升全国前5。电商大促期间，数据分中心二级节点数据传输平稳顺畅，实现跨境报文"秒通秒放"。

附录

2021年福州海关大事记

▲1月8日　福州海关缉私局举行庆祝首个中国人民警察节荣誉仪式。缉私局民警共同观看《光荣的时刻》专题教育片、向警旗宣誓、合唱《中国人民警察警歌》。活动现场还为2020年以来受到三等功以上表彰奖励的集体和民警个人颁发荣誉证章、为从警10、20、30、40周年民警颁发从警纪念章。

▲1月21日　福州海关保障首列"武夷山—阿拉木图"中欧班列顺利开行，班列自武夷山陆地港出发，经霍尔果斯口岸出口至中亚五国，全列42个集装箱，装载塑料制品、小型家居、纺织、机械等货物，货值2150万余元。

▲2月1日　福州海关通过视频会议形式召开2021年福州海关工作会议、福州海关全面从严治党工作会议。回顾2020年福州海关工作、全面从严治党工作，总结"十三五"时期福州海关工作成绩，分析当前工作面临的形势，明确2021年工作思路，对重点工作作出具体部署。

▲2月8日　福州综合保税区获总署批复同意验收结果，成为福州关区首个验收合格的综合保税区。

▲2月24日　总署发文批复认定平潭海峡二桥二线通道项目验收合格，同意福州海关组织实施监管运作。

▲3月22日　经福州海关技术中心鉴定，3月9日榕城海关从一批美国进境的黑胡桃木原木中截获弗吉尼亚虎蛾、浅翅番红花蛾等4种有害生物，均系全国口岸首次截获。目前该批货物已经妥善处置后放行。

▲3月31—4月1日　三明陆地港关区内出口转关首次实现系统自动核销。3月31日，三明海关通过出口转关直通模式申报放行一票出口到马来西亚的货值48万元的装饰板，4月1日该票货物运抵福州新港后转关系统自动完成核销动作，首次实现三明陆地港至福州新港转关自动核销放行。

▲4月8—9日　副署长王令浚在宁德调研。赴宁德时代新能源科技股份有限公司调研，实地察看公司展厅，听取公司发展情况介绍，深入了解新能源产业情况。赴福建钦龙食品有限公司实地了解宁德市

口岸开放及促外贸稳增长情况，实地察看宁德海关办公楼、党建和文化活动室、职工食堂，并慰问基层一线干部职工。在宁德期间，会见了宁德市委书记郭锡文，宁德市市长梁伟新、副市长黄国璋。

▲4月15日　福州海关为福建三都澳食品有限公司出口至毛里求斯的冻三去月亮鱼和冻旗鱼签发关区首份中国—毛里求斯自贸协定原产地证书，货值147.18万元。

▲4月22日　武夷山海关保障首列"武夷山—莫斯科"中欧班列开行。该班列自武夷山陆地港始发，经二连浩特口岸出境，历时约13天抵达俄罗斯首都莫斯科。全车列装100个标箱、618.3吨，货值近1,800万元，主要装载空调、水泵等机电产品及鞋子、背包等轻纺产品。

▲5月1日　武夷山海关保障首列"武夷山—杜伊斯堡"中欧班列开行。该班列自武夷山始发，经阿拉山口口岸出境，历时约18天抵达德国杜伊斯堡。全车共装载100个标箱，货重553.37吨、货值2,485.48万元，主要商品为汽车配件、空调配件及发动机等。

▲5月8—10日　福州海关、厦门海关组织制订《福州海关 厦门海关推进全业务领域一体化改革工作方案》，确定4个方面、30项全业务领域一体化工作任务。5月10日，印发《福州海关 厦门海关推进全业务领域一体化改革工作方案》。

▲5月10日　福州海关审结通过全国首票使用RCEP原产地管理信息化应用系统的报关单。当日凌晨，全国首票优惠贸易协定项下进口报关单通过该系统在福州海关审结通过，为企业减免税款1.24万元。截至5月10日16时，福州海关通过新系统签发4份中国—哥斯达黎加、中国—秘鲁自贸协定项下原产地证书，预计为企业减免进口国关税2.31万元。

▲5月13日　福州海关完成2,980头进境丹麦种猪的隔离检疫工作。主动对接地方生猪产业发展需求，与地方农业部门协作配合，仅历时3个月助力三明市建成首家进境种猪隔离检疫场；督促隔离场管理方落实隔离防疫措施，对进入隔离场人员开展人畜共患病检查、新冠肺炎疫情筛查，严格执行洗消程序；定期巡查种猪健康状况，开展7种重点疫病检测，采集血样、鼻拭子、粪拭子9,654份，及时对检出二类疫病的种猪进行规范处置。5月13日，2,980头丹麦种猪经福州海关检疫合格后解除隔离。

▲5月27日　福建省委书记尹力、省长王宁会见来福建调研的总署署长倪岳峰一行。尹力代表福建省委省政府对总署的大力支持表示感谢，希望总署在加快自贸试验区建设、深入推进通关一体化、闽台融合发展及创新疫情防控措施等方面加大力度，支持福建先行先试，共同严守国门、"外防输入"，携手打造良好口岸营商环境。倪岳峰表示，总署将进一步加强署省合作，主动对接福建发展需求，深化通

关便利化改革，进一步优化服务，更好助力地方经济社会发展。同日，倪署长一行赴福建福光股份有限公司、福建中景石化有限公司和福州京东方光电科技有限公司等企业调研，听取企业生产运营、进出口业务等情况介绍，了解企业存在问题困难并征求企业对海关工作的意见建议。倪署长充分肯定福州海关相关监管服务举措，要求福州海关继续提供优质服务，积极支持企业自主创新和业务发展。调研期间，倪署长一行还参观了福州滨海新城规划展示馆、国家区域医疗中心复旦大学附属华山医院福建医院、福州三中滨海校区。福建省委副书记、省长王宁，福建省委常委、福州市委书记林宝金，福建省副省长郭宁宁，总署党委委员、办公厅（国口办）主任黄冠胜，以及总署综合司、自贸司、商检司，福州海关，福建省商务厅和福州市政府主要负责人参加调研。

▲5月28日　署长倪岳峰在莆田调研。深入莆田港口岸罗屿作业区一线，了解海关服务莆田港进一步扩大对外开放近三年工作开展情况以及对台转口贸易发展状况，对福州海关及隶属莆田海关支持莆田港扩大对外开放和优化营商环境等方面所作的努力和成效给予肯定；深入福建省双驰实业有限公司，调研莆田市鞋业企业发展现状和转型升级情况，了解企业实际困难和需求，征求对海关工作的意见建议。福建省副省长郭宁宁，总署党委委员、办公厅（国口办）主任黄冠胜，以及总署综合司、自贸司、商检司，福州海关，福建省商务厅和莆田市委、市政府主要负责人参加调研。

▲6月7日　武夷山海关保障首趟"大红袍"中欧班列顺利开行。6月5日，该关监管第10趟中欧班列成功开行，该班列共装载茶叶87.34吨，货值230.34万元。

▲6月18日　福州江阴港综合保税区通过正式验收。联合验收组由福州海关、省发改委、省财政厅等8个单位组成，通过听取汇报、实地勘查、验收评审后，一致同意福州江阴港综合保税区通过验收。

▲6月26日　福州海关合唱团参加中央驻闽单位庆祝中国共产党成立100周年合唱汇演决赛获金奖。

▲7月24日　福州海关顺利完成2021年公务员招录工作并开展初任培训。共新录用公务员10人。

▲7月26日　宁德海关助力上汽公司在宁德口岸首次实现内外贸同船出口。以三都澳港区漳湾作业区开通内外贸集装箱同船运输为契机，顺利监管上汽宁德基地通过内外贸同船方式出口汽车配件近13万元。

▲7月28日　榕城海关首次从邮递进境仓鼠饲料中检出检疫性有害生物菟丝子。经技术中心鉴定，一件从荷兰寄至福州仓山、申报品名为"零食"、实为仓鼠饲料的邮件中检出检疫性有害生物菟丝子种子3粒。这是全国口岸首次从仓鼠饲料中检出

检疫性有害生物菟丝子。

▲8月19日　福州海关组织参加海关事业单位所属企业脱钩工作视频会议。同日，福州海关召开海关事业单位所属企业脱钩工作部署视频会议。

▲9月13日　莆田海关监管满载近40万吨巴西铁矿石的"明卓"轮顺利靠泊莆田港。该轮是福建省迄今靠泊吃水最深、载货最多的散货船。

▲10月3日　副省长郭宁宁赴我关检查国庆假期加班作业情况。在二级监控指挥中心视频连线榕城、机场、马尾海关监管现场，赴马尾海关实地调研口岸船舶检疫登临作业、进口冷链商品风险监测工作情况，对现场关员致以节日慰问。

▲10月22日　总署副署长、党委委员邹志武在福州海关调研。听取我关相关工作汇报，详细了解全业务领域一体化改革、税收风险防控、通关流程优化等情况，对我关下一步工作提出要求。

▲10月30日　福建省政府代省长赵龙赴莆田港莆头作业区调研。深入港区作业一线，看望莆田海关一线作业关员，了解该关当前严防境外疫情输入、确保口岸安全运转，以及助推莆田市外贸进出口发展的有关情况，对该关在当前"防疫情、促外贸"过程当中作出的努力和贡献给予肯定，要求该关继续密切和口岸其他部门单位协作配合，与当地政府一道继续做好年终岁末的各项工作，确保莆田港口岸持续安全运行、服务全省高质量发展。

▲11月21日　央视《新闻联播》单条播出《福州海关破获特大二手医疗设备走私案》，是今年以来央视《新闻联播》首次播出海关系统打私案件的新闻，也是近年来福州海关首次以单条新闻形式被央视《新闻联播》采用。该新闻还在当日《新闻直播间》《天下财经》《经济信息联播》以及次日《第一时间》等栏目重点报道。

▲11月24日　平潭海关监管辖区首艘以平潭港为母港集装箱货轮"鲁丰"轮顺利首航"平潭—台北—台中"航线。

▲12月23日　国家口岸办会同总署监管司、交通运输部、国家移民管理局和中央军委联合参谋部等相关部门组成验收组，经现场评审，一致同意宁德港漳湾作业区通过国家级验收。

2021年福州海关重要文件规定摘选

福州海关关于印发《福州海关依法分类处理信访诉求清单》的通知

各单位、各部门：

为进一步加强信访工作法治化建设，全面落实《信访条例》和国家信访局《依法分类处理信访诉求工作规则》（国信发〔2017〕19号），根据《2021年全国海关办公室工作要点》（署办发〔2021〕10号）和《海关总署办公厅关于进一步推进海关系统依法分类处理信访诉求的通知》（署办便函〔2021〕4号）要求，参照《海关总署依法分类处理信访诉求清单》，结合我关实际，研究制定《福州海关依法分类处理信访诉求清单》。现予以印发，请遵照执行。

特此通知。

福州海关
2021年9月22日

福州海关依法分类处理信访诉求清单

为贯彻落实中央关于信访工作制度改革决策部署，落实国家信访局关于规范依法分类处理信访诉求相关工作要求，根据《信访条例》、国家信访局《依法分类处理信访诉求工作规则》并参照《海关总署依法分类处理信访诉求清单》，制定福州海关依法分类处理信访诉求清单如下：

一、不适用事项

本清单适用于福州海关对信访诉求的分类处理，以下事项除外：

（一）根据法律规定应由人民法院、人民检察院、公安机关通过刑事立案处理事项。

涉及诉求：涉走私罪被刑事立案处理事项。

处理方式：不予受理。告知信访人依

照有关法律法规规定程序向有关机关提出。

法规依据：《中华人民共和国刑事诉讼法》《中华人民共和国海关法》《公安机关办理刑事案件程序规定》（公安部令第159号）、《公安机关办理刑事复议复核案件程序规定》（公安部令第133号）。

责任部门：缉私局。

（二）与当事人达成有效仲裁协议事项。

涉及诉求：劳动和人事纠纷，包括劳动合同纠纷、社会保险纠纷、福利待遇纠纷、工伤认定纠纷等，已与海关达成有效仲裁协议的。

处理方式：不予受理。告知信访人依照有关法律、行政法规规定程序向有关机关提出。

法规依据：《中华人民共和国劳动法》《中华人民共和国劳动合同法》《中华人民共和国劳动争议调解仲裁法》。

责任部门：人事处、各事业单位。

（三）认为海关的具体行政行为侵犯其合法权益的。

处理方式：对于已经提出行政复议、行政诉讼的事项不予受理。对于依法应当通过行政复议、行政诉讼途径解决的，不予受理，同时告知信访人依法向海关相关行政复议机构提出行政复议或向法院提起行政诉讼。

公民、法人或者其他组织认为海关具体行政行为侵犯其合法权益的，可以自知道该具体行政行为之日起60日内提出行政复议申请。

对海关具体行政行为不服的，向作出该具体行政行为的海关的上一级海关提出行政复议申请。

公民、法人或者其他组织直接向人民法院提起诉讼的，应当自知道或者应当知道作出行政行为之日起6个月内提出。

公民、法人或者其他组织不服复议决定的，可以在收到复议决定书之日起15日内向人民法院提起诉讼。复议机关逾期不作决定的，申请人可以在复议期满之日起15日内向人民法院提起诉讼。

纳税争议事项，公民、法人或者其他组织应当依据海关法的规定先向海关行政复议机关申请行政复议，对海关行政复议决定不服的，再向人民法院提起行政诉讼。

法规依据：《中华人民共和国行政复议法》《中华人民共和国行政诉讼法》《中华人民共和国海关法》《中华人民共和国行政复议法实施条例》《中华人民共和国海关行政复议办法》。

责任部门：法规处。

（四）不属于本机关职能职责范围的事项及不符合信访相关规定事项。包括：

1. 不属于本机关"三定"方案规定职能职责范围的；

2. 采取走访形式，但跨越应当受理的本级和上一级机关反映的；

3. 在规定的办理时限内再次提出的；

4. 未在规定时限内提出复查、复核申

请，信访人仍就同一事项重复信访的；

5. 其他属于不予（再）受理范围的。

处理方式：不予受理。采取书面、手机短信、电子邮件等适当方式告知信访人，并引导信访人依照有关法律、行政法规规定程序向有关机关提出。不予（再）受理告知书只出具一次。

法规依据：《信访条例》、国家信访局《依法分类处理信访诉求工作规则》、国家信访局《中央和国家机关信访事项受理办理工作有关规定（试行）》。

责任部门：人事处、办公室。

二、应按依法履职程序处理事项

（注：此类履职事项不能以信访形式答复。书面答复应加盖业务专用章或部门印章。）

涉及诉求：公民、法人或者其他组织向福州海关申请查处违法行为、履行保护人身权或者财产权等合法权益的。

处理方式：两个月内履行或答复。

法规依据：《中华人民共和国行政诉讼法》、国家信访局《依法分类处理信访诉求工作规则》。

责任部门：总关各相关职能部门及各有权处理隶属海关单位。

三、应按其他法定程序处理事项

（注：此类履职事项不能以信访形式答复。书面答复应加盖业务专用章或部门印章。启动相关法律程序需要公民、法人或者其他组织书面提出申请的，按照相关规定引导申请者书面提出申请后，按照相关法定程序办理）

（一）公民、法人或者其他组织认为海关不依法履行政府信息公开义务的，向福州海关信息公开工作主管部门举报。

处理方式：调查处理，两个月内答复。

法规依据：《政府信息公开条例》、国家信访局《依法分类处理信访诉求工作规则》。

责任部门：办公室。

（二）举报人举报涉嫌侵权案件线索、提出依申请保护要求。

处理方式：对举报信息进行核实，并按照侵权线索举报有关规定办理。

法规依据：《中华人民共和国知识产权海关保护条例》《中华人民共和国海关关于〈中华人民共和国知识产权海关保护条例〉的实施办法》。

责任部门：综合业务处。

（三）公民、法人和其他组织向海关申请行政赔偿。

处理方式：公民、法人和其他组织向海关申请行政赔偿按《中华人民共和国海关行政赔偿办法》第十六条至四十一条申请赔偿程序办理。

法规依据：《中华人民共和国国家赔偿法》《中华人民共和国海关行政赔偿办法》（海关总署令第101号）。

责任部门：法规处。

（四）进出口货物收发货人或者其代

理人对鉴定结论有异议的。

处理方式：对鉴定结论有异议的，引导进出口货物收发货人或者其代理人按《中华人民共和国海关化验管理办法》（海关总署令第176号）第十七条规定程序提出复验申请，按照程序办理。

法规依据：《中华人民共和国海关化验管理办法》（海关总署令第176号）。

责任部门：关税处。

（五）进出口商品的报检人对海关作出的检验结果有异议的。

处理方式：对海关作出的检验结果有异议的，引导进出口商品的报检人按照《进出口商品复验办法》申请复验，按照规定程序办理。

法规依据：《中华人民共和国进出口商品检验法》第二十七条；《中华人民共和国进出口商品检验法实施条例》第三十五条；《进出口商品复验办法》。

责任部门：进出口食品和商品检验处或有权处理海关单位。

（六）进出口货物收发货人或者其代理人对将其进口货物纳入固体废物管理范围有异议的。

处理办法：进出口货物收发货人或者其代理人对将其进口货物纳入固体废物管理范围有异议的，引导进出口货物收发货人或者其代理人按照《关于发布进口货物的固体废物属性鉴别程序的公告》（生态环境部 海关总署公告2018年第70号）申请复检鉴别，由海关委托鉴别机构进行固体废物属性复检鉴别。

复检鉴别与首次鉴别的结论不一致的，或者相关方对鉴别结论存在严重分歧的，或者没有合适的鉴别机构进行鉴别的，相关方（如海关、司法机关、收货人或其代理人等）可向海关总署提出书面申请，海关总署就申请征求生态环境部意见办理。

法规依据：《关于发布进口货物的固体废物属性鉴别程序的公告》（生态环境部 海关总署公告2018年第70号）

责任部门：进出口食品和商品检验处或有权处理海关单位。

（七）加工贸易企业对海关作出的单耗核定结果有异议的。

处理方式：加工贸易企业对海关作出的单耗核定结果有异议的，引导加工贸易企业按照《中华人民共和国海关加工贸易单耗管理办法》（海关总署令〔2018〕243号—9）第二十六条，向作出单耗核定海关的上一级海关提出书面复核申请。上一级海关应当自收到复核申请后45日内作出复核决定。

法规依据：《中华人民共和国海关加工贸易单耗管理办法》（海关总署令〔2018〕243号—9）。

责任部门：企业管理与稽查处。

（八）举报走私。

处理方式：按相关条款办理。

法规依据：《中华人民共和国海关法》《中华人民共和国海关对检举或协助查获

违反海关法案件有功人员的奖励办法》（海关总署令第 8 号）。

责任部门：缉私局。

（九）行政执法申诉。

处理方式：按《中华人民共和国海关办理申诉案件暂行规定》（海关总署令第 120 号）第九条"海关申诉审查部门收到申诉人的书面申诉材料后，应当在 5 个工作日内进行审查"和第十六条"海关应当在受理申诉之日起 60 日内作出处理决定，情况复杂的案件，经申诉审查部门负责人批准，可以适当延长，但延长期限最多不超过 30 日"办理。

法规依据：《中华人民共和国海关法》《中华人民共和国海关办理申诉案件暂行规定》（海关总署令第 120 号）。

责任部门：缉私局。

（十）涉案财物公开拍卖等处理的争议。

处理方式：按照《中华人民共和国拍卖法》第五十九条、六十一条、六十四条等规定办理。

法规依据：《中华人民共和国拍卖法》等。

责任部门：财务处。

（十一）海关招标采购过程中的争议和质疑。

处理方式：按照《海关政府采购管理办法》第五章第四十一条至四十四条办理。按照《中华人民共和国政府采购法》（中华人民共和国主席令第六十八号）第五十一条至五十八条、第七十条规定程序办理。

法规依据：《中华人民共和国政府采购法》《中华人民共和国政府采购法实施条例》《海关政府采购管理办法》（财务函〔2019〕119 号）。

责任部门：财务处。

（十二）就福州海关和各隶属海关、事业单位不依法履职，违反秉公用权、廉洁从政从业以及道德操守等规定，涉嫌贪污贿赂、滥用职权、玩忽职守、权力寻租、利益输送、徇私舞弊以及浪费国家资财等职务违法、职务犯罪行为及其他依照规定应当由纪检监察机关处理的违纪违法行为提出控告的。

处理方式：按《纪检监察机关处理检举控告工作规则》转送纪检监察机关。依据《中国共产党纪律处分条例》《中华人民共和国公职人员政务处分法》《行政机关公务员处分条例》《中国共产党纪律检查机关监督执纪工作规则》《中国共产党纪律检查机关控告申诉工作条例》《纪检监察机关处理检举控告工作规则》等法律、法规、规章及规范性文件，按照管理权限，由具有管理权限的纪检机构受理和调查处理。处分的程序和不服处分的申诉，依照《中国共产党纪律检查机关监督执纪工作规则》《中国共产党纪律检查机关控告申诉工作条例》《中华人民共和国公务员法》《行政机关公务员处分条例》等有关法律法规的规定办理。

法规依据：《中国共产党纪律处分条例》《中国共产党纪律检查机关监督执纪工作规则》《中国共产党纪律检查机关控告申诉工作条例》《纪检监察机关处理检举控告工作规则》《中华人民共和国公职人员政务处分法》《行政机关公务员处分条例》。

责任部门：监察室。

（十三）举报检举福州海关工作人员违纪违法行为的。

处理方式：按《纪检监察机关处理检举控告工作规则》转送纪检监察机关。依据《中国共产党纪律处分条例》《中华人民共和国公职人员政务处分法》《行政机关公务员处分条例》《中国共产党纪律检查机关监督执纪工作规则》《中国共产党纪律检查机关控告申诉工作条例》《纪检监察机关处理检举控告工作规则》等法律、法规、规章及规范性文件，按照管理权限，由具有管理权限的纪检机构受理和调查处理。处分的程序和不服处分的申诉，依照《中国共产党纪律检查机关监督执纪工作规则》《中国共产党纪律检查机关控告申诉工作条例》《中华人民共和国公务员法》《行政机关公务员处分条例》等有关法律法规的规定办理。

法规依据：《中国共产党纪律处分条例》《中国共产党纪律检查机关监督执纪工作规则》《中国共产党纪律检查机关控告申诉工作条例》《纪检监察机关处理检举控告工作规则》《中华人民共和国公职人员政务处分法》《行政机关公务员处分条例》。

责任部门：党委纪检组、监察室。

（十四）公务员申诉、再申诉案件。

处理方式：按相关条款办理。

法规依据：《人事争议处理规定》（国人部发〔2007〕109号）、《公务员申诉规定（试行）》（人社部发〔2008〕20号）、《关于组建中央机关公务员申诉公正委员会有关问题的通知》（人社部发〔2012〕43号）

责任部门：人事处。

（十五）向海关提出行政许可申请的。

处理方式：根据《中华人民共和国行政许可法》《中华人民共和国海关实施〈中华人民共和国行政许可法〉办法》《中华人民共和国海关行政许可听证办法》等相关规定，按照行政许可工作程序办理。

法规依据：《中华人民共和国行政许可法》《中华人民共和国进出口商品检验法》《中华人民共和国国境卫生检疫法》《中华人民共和国进出境动植物检疫法》《中华人民共和国食品安全法》《中华人民共和国海关实施〈中华人民共和国行政许可法〉办法》《中华人民共和国海关行政许可听证办法》等。

责任部门：各相关职能部门。

（十六）向海关申请办理职责范围内行政确认、行政奖励、行政备案、行政裁决等非许可类行政业务的。

处理方式：按照相应的行政业务工作程序办理。

法规依据：《中华人民共和国进出口商品检验法》《中华人民共和国特种设备安全法》《中华人民共和国国境卫生检疫法》《中华人民共和国进出境动植物检疫法》《中华人民共和国食品安全法》《中华人民共和国进出口商品检验法实施条例》等。

责任部门：各相关职能部门。

（十七）举报违反进出境动植物检验检疫、进口食品相关产品、进出口商品检验、进出口食品安全、违反国境卫生检疫等相关法律、法规或者规章等规定行为的。

处理方式：按照举报处理工作办理程序办理。其中，涉及在国内市场上销售的进口食品、食品添加剂监督管理的，依据《中华人民共和国食品安全法》第九十五条第二款规定，移交有关部门处理。

法规依据：《中华人民共和国消费者权益保护法》《中华人民共和国计量法》《中华人民共和国进出口商品检验法》《中华人民共和国国境卫生检疫法》《中华人民共和国进出境动植物检疫法》《中华人民共和国食品安全法》《中华人民共和国产品质量法》《中华人民共和国标准化法》《缺陷汽车产品召回管理条例》《特种设备安全监察条例》《家用汽车产品修理、更换、退货责任规定》《地理标志产品保护规定》等。

责任部门：动植物检疫处、卫生检疫处、进出口食品和商品检验处，以及有权处理海关单位。

（十八）申诉跨境电子商务零售进口商品个人年度交易额度被盗用的。

处理方式：对申诉情况进行核实，对情况属实的，返还个人年度交易额度。

海关对违反相关公告，参与制造或传输虚假交易、支付、物流"三单"信息、为二次销售提供便利、未尽责审核消费者（订购人）身份信息真实性等，导致出现个人身份信息或年度购买额度被盗用、进行二次销售及其他违反海关监管规定情况的企业，按照相关规定依法进行处理。

法规依据：《商务部 发展改革委 财政部 海关总署 税务总局 市场监管总局关于完善跨境电子商务零售进口监管有关工作的通知》（商财发〔2018〕486号）、海关总署公告2018年第194号（关于跨境电子商务零售进出口商品有关监管事宜的公告）

责任部门：口岸监管处以及有权处理海关单位。

四、应按信访程序处理事项

（一）对海关及其工作人员的职务行为反映情况，提出建议、意见，适用国务院《信访条例》规定程序处理的事项；

（二）对海关作出的信访事项处理意见不服，在规定时间内向上一级海关请求复查，或在规定时间内向福州海关请求复查或复核的事项；

（三）历史遗留问题、法律法规尚没有明确规定的问题、政策调整产生的问题等。

处理方式：属于福州海关职责范围的予以受理。属于所属下级海关单位职责范围的，自收到该诉求之日起15日内转送、交办至有权处理海关，并告知信访人转送、交办去向。

法规依据：《信访条例》、国家信访局《依法分类处理信访工作规则》、国家信访局《中央和国家机关信访事项受理办理工作有关规定（试行）》《海关信访工作制度》等。

责任部门：总关各相关职能部门及各有权处理隶属海关单位。

福州海关关于印发《福州海关规章制度管理办法》的通知

各单位、各部门：

为进一步规范关区规章制度管理，提高规章制度质量和效能，为执法行为和内部管理提供制度保障，福州海关研究制定了《福州海关规章制度管理办法》，现予印发，请遵照执行。

特此通知。

福州海关

2021年9月9日

福州海关规章制度管理办法

第一条 为进一步规范关区规章制度管理，提高规章制度质量和效能，为执法行为和内部管理提供制度保障，制定本办法。

第二条 福州海关规章制度的制定、修改、废止、清理、评估等，适用本办法。

以福州海关公告形式对外发布的规范性文件另有规定的，从其规定，不适用本办法。

刑事执法领域的规章制度管理不适用本办法。

第三条 本办法所称规章制度，是指福州海关依据法定职权和程序制定、以关发文的形式印发、规范执法行为和内部管理并且可以反复适用的规定。

规章制度的名称一般称"办法""规程""细则""规定"等。

第四条 规章制度的制定、修改应当经过立项、起草、征求意见、审批（审议）、发布的程序。

本办法对规章制度的修改有特殊规定的，按有关规定办理。

第五条 规章制度管理应当遵循以下原则：

（一）符合法律、行政法规、部门规章和其他上位法的规定；

（二）必要性、可操作性强，原则上

不重复上位法规定；

（三）充分征求并协调各方意见；

（四）结构严谨、内容完备、形式规范、条理清楚、用词准确、文字简洁，符合立法技术的要求；

（五）制定与清理并重，质量与效能统一。

第六条 法规处是关区规章制度管理的主管部门，负责对关区规章制度管理工作进行指导、协调、监督，并具体承担以下工作：

（一）对规章制度的立改废释进行法律审查；

（二）牵头组织开展规章制度有效性评估、集中清理和汇编工作；

（三）牵头开发和更新维护相关"规章制度管理应用"；

（四）其他应由法规处承担的规章制度管理工作。

第七条 福州海关各职能部门（含风控分局，以下简称起草部门）是本业务领域规章制度的起草部门，主要职责如下：

（一）提出立项计划；

（二）起草规章制度，确保内容全面、可行、准确；

（三）征求意见并对不同意见进行沟通协调；

（四）组织开展本业务领域规章制度的清理、评估；

（五）及时更新维护本业务领域"规章制度管理应用"；

（六）其他与规章制度管理相关工作。

起草部门应当结合执法实际，整合本业务领域同类职能涉及的规定，严格控制规章制度数量。

关区各单位各部门应当根据规章制度管理要求，及时向起草部门或法规部门提出制定、修改等建议。

第八条 有下列情形之一的，应当制定相关规章制度：

（一）对应某项工作的上位规定较为原则、操作性不强或者数量众多需要整合的；

（二）通过制度评估或者执法检查、行政复议诉讼、监督审计等发现存在制度空白，需要制定相关规章制度的；

（三）党委会、督查例会、关长办公会等会议或者关领导明确提出要求的；

（四）隶属海关提出立项建议被采纳的；

（五）其他应当制定规章制度的情形。

第九条 制定规章制度应当事前立项。起草部门应当于每年3月1日前对当年度拟制定修订的规章制度进行立项，明确责任人和完成时限。

因法律、行政法规、部门规章等上位法临时调整或其他特殊情形，亟需对规章制度相应条款进行个别修改的，可不经立项程序。

第十条 起草部门应当指定一名部门负责人作为项目牵头人，并指定起草人员。起草人员应当接受规章制度管理方面的培训，熟悉本领域业务知识和制度管理相关要求。

必要时可吸纳法律顾问、公职律师、法律小组成员等专业人才参与规章制度的起草工作。

第十一条　规章制度应当按照《海关规制自由裁量权办法（试行）》（署法发〔2013〕103号）对行政裁量权予以规范和控制，并同步进行内控要求和措施的设计、完善及实施。

规章制度应当明确规定下列内容：

（一）制定目的、依据；

（二）适用范围；

（三）主管部门及职责分工；

（四）管理要求和工作程序；

（五）施行日期；

（六）其他需要规定的内容。

前款第四项内容应当具有可操作性，重点规定具体的实施步骤和工作要求；上位法有规定的，可制定细化措施，但不得重复上位法规定。

起草部门在起草规章制度时，应当同时对与之相关的现行规章制度提出废止或修改的清理意见，做到"随立随清"。

第十二条　规章制度的体例结构根据内容需要一般分章、节、条、款、项、目，也可不分章、节。

章、节的序号用中文数字依次表述，项的序号用中文数字外加括号依次表述，目的序号用阿拉伯数字依次表述。

第十三条　规章制度的稿次根据下列情形区分：

（一）起草完成拟征求意见的，称为"征求意见稿"；

（二）根据反馈意见修改完成送主管部门审核的，称为"送审稿"；

（三）报分管关领导审批或提交会议审议的，称为"报审稿"。

起草规章制度应当使用条标。规章制度经审批同意或审议通过后，在发文环节删除条标。

第十四条　起草规章制度应当征求相关部门或单位的意见。征求意见应当提供征求意见稿、起草说明等材料。

征求意见可采取书面、座谈会、论证会等形式。

关区各部门、各单位应当对征求意见稿的合法性、可行性等提出意见。

第十五条　起草部门应当结合反馈意见对征求意见稿进行修改，并以适当方式反馈采纳情况。

涉及业务结合部问题的，起草部门应当牵头协调相关职能部门共同研究确定。

第十六条　涉及单方面业务的规章制度，由起草部门报分管关领导审批。

涉及全关区重大事项的规章制度，应当根据规章制度所涉领域分别提交相关关领导审核后报关长审批，或提交关党委会、关长办公会等会议审议。

经审批同意的规章制度内容不得擅自调整。仅对标点、条标等作形式修改且不改变实质内容的，可由起草部门商公文制发部门进行处理。

规章制度尚未发布，因上位法施行或调整需要对实质内容进行增加、删除、调整的，或有其他确应调整理由的，应当按照规章制度制定或修改程序重新进行。

第十七条　规章制度的发布按照公文程序办理，报请关领导签批前还应会签法规处。

规章制度存在下列情形之一的，不予发布：

（一）不符合上位法规定的；

（二）未通过内控前置审核的；

（三）主要内容照抄上位法规定，缺乏具体操作要求和细化规定，可操作性存在严重缺陷的；

（四）有关部门或单位对规章制度主要内容存在重大分歧，经协调无法达成一致意见的；

（五）不符合立法技术要求，需对体例结构、整体流程或文字表述做重大改动的；

（六）其他不宜发布的情形。

第十八条　有下列情形之一的，规章制度应当及时修改：

（一）因法律、行政法规、部门规章等上位法修改或废止，需要作相应修改的；

（二）因实际情况发生变化，需要增减或改变相关条款内容的；

（三）其他应当予以修改的情况。

修改规章制度应当基本不改变条文顺序和结构，调整篇幅不大；对条文顺序和结构有重大修改或调整篇幅较大的，应当按照制定程序进行，同时在新规章制度中明文废止旧规章制度。

第十九条　除本办法第十六条第三款规定情形之外，修改规章制度应当按照制定程序办理。

修改规章制度的，规章制度的施行日期为修改后的施行日期。

第二十条　有下列情形之一的，规章制度应当及时废止：

（一）因法律、行政法规、部门规章等上位法废止或者修改，失去制定依据或者没有必要继续执行的；

（二）因规定的事项已执行完毕或者因实际情况变化，没有必要继续执行的；

（三）新的规章制度已取代旧的规章制度的；

（四）规章制度有效期届满，未按要求开展评估或者启动修改程序而失效的；

（五）其他应当予以废止的情况。

第二十一条　规章制度的修改、废止原则上由起草部门自行进行。职能发生调整的，由承接职能的部门负责。

废止的方式包括发布关级文件明文废止或在新规章制度中明确废止旧规章制度。

第二十二条　福州海关根据实际情况可以制定"试行（暂行）"类规章制度。

"试行（暂行）"类规章制度应当明确规定其有效期，有效期最长不超过2年，有效期届满自动失效。

"试行（暂行）"类制度有效期届满

前，起草部门应当评估规章制度实施情况。经评估需要继续实施的，应当按照本办法制定规章制度。

第二十三条　法规处根据关领导要求或关区规章制度运行情况，适时组织对规章制度的集中清理、评估工作，并提出保留、修改或者废止的建议。

原则上每两年组织一次集中清理工作。

第二十四条　福州海关组织开发完善"规章制度管理应用"，实现规章制度管理的智能化。

起草部门应当自规章制度制定、修改、废止的关发文印发后3个工作日内，对"规章制度管理应用"进行更新维护。

第二十五条　本办法由法规处负责解释，自发布之日起施行。

福州海关关于调整印发《福州海关减免税审核事权划分方案》的通知

各单位、各部门：

为进一步完善福州海关减免税工作机制，根据《中华人民共和国海关进出口货物减免税管理办法》（海关总署令第245号），经研究，决定对关区现有减免税审核事权进行调整，重新制定《福州海关减免税审核事权划分方案》。现予以下发并自2021年4月1日起实施，请各相关单位、部门遵照执行，执行过程中遇有问题请与福州海关关税处联系。

《福州海关关于印发〈福州海关减免税审核事权调整方案〉的通知》（福关税发〔2019〕40号）同时废止。

特此通知。

福州海关

2021年3月29日

福州海关减免税审核事权划分方案

一、关税处负责办理的减免税事项

（一）福州关区鼓励类项目适用产业政策确认。

投资总额在5,000万元人民币及以上内资鼓励类项目适用产业政策（产业条目）的确认。

（二）福州关区以下减免税事项审核确认。

1. 公益收藏；

2. 支持科技创新；

3. 其他海关总署文件规定需由直属海关关税职能部门审核确认的减免税事项。

（三）以下减免税货物准予办理税款担保审核。

1. 本条第二款减免税事项相关的担保、担保延期；

2. 非关税处直接办理的减免税事项相关的第二次及以上担保延期。

（四）以下减免税后续处置和管理。

本条第二款减免税事项的结转、移做他用、补税、解除监管、贷款抵押、《减免税货物使用状况报告书》收取、变更使用地点、异地监管、主体变更、退运等后续管理中涉及审核的手续及相关操作。

其中，关税处出具的《减免税货物补税通知单》，由榕城海关驻快安办事处办理减免税货物报关补税手续。

二、现场主管海关负责办理的减免税事项

（一）辖区及职责范围内以下减免税事项审核确认。

1. 重大技术装备；
2. 集成电路；
3. 新型显示器件；
4. 鼓励项目；
5. 自有资金；
6. 种子种源。

（二）以下减免税货物准予办理税款担保审核。

本条第一款减免税事项相关的担保和第一次担保延期。特殊情况仍需要办理第二次及以上担保延期的，现场主管海关审核同意后报关税处核准。

（三）以下减免税后续处置和管理。

本条第一款减免税事项的结转、移做他用、补税、解除监管、贷款抵押、《减免税货物使用状况报告书》收取、变更使用地点、异地监管、主体变更、退运等后续管理中涉及审核的手续及相关操作。

三、榕城海关驻快安办事处除办理其辖区及职责范围内的减免税相关事项外，还统一办理福州关区以下减免税事项

（一）福州关区远洋渔业企业情况备案。

远洋渔业企业印章印模、法人代表或委托人的印章印模和拥有远洋捕捞船舶的数量、船名船号、吨位等情况备案。

（二）福州关区以下减免税事项审核确认。

1. 无偿援助；
2. 残疾人；
3. 远洋渔业。

（三）以下减免税货物准予办理税款担保审核。

本条第二款减免税事项相关的担保和第一次担保延期。特殊情况仍需要办理第二次及以上担保延期的，榕城海关驻快安办事处审核同意后报关税处核准。

（四）以下减免税后续处置和管理。

本条第二款减免税事项的结转、移做他用、补税、解除监管、贷款抵押、《减免税货物使用状况报告书》收取、变更使用地点、异地监管、主体变更、退运等后续管理中涉及审核的手续及相关操作。

四、暂未指定办理的减免税事项

本方案暂未明确办理部门或单位的减免税事项，可由关税处结合工作实际另行指定办理部门或单位。

福州海关关于印发《出入境检疫处理单位监督管理工作指引》等3份工作指引的通知

各单位、各部门：

为进一步规范出入境检疫处理单位及检疫处理业务监管，根据《出入境检疫处理单位和人员管理办法》（国家质检总局令第181号发布，海关总署令第238号、第240号修订），福州海关组织修订了《出入境检疫处理单位监督管理工作指引》《出入境动植物检疫处理监管工作指引》和《口岸卫生处理监管工作指引》等3个工作指引（详见附件1、2、3），现予发布，请认真遵照执行。海关总署有新规定的按新规定执行，执行中如遇问题，请联系相关业务职能部门。

特此通知。

附件：1. 出入境检疫处理单位监督管理工作指引
2. 出入境动植物检疫处理监管工作指引
3. 口岸卫生处理监管工作指引

福州海关

2021年9月10日

（附件略）

福州海关关于印发《福州海关进口危险化学品及其包装检验监管作业指引》及《福州海关出口危险化学品、危险货物包装检验监管作业指引》的通知

各隶属海关：

为进一步加强进出口危险化学品、危险货物及其包装检验监管工作，规范流程操作，统一执法尺度，明确岗位职责，总关研究制订了《福州海关进口危险化学品及其包装检验监管作业指引》及《福州海关出口危险化学品、危险货物包装检验监管作业指引》，现印发你们，请遵照执行。

执行中如遇问题，请及时与总关食商处联系。

附件：1. 福州海关进口危险化学品及其包装检验监管作业指引
2. 福州海关出口危险化学品、危险货物包装检验监管作业指引

福州海关

2021年5月10日

（附件略）

福州海关党委关于印发《福州海关打私反腐"一案双查"工作办法实施细则（试行）》的通知

各单位、各部门：

为深入推进清廉海关建设，加强打私反腐"一案双查"工作，形成打私反腐工作合力，根据《中共海关总署委员会关于印发〈直属海关打私反腐"一案双查"工作办法（试行）〉的通知》（署党发〔2020〕65号）等有关规定，福州海关党委研究制定了《福州海关打私反腐"一案双查"工作办法实施细则（试行）》。现予以印发，请遵照执行。

特此通知。

福州海关党委
2021年1月28日

福州海关打私反腐"一案双查"工作办法实施细则（试行）

第一条　为深入推进清廉海关建设，加强打私反腐"一案双查"工作，形成打私反腐工作合力，根据《中共海关总署委员会关于印发〈直属海关打私反腐"一案双查"工作办法（试行）〉的通知》（署党发〔2020〕65号）等有关规定，结合关区工作实际，制定本实施细则。

第二条　打私反腐"一案双查"是指海关在查办走私案件过程中查处海关工作人员违纪违法问题。

第三条　本实施细则中海关工作人员是指海关关员和其他从事海关公务的人员。

第四条　福州海关成立打私反腐"一案双查"工作领导小组，负责组织领导、研究部署、协调推进、督促检查关区打私反腐"一案双查"工作。党委书记、关长任组长，履行第一责任人职责，党委纪检组组长、缉私局局长任副组长，政工办、监察室、缉私局纪检监察处为成员单位，按照职责分工组织实施相关工作。

领导小组下设办公室，设在监察室，由监察室主要负责人兼任办公室主任，成员由政工办、监察室、缉私局纪检监察处负责打私反腐"一案双查"工作的相关人员组成，主要职责是制定完善关区打私反腐"一案双查"相关工作制度，组织实施具体工作任务，监督检查落实情况，向领导小组及时报告打私反腐"一案双查"工作落实情况、存在问题和相关建议。

第五条　领导小组办公室不定期召开工作会议，具体落实领导小组作出的相关决定、提出的要求。工作会议由监察室、政工办、缉私局纪检监察处有关人员参加，如有需要，可视情邀请有关部门人员参加。

第六条　监察室负责接收、处置和反馈打私反腐"一案双查"问题线索。

第七条　政工办负责将打私反腐"一案双查"纳入全面从严治党主体责任统筹

推动。

第八条　缉私局负责在查办走私案件中发现并及时移交海关工作人员违纪违法问题线索。

第九条　监察室和缉私局纪检监察处各指定1名工作人员为联络员，负责"一案双查"相关违纪违法线索的移送签收、查办情况反馈等工作。

第十条　缉私部门在查办走私案件中，应当对以下情形的案件开展打私反腐"一案双查"：

（一）习近平总书记作出重要指示批示的案件，党中央、国务院领导同志作出指示批示的案件，以及涉及行业性走私等重大刑事、行政案件；

（二）在办案中发现海关工作人员违纪违法线索，特别是违反海关制度规定、业务操作规程等情事，以及涉案人员或相关证人直接供述或举报海关工作人员的案件；

（三）走私时间跨度较长、走私手法恶劣、嫌疑人成立公司专门用于走私或以走私为主业的刑事、行政案件；

（四）在海关各业务领域中，长期从事走私且顺利通关的重大走私犯罪案件；

（五）其他有必要开展打私反腐"一案双查"的走私案件。

第十一条　开展打私反腐"一案双查"过程中，发现问题线索，应按照以下程序办理：

（一）缉私部门发现问题线索，应在1个工作日内向福州海关缉私局局长和缉私局党组纪检组组长报告；福州海关缉私局局长应在1个工作日内向福州海关党委纪检组组长通报并向关长报告；福州海关党委纪检组组长应在1个工作日内向驻署纪检监察组报告；福州海关缉私局党组纪检组组长应在1个工作日内向海关总署缉私局党组纪检组组长报告。

（二）缉私办案人员发现问题线索，应当填报《福州海关缉私局打私反腐"一案双查"问题线索呈报表》（式样见附件1），在1个工作日内移交缉私局纪检监察处。证据材料原件不宜移交的，应当提供复印件和相关说明，并注明出处。犯罪嫌疑人或涉案当事人需要反映情况的，可以要求其自行书写材料。

（三）缉私局纪检监察处收到打私反腐"一案双查"问题线索及随附材料后，应当制作《问题线索移交函》（式样见附件2），在5个工作日内按照有关规定移交监察室，同时向海关总署缉私局纪检机构书面报告。

（四）对非本海关工作人员的违纪违法问题线索，由福州海关缉私局纪检监察处报海关总署缉私局纪检机构移送驻署纪检监察组处理。

（五）对中管干部和厅局级干部（含不担任领导职务的二级巡视员和督办）的问题线索，移送驻署纪检监察组处理。

（六）监察室在打私反腐"一案双查"问题线索办结后1个工作日内，向问题线索移交部门通报办理结果。

第十二条　犯罪嫌疑人举报问题经查证属实，可作为立功表现的，监察室应当向缉私部门出具相关书面说明。

第十三条　监察室核查打私反腐"一案双查"问题线索时，涉及海关工作人员参与走私的，缉私部门依规依法给予协助；发现涉嫌走私案件线索的，应当在1个工作日内将有关问题线索及证据材料按规定移送缉私局纪检监察处。

第十四条　监察室要及时通报案件情况，并会同政工办开展警示教育；相关单位、部门对查办的打私反腐"一案双查"案件要认真剖析案发原因，对制度、执行、管理等方面的问题开展分析，查找监督漏洞，开展以案促改。

第十五条　监察室在"一案双查"问题线索核查处置过程中，发现相关单位、部门在落实"两个责任"及队伍管理和执法监管等方面存在问题的，应根据工作需要制发监督建议书或提出监督建议，督促落实整改。

第十六条　福州海关党委将打私反腐"一案双查"制度执行情况作为巡察监督和全面从严治党主体责任检查考核重要内容。监察室负责定期对开展打私反腐"一案双查"情况进行自查。

第十七条　缉私局应当对打私反腐"一案双查"工作执行情况加强监督检查，督促缉私部门依规依纪开展打私反腐"一案双查"，及时解决执行过程遇到的问题。缉私局纪检监察处将"一案双查"执行情况纳入日常监督事项。

第十八条　对在开展打私反腐"一案双查"工作中做出突出成绩的人员，符合以下情形的，按照《海关系统奖励规定》《公安机关人民警察奖励条令》等规定给予表彰奖励：

（一）发现内部人员重大违纪违法线索并被查实的；

（二）发现的执法、管理风险经处置，风险已排除或重大监管漏洞已堵塞，获得上级肯定的；

（三）所办案件受到上级肯定的；

（四）其他符合表彰奖励条件的事项。

第十九条　在打私反腐"一案双查"工作中，缉私部门发现问题线索不报告，监察室有案不查、查而不处的，应按照有关规定追究责任。

第二十条　本实施细则由中共福州海关委员会负责解释。

第二十一条　本实施细则自印发之日起施行。《福州海关打私反腐"一案双查"工作联系配合实施细则》（福关察发〔2018〕118号）同时废止。

建党百年荣获全国、省级"两优一先"名录

2021年6月,中共福州长乐机场海关机关党委荣获"全省先进基层党组织"称号。

福州海关首次荣获"光荣在党50年"纪念章名单

2021年,福州海关共有66名党员荣获"光荣在党50年"纪念章。具体名单见附表。

序号	姓名	性别	出生年月	入党时间(精确到日)	所在党支部
1	刘登举	男	1931/12/6	1947/11/1	中共福州海关离退休干部机关一支部委员会
2	李与天	男	1944/11/3	1966/8/1	中共福州海关离退休干部机关一支部委员会
3	何纪南	男	1948/9/9	1969/4/8	中共福州海关离退休干部机关一支部委员会
4	王国富	男	1951/1/10	1969/11/19	中共福州海关离退休干部机关一支部委员会
5	黄中凯	男	1947/10/20	1970/1/26	中共福州海关离退休干部机关一支部委员会
6	高朝铭	男	1950/12/24	1970/9/10	中共福州海关离退休干部机关一支部委员会
7	李志轩	男	1951/4/24	1970/9/21	中共福州海关离退休干部机关一支部委员会
8	王大捷	男	1949/7/21	1971/1/1	中共福州海关离退休干部机关一支部委员会
9	蔡水官	男	1944/12/7	1971/4/20	中共福州海关离退休干部机关一支部委员会
10	王汉生	男	1931/11/30	1952/9/1	中共福州海关离退休干部机关二支部委员会
11	谢春秀	女	1933/7/14	1956/7/1	中共福州海关离退休干部机关二支部委员会
12	高福弟	男	1940/5/9	1961/9/1	中共福州海关离退休干部机关二支部委员会
13	王振长	男	1941/7/21	1963/3/9	中共福州海关离退休干部机关二支部委员会
14	陈成器	男	1944/2/21	1964/6/2	中共福州海关离退休干部机关二支部委员会
15	黄起石	男	1946/8/20	1966/4/23	中共福州海关离退休干部机关二支部委员会
16	陆学忠	男	1942/3/25	1968/7/16	中共福州海关离退休干部机关二支部委员会
17	陈景腾	男	1946/6/8	1969/8/15	中共福州海关离退休干部机关二支部委员会
18	郭礼钦	男	1944/8/5	1969/9/15	中共福州海关离退休干部机关二支部委员会
19	郑玉珍	女	1939/8/17	1970/9/22	中共福州海关离退休干部机关二支部委员会
20	康玉宝	男	1951/1/19	19701017	中共福州海关离退休干部机关二支部委员会
21	石炎炎	男	1949/8/10	1971/3/26	中共福州海关离退休干部机关二支部委员会
22	徐敏学	女	1935/9/10	1954/3/1	中共福州海关离退休干部机关三支部委员会
23	汤福财	男	1932/1/13	1954/12/1	中共福州海关离退休干部机关三支部委员会
24	郑惠兴	男	1931/9/8	1956/7/1	中共福州海关离退休干部机关三支部委员会
25	黄光辉	男	1944/12/7	1966/5/1	中共福州海关离退休干部机关三支部委员会
26	张妙寿	男	1949/7/13	1970/4/1	中共福州海关离退休干部机关三支部委员会

续表

序号	姓名	性别	出生年月	入党时间（精确到日）	所在党支部
27	陈金生	男	1948/5/3	1970/2/9	中共福州海关离退休干部机关四支部委员会
28	宋建辉	男	1951/11/15	1970/4/19	中共福州海关离退休干部机关四支部委员会
29	王晋冀	男	1948/9/20	1970/7/25	中共福州海关离退休干部机关四支部委员会
30	王光忠	男	1953/3/5	1971/4/10	中共福州海关离退休干部机关四支部委员会
31	游瑞接	男	1934/5/29	1956/5/1	中共福州海关离退休干部机关六支部委员会
32	杨庆衍	男	1930/5/1	1956/6/1	中共福州海关离退休干部机关六支部委员会
33	高凤翱	男	1934/11/3	1956/10/1	中共福州海关离退休干部机关六支部委员会
34	黄贞泉	男	1949/1/23	1968/10/28	中共福州海关离退休干部机关六支部委员会
35	胡金华	男	1949/3/13	1970/7/30	中共福州海关离退休干部机关六支部委员会
36	毕建榕	女	1952/10/19	1971/5/17	中共福州海关离退休干部机关六支部委员会
37	周亚发	男	1945/1/9	1967/10/2	中共福州海关离退休干部机关七支部委员会
38	尹斌	男	1947/9/7	1969/9/15	中共福州海关离退休干部机关七支部委员会
39	许炳同	男	1948/10/4	1970/7/15	中共福州海关离退休干部机关七支部委员会
40	张恩生	男	1928/4/14	1946/8/1	中共福州海关离退休干部机关八支部委员会
41	沈洪之	男	1931/11/22	1949/9/1	中共福州海关离退休干部机关八支部委员会
42	林荣彪	男	1943/8/4	1960/6/1	中共福州海关离退休干部机关八支部委员会
43	郑忠杰	男	1940/10/14	1964/4/1	中共福州海关离退休干部机关八支部委员会
44	徐梅亭	男	1938/7/25	1965/2/1	中共福州海关离退休干部机关八支部委员会
45	王孝基	男	1938/10/5	1968/3/1	中共福州海关离退休干部机关八支部委员会
46	姜荣富	男	1950/8/3	1969/3/1	中共福州海关离退休干部机关八支部委员会
47	赖维平	男	1950/8/26	1969/8/1	中共福州海关离退休干部机关八支部委员会
48	何心全	男	1949/11/23	1970/3/1	中共福州海关离退休干部机关八支部委员会
49	陈军	男	1944/8/1	1963/8/1	中共福州海关离退休干部机关九支部委员会
50	林祥和	男	1940/11/13	1965/3/1	中共福州海关离退休干部机关九支部委员会
51	翁忠林	男	1943/8/10	1967/6/1	中共福州海关离退休干部机关九支部委员会
52	潘存哈	男	1949/12/17	1971/7/1	中共福州海关离退休干部机关九支部委员会
53	陈宝钦	男	1937/9/9	1964/4/1	中共福州海关离退休干部机关十支部委员会
54	谢仁贵	男	1949/1/11	1968/4/20	中共福州海关离退休干部机关十支部委员会
55	翁金湍	男	1948/9/9	1969/3/8	中共福州海关离退休干部机关十支部委员会
56	廖元明	男	1946/10/11	1970/8/1	中共福州海关离退休干部机关十支部委员会
57	陈炎生	男	1952/6/26	1971/1/1	中共福州海关离退休干部机关十支部委员会
58	洪松发	男	1932/10/20	1959/8/1	中共福州海关离退休干部机关十一支部委员会
59	刘孝平	男	1945/4/5	1964/4/1	中共福州海关离退休干部机关十一支部委员会
60	谢桂良	男	1949/6/15	1969/6/1	中共福州海关离退休干部机关十一支部委员会
61	段东平	女	1951/10/20	1970/3/1	中共福州海关离退休干部机关十一支部委员会
62	吴家法	男	1938/12/22	1960/9/1	中共福州海关离退休干部机关十二支部委员会
63	林兴端	男	1948/7/1	1970/5/12	中共福州海关离退休干部机关十二支部委员会
64	阮祥福	男	1950/9/11	1970/11/20	中共福州海关离退休干部机关十二支部委员会
65	林国清	男	1949/11/14	1969/3/30	中共莆田海关退休干部支部委员会
66	张顺元	男	1941/12/13	1969/8/25	中共莆田海关退休干部支部委员会

"中国海关史料丛书" 编委会

主 任 委 员　　胡　伟

副主任委员　　黄冠胜　杨振庆

编委会委员　　刘学透　赵燕敏　吴瑞祥　刘书臣　黄秀生
　　　　　　　李海勇　王晓刚　田　壮　王　虹　刘先中

执 行 主 编　　谢　放　詹庆华　郭志华

编　　　　辑　　房　季　王　虎　解　飞　范嘉蕾　李　多
　　　　　　　刘金玲　贺　红